海外刑法の旅

森下忠著

成文堂

はしがき

本書は、私が一九六四年から二〇〇三年までの四〇年間の間に、三たびパリ大学で在外研究に従事し、また、一五回にわたって各種の国際会議に出席するため諸外国を訪れた際に印象に残った事柄を書き綴ったエッセーをわが国の法律雑誌に掲載したもののうち、興味のあるものを一書にまとめたものである。

多くの国を訪れた私は、その国々でカテドラル（大聖堂）、美術館などを訪れたほか、専門に関しては裁判所、刑事施設、保安処分施設などを多く参観することに務めた。

本書に収録したエッセーの中で私の心に刻まれているものとして次の二篇を挙げたい。

その一　イタリアのグラダーラ城の拷問部屋

アドリア海に面したグラダーラ（Gradara）の古城は、戦争の被害を受けることもなく、今なお一二世紀のままの姿を留めている美しい古城である。ところが、そこには、創建当時のままの拷問部屋が残されている。拷問道具のかずかずを見ると、それらの道具で拷問にかけられた者の悲鳴が聞こえてくるようで、心が痛む。衝撃的な驚きを覚えるのは、拷問の方法と死刑を宣告された者に対する処刑の方法であった（本書三九頁以下参照）。

拷問部屋の隣には法廷があり、その隣には、この城にまつわる悲劇の女主人公〝フランチェスカ〟の部屋がある。有名な戯曲「フランチェスカの恋」で後世にまで語り継がれている「フランチェスカの悲恋」の物語は、ダンテの『神曲』地獄篇第五歌に登場する。

その二　イエズス・キリストの裁判

イエズス・キリストの裁判は、人類史上「最大の誤判」といわれている。当時のユダヤ総督ピラト（Pilate）は、イエズスが無実であることを確信していた。しかし、群衆は、「十字架にかけよ！」とくり返し叫んだ。その様子を見たピラトは、イエズスを処刑するもやむなしと決心し、水で手を洗い、「この男（イエズス）の死について、私には責任はない」と言った。

当時、ユダヤの習慣によれば、「手を洗う」とは、「……について（自分には）責任がない」ことの表明を意味した。ピラトは、手を洗って「私には責任がない」ことを群衆に表明した後、イエズスを十字架に架けさせるべくローマ兵に引き渡した。

さて、二〇〇五年、ドイツで出版された『国際犯罪の国内訴追』という学術書[1]には、次の記述がなされている。

「ＩＣＣ規程の締約国は、ＩＣＣ（国際刑事裁判所）による国際犯罪の処罰の可能性を指摘することによって、その責任から手を洗うことができない。」

（1） Esser et al. (eds.), National Prosecution of International Crimes. 2005, Duncker & Humbolt.

ここで、「手を洗うことができない」とは、「締約国は、――補完性の原則による訴追義務を負うので――ＩＣＣの管轄犯罪（戦争犯罪など）を国内裁判所で裁く責任を免れることはできない」という意味である（本書四四〇頁参照）。つまり、二〇〇〇年前におけるユダヤの習慣に由来する「手を洗う」という言葉が、二一世紀の当今でも法律学の専門書で用いられているのである。これは、私にとって驚きであった。

本書の第一部「ヨーロッパ」、第二部「アジア」および第三部「ハワイと中南米」では、私が訪れた国ぐにおける歴史的出来事、宗教、文化などについて興味の赴くまま綴ったことが収録されている。それらの国の法制度、とりわけ刑罰制度を考察するについて、私はできる限り当該国の国語で刊行された書物および小六法に拠りながら考究することに務めた。

第四部「イスラムの国」では、現今、世界的に関心が高まっているイスラムの法思想や刑罰制度につき有益な外国文献を参照して紹介の筆を執った。その中でわれわれが留意すべきは、「イスラム国際刑法」の概念であるように思われる。

今やグローバル化が急速に進んでいる。それに伴って、わが国で外国人犯罪者にかかる取調べ、証人尋問、裁判、国際刑事司法協力などにおいて、言葉や習慣の違いに由来する困難な問題が生起しているが、そのほかにも宗教や宗教思想に由来する多くの問題が存在する。例えば、聖書における「決して誓ってはならない」、「人を裁くな」、「胸を打つ」、「人を殺すなかれ」などの意味を正しく理解することが大切である。聖書は、「神にかけて誓ってはならない」と教えているが、「良心に誓って証言する」ことをも禁止しているのではない。また、「人を殺すなかれ」とは、天主の十戒の第五戒であるが、正当防衛と正しい戦争の場合とは、当然、この戒律の例外をなす。

本書の第五部「法律随想」で、私は、これらの問題点の一部について読者のご参考になればとの気持ちから、このたび拙い筆をとった。なにかのご参考になれば、著者として幸いである。

本書の出版について、成文堂の阿部成一社長は、学術書の出版事情がきびしい最近の状況にあるにもかかわらず、快く引き受けてくださった。また、編集部の小林等氏には、適切な参考意見を述べていただくなど、一方ならぬご配慮に与った。記して、厚くお礼を申しあげる。

二〇一七年七月一五日

森　下　　忠

目次

第一部　ヨーロッパ

1　ギロチンの起源

❁ 一四世紀に始まる

ギロチン（guillotine）の起源がどこに見い出されるかは、明らかでない。機械による死刑の執行に関する記事が最初に文献に現れたのは、一三〇七年四月一日、アイルランドのMerton の近くで騎士 David Caunton 卿によって行われた Murcod Ballagh に対する死刑執行だといわれる[1]。この記事は、一五七七年に刊行された Hollinshed の著書《Chronicles of Ireland》にさし絵入りで載せられた。ギロチンの前身ともいうべきこの機械は、刃を吊している綱が緩められるや、落下と同時に死刑囚の首を切断した、といわれる。

〈tranchouër〉と呼ばれる断頭機械による死刑執行の図は、一五、六世紀のころから多くの画家の画くところとなった。ニュールンベルク（ドイツ）市役所の大ホールには、Maulius Torquatus の息子の処刑場面が奇才デューラー（Albert Dürer, 1471-1528）によって画かれており、そこには非常に完成されたギロチンが見られる。同様な場面は、ドイツのリューネブルク（Lüneburg. 人口五万）の議会ホールにも、一五世紀の羽目板の上に見られる。このほか、一五三六年以降、ドイツ以外の国でも、多くの画家がギロチンによる処刑の場を画いたものが書物の挿絵となっている。

一五〇七年五月、ジェノア（イタリア）で Demetry Justinian に対してギロチンによる死刑の執行が行われた。グラン・ラルース（Grand Larousse）百科事典（第五巻・一九六二年）によれば、ギロチンは、すでに一六世紀にフランスの南部およびイタリアで採用されていた。文献の上では、一六三二年、南仏のトゥールーズで、de Montmorency 元帥がギロチンにかけられた、という記事が見える。

一七〇六年から一七一六年までイタリアに住んだラバ Labat 神父は、彼が見た断頭機械の様子を次のように書いている（Voyage du P. Labat en Espagne et en Italie t. VII, 1730, p. 21.）。「首を切るのは、マンナイア（mannaia）によってである。この機械は、非常に確実であって、罪人を全然苦しめない。へたな死刑執行人が首を打ち落すのに数回も切りつける、というようなことがないからである。この機械は、貴族と聖職者のためのものである。彼らに対する処刑を公開することは、まれである。処刑は、門を閉じた監獄の中庭で、ごくわずかの人の立会いの下に行われる。……死刑執行人に合図がなされると、彼は断頭の刃をつないだ細い綱を切りさえすればよい。刃は罪人の首に落下して完全に首を切り落すので、切断に失敗するおそれはない」と。

また、ド・ラ・ポルト de La Porte 神父も、スコットランドで〈maiden〉と呼ばれる同様な機械を見た時の様子を述べている（La voyageur français, t. XIX, 1774, p. 317）。「この国では、貴族は特別な機械で首を切られている。それに用いられる道具は、横長で、短形の鉄の刃であって、その切っ先はとても鋭利である。その反対側につけてある鉛の塊は大変重いので、それを動かすのに非常に大きな力を必要とする。執行の時には、それを木わくの高さまで一〇フィートも上げる。合図がなされるや、罪人の首を断頭台に載せ、執行人は鉄の刃を落下させる。この刃は、一撃で首を打ち落し、決して失敗することがない」と。

これらの記述からして、イタリアの〈mannaia〉も、スコットランドの〈maiden〉も、後にギロチンと呼ばれるようになった断頭機械であったことが理解される。

イタリア語の〈mannaia〉というのは、イタリア百科事典（Dizionario Enciclopedico Italiano, Vol. 7, 1957, p. 347）によれば、ラテン語の〈manuarius〉（「手の」という意味の形容詞）の女性形である〈manuaria〉から来た言葉である。そして、〈mannaia〉というのは、「両手で使用することのできるような、長い柄（え）のついた大きなまさかり。昔は、武器としても用いられた。特に死刑囚の首を打ち落とすのに用いられた武器。ギロチンの刃」を意味する。どうして、「手の」という形容詞が断頭機械を意味するようになったのか。私の推測では、「手用のまさかり」（Securis manuaria）というような語の形容詞の部分だけが略称的に用いられ、それが残ったのであろうと思われる。

ところで、スコットランドの〈maiden〉は、「若い娘」という意味である。死刑執行機械としての「若い娘」は、ブリタニカ百科事典（一九五三年版、第一四巻）によれば、モルトン（Morton）伯爵によって発明された。一五六一年にそれによる最初の死刑執行が行われ、一五八一年には発明者のモルトン伯自身が、この機械で首を切られた。一七一〇年に至ってこの機械の使用は中止されたが、それまでに少なくとも一二〇人がこれで死刑を執行された。「若い娘」は現在、エジンバラにあるスコットランド好古学協会博物館に保存されている。

（1）Croker, History of the Guillotine, 1853, London, p. 44, cité par Pichon, Code de la Guillotine, 1910, p. 16.

❖ ギヨタン教授の提案

フランスでかつて最も有名な処刑場は、パリの北東モンフォーコン（Montfaucon）に八世紀に設けられた絞首台（gibet）であった。この絞首台は、聖ルイ王以来、パリの重罪裁判の最も恐ろしい象徴であった。一三二五年には、高さ一〇メートル余りの太い大梁を渡した一六本の石柱が、木造の絞首台に取って替わった。ここに連れて来られるのは、生きた人間だけではない。すでに斬首、煮殺し、車責め、四つ裂きの刑に処せられた死人も、袋にばらづめにされて吊された。死体はぶらぶら揺れて、そのうちに完全に肉が落ち、骨も綱もばらばらになる。猛禽が食べて、それを早めた。最後に残った残骸は、足下の穴倉に放りこまれた。この絞首台は、一七世紀以来使用されず、一七六一年になって取りこわされた。

一七八八年二月一五日、ルイ一六世は、判決前の拷問を廃止したが、既存の各種の残虐な処刑方法を存続させた。パリ大学の解剖学教授であり、純愛的な下院議員でもあったギヨタン（Joseph-Ignace Guillotin, 1738-1814）は、一七八九年一〇月一〇日、極刑の執行は断頭によるべきことを含む六か条の提案を国民議会に提出した。この提栄はお流れになったので、彼は同年一二月一日、再び同じ提案をして、次のように言った。「わたしの機械で、わたしは一瞬のうちにあなたの首をはねさせる。あなたは、もう苦しむことはない」と。また、Journal des États Généraux には、「機械がいなずまのごとく落下するや、首は飛び、血はほとばしり、人はもはやこの世のものでない」とも載っている。この説明は、議員諸公を震え上らせたにちがいない。

ギヨタンが提案した六か条のうち次に掲げる四か条が、一七九〇年一月二一日、国民議会によって可決された。

第一条　同じ種類の犯罪は、犯人の地位及び身分のいかんを問わず、同じ種類の刑罰に処せられる。

第二条　犯罪は一身的であるので、犯人に対する刑罰及びすべての加辱的な有罪判決は、犯人の家族に対するいかなる汚辱をも含まない。家族の名誉は決して侵害されることなく、かつ、家族全員には、あらゆる種類の職業、仕事及び尊厳が引き続いて認められる。

第三条　いかなる場合にも、犯人の財産没収を言い渡すことはできない。

第四条　処刑された者の遺体は、要求があるときは、家族に交付する。すべての場合に、通常の埋葬が許される。処刑に関するいかなる記述も帳簿に留めることはできない。

この四か条の中には、ギヨタンの改良にかかる断頭機械で処刑するという規定は存在しない。そのことを定めた第六条は、（第五条とともに）審議されるに至らず、七人委員会に送付されたのち、終局的にお流れとなったのである。国民議会が Lepelletier Saint-Fargeau の報告書にもとづき、「死刑の言渡しを受けた者は、すべて断頭する」と定めたのは、一七九一年六月三日のことであった。ついで、一七九二年三月二五日法は、より確実で、より迅速な機械の方法による執行方法を命じた。「死刑がその執行においてできる限り苦痛の少ないものであることを、人間性（ユマニテ）は要求する」からである。

ギヨタンは、イタリアで久しく採用されていた mannaia に改良を加えた。彼の意図は、被処刑者の苦痛をできる限り少ないものにする人道主義に基づくものであった。この機械は、はじめ「ルイゾン」（louison）または「ルイゼット」（louisette）と呼ばれたが、やがてギヨタンの名にちなんで、ギヨティーヌ（ギロチンは、邦語のなまり）と呼ばれるようになった。ギヨタンは、彼の提案した機械が彼の名にちなんでギヨティーヌ（ギロチン）と呼ばれることに、つねに抗議した（Larousse du XXᵉ Siécle, t. III, p. 915)。

一七九二年四月一七日、ギロチンの最初のテストが三つの屍体について行われた。いくつかの改良提案が採用された。その中で重要なものは、医師ルイの意見に従って、刃が水平ではなくて斜にされたことである。

一七九二年四月二五日、ギロチンは、初めて処刑に用いられた。その断頭台に上ったのは、路上強盗を働いた罪で死刑の言渡しを受けた男であった。同年八月二一日、ギロチンは、初めて政治犯人の首をはねた。これを皮切りに、その後、どれだけ多くの人がギロチンにかけられたことか！

一七九三年一月二一日にはルイ一六世が、ついで、同年一〇月一六日には王妃マリー・アントワネットが、断頭台の露と消えた。革命裁判所は、二、六〇〇人の政治犯人を革命広場（今のコンコルド広場）の断頭台に送った。世界で最も美しい広場の一つといわれる革命広場の石だたみは、断頭台からしたたり落ちる血の海によって、まっ赤に彩られた。それは、おそらく処刑機械の採用を提案したギヨタンの意図から隔ること遠いものであったにちがいない。

一九〇三年、ファリエール（Armond Fallières, 1841–1931）が大統領に就任（一九一三年まで在任）するや、ギロチンは、パリ一一区のフォリー・ルノー通（rue de la Folie-Regnault）の倉庫に格納された。大統領は、恩赦権をすべての死刑囚に機械的に発動することによって、死刑を事実上廃止しようとしたのである。しかし、いくつかの凶悪犯罪が世間の耳目を衝動させるに及んで、世論は沸き立ち、国会は、法律を厳格に執行すべしとの要望を決議した。そこで、大統領が恩赦権を発動して死刑囚の生命を救うのは、以後、大統領が特定の場合につき明示したときに限られることになった。ギロチンは、公衆の前で、再び動き始めた。

一八一〇年刑法二六条は、死刑の公開執行を規定していた。この条文を改正して、刑事施設内で執行すべしとする法案は、すでに一八七〇年二月二五日、国会に上程されていたが、同年六月二一日に討議され、否決された。その後、一九〇九年にも、同じ趣旨の法案が下院に上程された。死刑の公開執行が明文をもって禁止されたのは、一九三九年六月二四日のデクレ・ロワによってである。

（判例時報四九四号、一九六七年）

2　ロッカービー裁判

❖ パンナム機の爆破事件

「ロッカービー裁判」（Lockerbie Trial）の名で国際的に知られている裁判は、英国スコットランドのロッカービー（Lockerbie）村上空で爆破された米国の Pan Am 機一〇三便に係る刑事裁判のことである。(1)

一九八八年一二月二一日、ロンドン空港からニューヨークのケネディ空港に向けて飛び立った上記の Pan Am 機がロッカービー村上空で爆発して、乗員と乗客二五九人全員が死亡したほか、爆破された航空機の破片の直撃を受けたロッカービー村の住民一一人が死亡した。

事件後、直ちに英国と米国の各捜査機関並びに世界各地の法執行機関による捜査が開始された。捜査の結果、事件から三年後、二人のリビア（北アフリカの共和国）国民 Al-Megrahi と Khalifa Fhimah とが、米国で容疑者として浮び上がった。

彼らは、ドイツのフランクフルト空港行きのマルタ航空（Air Malta）ＫＭ一八〇便に積み込みを頼んだスーツケースの中にプラスチック爆弾を隠していた。彼らは、フランクフルトからロンドンに引き返したが、パンナム機には乗り替えなかった。時限爆弾をセットしたスーツケースは、乗客が預けた積込み荷物として数えられることもX線による探知を受けることもなく、パンナム一〇三便に積み込まれた。

やがて時限装置が作動して、悲劇が起こった。

事件発生後、捜査は秘密裡に進められた。ついに、一九九一年一一月二七日、スコットランドの法務総裁（Lord Advocate）は、前記二人のリビア人に対し、謀殺の共謀、謀殺および一九八二年航空安全法（Aviation Security Act）違反の容疑で逮捕状を発した。

ついでながら、この手口による航空機爆破は、一九八七年一一月二九日の大韓航空機爆破と同一のものである。

さて、ロッカービー事件につき、米国、英国およびフランスは、リビアに対し犯人の引渡しを請求した。しかし、リビアはこの請求を拒絶した。その理由は、①引渡しを求められている二人につき、犯罪の容疑はなんら認められない、②自国民の引渡しは憲法で禁止されている、というものであった。

リビアが引渡しを拒絶することにより非妥協的な態度を続けたので、米英仏三国は、国連安保理に働きかけをした。その結果であろうか、安保理は、一九九二年一月二一日の決議七三一号をもって、リビアに対し引渡請求に応ずることを要請した。

これに対し、リビアは、当該事件を権限を有する自国の訴追当局に付託したので一九七一年のモントリオール条約（民間航空不法行為防止条約）七条に規定する義務（引き渡すか訴追するかの義務）を履行したと主張して、国際司法裁判所（International Court of Justice＝ＩＣＪ）に提訴した。

ＩＣＪが本件の裁判権について判断を下す前に、安保理は、国連憲章第七章「平和に対する脅威、平和の破壊及び侵略行為に関する行動」の規定に基づき、リビアに対し、二週間以内に犯人を引き渡すか相応の刑罰を科すべきことを要求する旨の決議七四八号（一九九二年三月三一日）をした。ついで、安保理は、リビアに対して経済制裁を行う旨の決議八八三号（九三年一一月一一日）をした。

これらの決議を受けて、ＩＣＪは、国連憲章第一〇三条（国連憲章に基づく義務が他の国際協定上の義務に優先）により、国連加盟国はモントリオール条約の規定に優先する安保理決議に拘束される、とした。

この当時、そして一九九八年まで、リビアは、自国民の引渡しを認めない憲法上の制約があるのみならず、米英両国における不可避なマスコミ報道のゆえに被告人は公正な裁判を受けないだろう、という態度を維持していた。それにもかかわらず、リビアは、中立国における裁判のために犯人を引き渡す旨の提案をした。だが、この提案は拒否された。

解決の途は、袋小路に行き当たった。しかし、一九九八年、ついに英国は、中立国において、しかもスコットランドの裁判法によって裁判するという条件で、リビアの提案を受け入れた。オランダは、自国内においてロッカービー事件の裁判がスコットランドの裁判所によって行われることに同意した。英国とオランダとの間の協定（agreement）が、一九九八年九月一八日に成立した（38 ILM〔1999〕926）。

安保理は、行きづまり状態がこのような形で解決したことを歓迎し、すべての国に協力を求めると共に、被告人が裁判のために引き渡されたときの未決拘禁の任務をオランダに託する旨の決議第一一九二号（一九九八年八月二七日）をした。

英国とオランダとの間の協定は、一九九九年一月八日に発効した。

（1）Bantekas & Nash, International Criminal Law, 2nd. ed., 2003, Cavendish, pp. 27-28, 408-409.

❖ ユニークな方式の国際化された刑事裁判

こうして、スコットランドの刑事上級裁判所（High Court of Judiciary）が、オランダにおいて英国法にもとづきロッカービー事件の裁判を行うこととなった。**ロッカービー方式**と呼ばれるこの裁判方式は、前例のないユニークな創造物（unique creature）とも言うべきものであった。

これ以前には、特別な（*ad hoc*）国際刑事法廷が二つ、すなわち、ＩＣＴＹ（旧ユーゴ国際刑事法廷）とＩＣＴＲ（ルワンダ国際刑事法廷）が安保理決議にもとづいて設置されており、そのほか、「国際化された国内刑事法廷」（Internationalized Domestic Criminal Courts）と呼ばれる特別法廷（*ad hoc* tribunals）が、シエラ・レオーネ（Sierra Leone）と東ティモール（East Timor）に設置されている。

　しかしながら、オランダで開かれるスコットランド刑事上級裁判所の法廷は、①英国＝オランダ協定が安保理決定にもとづくものでない点、および②属地主義にもとづいて裁判権を行使する国（本件にあっては、スコットランド）の領域内に設置されていない点において、上記の特別国際法廷とは性質を異にする。このことは、注目に値するところである。

　米国の学者によれば、「英国＝オランダ協定の下では、オランダの現実の土地の一区劃が、裁判期間中、スコットランドの領土となった、ということができるであろう」（… a papatch of Dutch real estate would become Scottish territory）[2]。

　米国の別の学者は、ロッカービー方式を「旅する法廷」（travelling court）と呼び、ギリシャの検察官は「旅する国内法廷」（travelling national courts）と呼んで、刑事事件の国際協力における新しい水域に入るものだと評価している[3]。

　ロッカービー裁判にあっては、被告人と犯罪との関係についてのみ、スコットランド法が適用され、その他すべての点については一般的にオランダ法が適用された。スコットランド法廷の裁判権は、スコットランド法および実務に従って行われる裁判手続（捜査および起訴前後のすべての手続を含む）に限定された（一九九八年協定一条）。

スコットランドの裁判所が自国の実体法と手続法を適用してオランダの領域内で裁判を行うことは、主権の行使に関する伝統的な立場について重要な修正をもたらすものであるが、英国＝オランダ協定書は、その修正を是認する根拠文書であった。両国間で合意された特定事項のほかでは、同協定は、受入れ国（オランダ）で外交関係に適用される条約および国際法のカテゴリーに該当するものであった。

協定書によれば、スコットランド法廷は、特に裁判実施に係る規則を定め、オランダ司法省との間で合意文書を交換する権限を有する（六条、二七条）。他方、オランダは、証人および国際監視人の入廷を許し、かつ保護する義務を負う（一七条、一八条）。

英国は、一九九八年九月一六日、スコットランド刑事上級裁判所（オランダにおける手続）命令（High Court of Justiciary (Proceedings in The Netherlands) Order 1998）を採択し（二日後に施行）、同裁判所（三人の裁判官で構成される）に対し、二人のリビア人被告に対する裁判を行う権限を付与した。ただし、この裁判では、スコットランド刑事訴訟法の定めに反して、陪審手続（一五人の陪審員が任命される）は用いられなかった。これは、リビアが国際司法裁判所の審理において陪審裁判方式に対して強硬に反対したためである。

さて、二人の被告人は、一九九九年四月五日、明白な同意の下でリビアにいる国連職員に引き渡され、即日、国連機でオランダに移送された。

裁判は、二〇〇〇年五月三日にオランダ中部の都市ユトレヒトに近いCamp Zeist（軍の基地であろう）において開始され、翌年一月三一日に終了した。

被告人の一人Al-Megrahiは、パンナム機一〇三便の爆破による乗員・乗客の謀殺並びにロッカービー村民の死を惹き起こした罪で有罪とされた。長期間にわたる公判では、法的問題をくわしく分析されることはなく、証拠にもとづく事実認定に焦点が置かれた。収集された証拠は状況証拠であったが、Al-Megrahiが合理的疑いの余地なきまでに有罪であることが認定された。他方の被告人は、証拠不十分で無罪とされた。

被告人Al-Megrahiに対し、無期刑（仮釈放の可能性あり）が言い渡された。彼は、控訴した。控訴理由は、証拠の不十分を理由とするものではなくて、弁護側から提出された証拠の取扱いの不当性を理由とするものであった。

二〇〇二年三月一四日、スコットランドの控訴院（裁判官は五人）は、控訴を棄却した。これによって裁判は確定した。受刑者Al-Megrahiは、現在、スコットランドで服役中である。

ロッカービー裁判について最も重要な点は、スコットランドがその裁判権をオランダに移管したのではなくて、スコットランドの主権をオランダの領域（territory）にまで拡大したことである。

（2） Orentlicher, The future of universal jurisdiction in the new architecture of transnational justice, in: Universal

Jurisdiction, ed. by Macedo, 2004, p. 226.

（3）　Klip & Mackarel, The Lockerbie Trial-A Scottish Court in the Netherlands, Revue Internationale de Droit Pénal, 70ᵉ année, 1999, p. 817; Tsiridis, Fragen zur Zusammenarbeit der Gerichte in Straffällen, in: Internationalisierung des Strafrechts（Hrsg. von Anagnostopoulos）, 2003, S. 144.

（判例時報一九〇二号、二〇〇五年）

3　ギリシャの宝

トロヤの発掘

トロヤ（Troya）は、小アジアの古代都市であった。それは、ダーダネルス海峡（Dardanelles）に近いヒッサリク（Hissarik）の丘にあり、別名イリオス（Ilios）という。

紀元前一、二〇〇年のころ、ギリシャ人とトロヤ人との戦いがあった。これが、ギリシャ人の伝説の中に物語られるトロヤ戦争である。この伝説は、吟遊詩人によって歌いつがれている間に増減され、結び付いたりしてできたものであるが、その中心となる物語は、ホメロスの叙事詩「イリアス」と「オデュッセイア」に含まれている。

ギリシャ軍はトロヤを包囲したが、堅固な城壁をめぐらしたトロヤは陥落せず、激戦は一〇年も続いた。最後に、イタカ王オデュッセウスのはかりごと（計り事）に基づき、巨大な木馬（腹中にギリシャの勇士数人がひそんでいる）を作り、これを城中に引き入れさせて、勝利を収めた。これが、有名な「トロヤの木馬」の物語である。

さて、トロヤ戦争は、長い間、史実とみなされてきたが、一九世紀には、単なる伝説と見る説が支配的となった。しかし、「トロヤ戦争は、実際にあったに違いない。トロヤの都は、地中に埋もれている」と信じる一人の男がいた。ドイツの考古学者シュリーマン（Heinrich Schliemann, 1822-1890）である。彼の生涯は、数奇の運命を非凡の才と努力で切り拓いたものであった。

一四歳の時にドイツの田舎の店の小僧にやられた彼は、五年間の牢獄のような小僧暮らしの後、南米のコロンビアに行くべく小さな帆船に乗った。船は、嵐のため沈没し、彼は、オランダ近海の島に漂着した。この不幸な出来事は、結果的には彼が大商人となるきっかけとなった。

オランダの事務所に勤めた彼は、独特の方法で語学を勉強し、英語、オランダ語、フランス語、スペイン語、イタリア語、ポルトガル語をものにし、その後、ロシア語とギリシャ語を習得した。彼は、ロシアと米国における商売で大資産家となった。が、ロシア婦人との結婚に失敗して離婚した彼は、四二歳の時、店を閉じた。巨万の富をトロヤ発掘のために用いようと考えたのである。

一八六九年、四七歳のシュリーマンは、三〇歳も若いギリシャ娘ソフィアと結婚した。トロヤ発掘の良き協力者として、教養のある彼女が伴侶として選ばれた。

一八七一年から、発掘が始められた。世間も学者も、「夢想にかられたシュリーマンの愚行」とあざ笑った。だが、シュリーマンは、ホメロスがトロヤを実地見分し、心に刻んで書いた叙事詩は史実であると信じて、世間の嘲笑に屈しなかった。

一八七三年五月、トロヤの宮殿跡から輝く純金製の財宝、銀製・銅製の貴重な財宝多数が発見された。シュリーマンは、純金の頭飾りを、愛情をこめてソフィアの頭に載せて言った。「あなたは、トロヤのヘレナ女王さまです」

限りなく飛翔する想像力とロマンティシズムの持ち主であったシュリーマンは、トロヤの遺跡に続いて、ミュケナイのパウサニアス王の墳墓、オルコメノスの宝庫、ティリンスの宮殿などを、次ぎ次ぎに発掘した。ホメロスの叙事詩の伝説は歴史的事実であったことが、発掘の成果によって証明された。

古くから黄金に富むと言い伝えられてきた三つの古代都市（トロヤ、ミュケナイ、オルコメノス）の発掘にあくなき情熱を注ぎ、不滅の偉業を樹立したシュリーマンは、まことに天才と呼ばれるにふさわしい人であった。その発掘の場には、絶えず夫を理解し、助け、影のように寄り添う妻ソフィアがいた。

古代都市の発掘は、まさに二人の二一年間にわたる結婚生活の愛の賜物（たまもの）であった。後世の伝記作家は、ソフィアのことを「ギリシャの宝」（the Greek treasure）と呼んでいる。

シュリーマンの伝記を読んで心を惹かれるのは、彼がロマンティックな空想から古代都市トロヤの実在を信じたのではなく、冷静な実証的考察と透徹した推理によって信じたことである。

そのシュリーマンは、一八九〇年のクリスマスの朝、イタリアのナポリの広場近くの歩道で、意識を失って倒れた。耳の腫瘍の骨化が進み、手術後の症状が悪化していたのである。彼は、ポンペイ（Pompei）の発掘——一八三八年に始められ、一八六〇年以降、本格的に継続されていた——を見るべくナポリに来ていた。クリスマスから二日後、この風変わりではあるが創造的な偉人の魂は、ホテルの部屋で、六九歳の誕生日を前にして天に帰った。

ソフィアは、夫の死後、アテネに住み、夫の業績と発掘品の維持に生涯を捧げた。夫の想い出を永遠に胸に秘めて——。

❀ エーゲ海のほとりにて

一九八一年九月、私は、ギリシャを訪れた。テサロニケで開かれる第一〇回国際社会防衛会議に出席するためである。一七年ぶりに訪れた首都アテネは、大きなホテルが建ち並び、観光客が街にあふれ、街の様子はかなり変わっていた。

国際会議を無事に終えて、一〇月初め、私は、同じ会議に出席した臼井滋夫氏（当時、福岡高検検事長）といっしょに、エーゲ海クルーズ（島巡り）に出かけた。紺碧の海に浮かぶ島々は、何千年の歴史を秘めている。その島の頂上には、今もなお、白亜の神殿が建っている。「こんな島の頂上にまで、どのようにして神殿を建てたのか」と、賛嘆の念が湧いてくる。

エーゲ海の島々は、ギリシャ文明の発祥の地である。その島の一つ、サントリーニ（Santorini）

島（キクラデス諸島の最南端）は、今から三五〇〇年ほど前、巨大な火山の噴火で埋没した。しかし、一九六七年から始まった発掘によって美しい壁画をもつ当時の家屋群が発見され、この島は、一躍、世界の注目を集めた。面積七三平方キロの島に、高度の文明をもつ繁栄した古代都市のあったことが、実証されたからである。

エーゲ海の島々には、人類にまだ知られない、すぐれた文化遺跡が、数多く眠っているかも知れない。「一週間ほどかけて、これらの島々をゆっくり回ってみたいものだ」と、私と臼井氏は、その夜、アテネのレストランで夕食をしながら語り合った。

ギリシャ語では、レストランのことを「タベルナ」という。食堂というこの言葉が夕ベルナ（食べるな）というのは、ご馳走を食べすぎるな、という意味なのか。いや、もともと、タベルナ(taberna)という語は、ラテン語から来たもののようで、「小売店」「居酒屋」「料理店」などの意味をもっている。これは、村や町の人、旅人などが日用品を買ったり、飲食をする店を指す言葉であったのであろう。

ギリシャの治安は良好で、犯罪率は、かなり低い。ところが、一九八一年七月三日早朝、アテネ市民を驚愕させる事件が起こった。パリの大学で勉強中の日本人の緒方健（当時二一歳）が、アテネ市内の路上で、ギリシャ人工場経営者の男N（五〇歳）を、三〇センチ大の石で数回殴って殺したのである。

私がギリシャ滞在中、緒方は、精神鑑定中であった。その後、彼はどうなったか。このことにつき、一九八二年、テサロニケ大学のマノレダキス（Ioannis Manoledakis）教授に問い合わせの手紙を出したところ、四月三日付けの返事が来た。

それによれば、緒方は、アテネの第一審裁判所の陪審裁判により、二〇年の懲役刑に処せられた。しかし、控訴院の陪審裁判は、心神喪失の状態で罪を犯したという彼の抗弁を容れて、無罪を宣告した。そして、緒方は、保安処分施設に送られる代わりに、国外追放を言い渡された。ギリシャ刑法七四条二項によれば、外国人に対する国外追放は、保安処分の一種である。

緒方は、フランス人女性と結婚しているので、この判決の後、フランスに帰ったかも知れない。

われわれにとって興味があるのは、第一審で懲役二〇年に処したものを、控訴審で心神喪失を理由に無罪としたことである。そのようなことはありうる、と言ってしまえばそれまでだが、疑問は残る。第一は、第一審で精神鑑定の結果はどう評価されたのか、という点である。第二は、〈jury〉の裁判というのは、先ほど一応、「陪審」裁判と書いたものの、陪審裁判なのか、参審裁判なのか、という点である。もし、〈jury〉が、有罪・無罪の評決をする小陪審であれば、控訴審の〈jury〉というのは理解しがたいし、ましてや、控訴審の〈jury〉が心神喪失を理由に無罪を宣告するのは、合点がゆかない。ギリシャの〈jury〉は、素人裁判官と本職裁判官とで構成される参審裁判ではなかろうか。

こうした点を知るためにも、ギリシャ刑事訴訟法を読んでみようと思った。が、残念ながら、私は、昔、ギリシャ語を学び始めて三日も経たぬうちに止めてしまった。マノレダキス教授に、英、仏、独、伊、西のどれかの言葉によるギリシャ刑訴法の翻訳はないかと尋ねたところ、「どれもない」という返事であった。

一九五〇年のギリシャ現行刑法——ドイツ法の影響をかなり受けているように見受けられる——は、刑罰と並んで保安処分を規定している。それは、二元主義の思想を実現するというよりも、刑罰と保安処分とを合わせて、精神的・心理学的な犯罪原因に対する統一的に組織された制裁を構成するものである。

この見地から、緒方に対して無罪判決とともに保安処分の言渡しをしたのは、理解することができる。では、保安処分施設への送致に代えて、国外追放処分にしたのは、なぜか。

外国人に対する国外追放を保安処分の一種として規定する立法は、イタリア刑法二三五条、ノルウェイ刑法三八条などに見られるし、また、追放を刑の一種として規定する立法は、ハンガリー刑法三〇条、チェコスロヴァキア刑法二七条などに見られる。国外追放を行政措置として行う国は、列挙するまでもなく、多く存在する。

いま、欧米では、外国人の犯罪者や被拘禁者を多数かかえて、その対策と処遇に頭を痛めている。まして、外国人犯罪者に対する措置入院の実施や自由刑または保安処分の執行を、多額の費用をかけてすることは、堪えがたいものとなっている。ギリシャにとっては、緒方を国外追放にしたのは、賢明な策であったかもしれない。

それにしても、なんの落ち度もなしに、突然、街頭で襲われて殺害された被害者は、気の毒の至りである。緒方は、充分な損害賠償をしたのであろうか。ギリシャは、犯罪被害補償制度を実施しているであろうか。

ギリシャは、一九八三年一一月二四日にストラスブールで締結された「犯罪被害補償ヨーロッパ条約」に署名しているが、まだ批准していない。この条約は、被害者補償を実施するために必要な措置をとるべき義務を締約国に課している。

（判例時報一一五六号、一九八五年）

4　ローマ刑事学博物館

❁ はじめに

ローマ刑事学博物館（Museo Criminologico di Roma）というのがある。場所は、ローマのゴンファローネ通（Via del Gonfalone）二九番地である。こう言っても、すぐには分かりかねるであろうが、ヴァチカン市国の北西方向の、古い一劃ということで、見当をつけていただきたい。古い街並みの界隈だから、道幅は狭く、歩車道の区別のない石だたみの道が続いている。

一九八一年一〇月九日、私は、ローマにある国連社会防衛研究所（ＵＮＳＤＲＩ＝United Nations Social Defence Reserch Institute）の研究員として法務省から出向している萩原康生氏に案内されて、この博物館を訪れた。実は、その日の午後にはローマ空港を発って帰国の途に就くという忙しい日の午前、ここを見学したのである。

国連は、犯罪防止に関する研究所を二つ持っている。一つは、東京の府中にあるアジア極東犯罪防止研修研究所（通称、アジ研。略称は、ＵＮＡＦＥＩ）であり、他は、ローマのＵＮＳＤＲＩ（ウンズリと発音されている）である。ＵＮＳＤＲＩは、ローマのジュリア通（Via Giulia）五二番地にある。元は、刑務所であった由。このＵＮＳＤＲＩの玄関に向かって右横に建物を接して、ローマ刑事学博物館は建っている。

この博物館は、見学が許可制になっているためか、普通の観光案内書には載っていないし、日本の専門家にも知られていない。ＵＮＳＤＲＩの研究員になった萩原氏が、なにかの切っ掛けでこの博物館の存在を知って見学したのが、日本人見学者の第一号。その後、ローマを訪れたアジ研の敷田稔所長が、萩原氏の勧めに従って見学したのが、第二号。その次が、私とのこと。

実のところ、「萩原氏が勧めるから見ておこう」ぐらいの気持ちで訪れた私であるが、この博物館のすばらしさに感嘆の声をあげた。これほど充実し、系統的に資料や刑具などを収集した博物館は、ヨーロッパのどの国にも存在しないのではないか。今後、ローマを訪れる学者や実務家が一人でも多くこの博物館を見学されることを祈って、この紹介の筆を執る次第である。

❀ 博物館の歴史と特色

一九三一年、イタリアの司法大臣は、六月二六日の通達（circolare）をもって、司法関係官庁に対し、犯罪と刑罰に関するすべての芸術品、稀少価値のある物および学問的価値のある物を刑事博物館（Museo Criminale）に送付することを命じた。一九三一年といえば、現行の刑法および刑事訴訟法が施行された年である。

博物館は、はじめ「刑事博物館」と呼ばれたが、後に「刑事学博物館」と改称された。単に犯罪者に関する物が収集されたのではなく、犯罪防止及び犯罪者処遇の活動に関する物も収集されたからである。

この種の博物館は、イタリア以外にも存在する。だが、ローマの刑事学博物館は、犯罪、警察の捜査、犯人の人類学的研究などに関する資料や証拠物の豊富な収集、さらに過去の時代に刑の執行に用いられたすべての物を完全かつ系統的に収集し、展示している点に特色をもっている。外国の刑事学博物館の中には、例えば、拷問道具とか処刑用具とかを主要な展示物とするものがあるが、ローマ刑事学博物館は、そのような特殊なコレクションを持っているのではない。

この博物館のある建物（Palazzo del Gonfalone）は、四階建で、ここには、博物館のほか、矯正研究所（Centro Studi Penitenziari）と特別司法図書館が置かれている。博物館は、四階建の建物のうち、三つの階を占め、計三一の展示室をもっている。これらの展示室は、⑴証拠物、⑵司法警察の捜査、⑶刑の執行および⑷歴史、という四つの部門に分かれている。

❀　一階の展示物

館長のフィアンニ（Veschi Fianni）博士は、ヒロシマの刑法教授が見学に来たというので、私を大歓迎し、「英語はほとんど忘れたから、フランス語で話しましょう」と言って、日本の刑法や刑事訴訟法のことを尋ねた。日本のことに興味を持っているのだそうだ。そして、自身で館内を案内し、熱心に説明をしてくださった。

一階には、七室ある。第一室と第二室には、「偽造と詐欺」(falsi e truffe) に関する物が展示されている。例えば、偽造の切手・印紙・通貨偽造に用いられた道具などを初めとして、さまざまな偽造勲章、古代出土品の偽物、金細工の古代装飾品などが、それである。中には、一九六六年にミラノで発覚した通貨偽造事件に用いられ、没収された一連の器具や道具も見られる。

第三室には、「殺人と傷害」(omicidi e lesioni) に用いられた凶器が展示されている。マフィア (mafia) の母国イタリアのことゆえ、残酷な殺しの道具を収集するには事欠かなかったようである。一九五八年にミラノの人民銀行を襲撃した七人組の武装強盗団が犯行に用いた道具等もある。このセンセーショナルな事件については、「殺人夫人」(La Signora Omicidi) と題する映画で、その殺しの方法が登場する由である。

第四室には、尊属殺に用いられた斧、包丁などが、展示されている。第五室には、狂気の母親が二人の娘（一歳と九歳）を殺害した肉切り包丁、一八九八年にローマでカヴァロッティ (Felice Cavallotti) とフェルッチオ (Conte Macola Ferruccio) とが決闘――三三回のチャンバラの末、前者が後者の剣の上に身を投げて、勝負はついた――した際に用いた剣も陳列されている。

第六室も、「殺人と傷害」に関する物を展示している。第七室は、無政府主義者がウンベルト一世（Umberto I）を弑殺した事件に関する物を展示している。暗殺者の裁判に関する記事も見られる。

❖ 二階の展示物

二階は、この博物館の中で最も学問的で、しかも興味のある所である。

階段を上がると左側には、一五世紀までドイツとスペインで拷問処刑の道具として用いられた「ニュールンベルグの鉄の乙女」が一基置かれている。これは、外観は鉄製の乙女の像であるが、内側には鉄製の釘が取り付けてあり、扉を閉じると、釘が犯人を刺し殺す仕組みになっている。

第九室は、古代ローマや各時代の通貨の偽造物を収集している。これらの偽造品は、恐らく考古学的古銭の販売店で本物として売るために造られたものであろう。

第一〇室には、モデーナ（Modena）とフェッラーラ（Ferrara）で発せられた無頼漢、悪徒、叛逆者に対する布告、一六世紀および一七世紀におけるローマ教皇の回勅、一七〇〇年にトスカナ大公が発した布告などが展示されている。

第一一室は、スパイ活動に関するもの、第一二室は、賭博に関するものを扱っている。

第一三室から第一六室までは、「司法警察の捜査」に関する証拠物を展示している。その中でも、興味深いのは、第一六室に展示されている犯罪人類学に関する標本、特にカラブリア人の悪盗ヴィレッラ（Vilella）の頭蓋骨である。一九世紀の後半に犯罪人類学の立場から生来犯人（delinquente nato）の理論を樹立したロンブローゾ（Cesare Lombroso, 1835-1909）は、この頭蓋骨の後頭部のくぼみを測り、その立論の根拠づけにしたそうである。そんな説明を聞くと、ロンブローゾが身近な人に思えてくる。

第一七室からは、イタリアおよび外国で死刑および刑の執行に用いられた刑具の展示が始まる。それを見ると、いかにわれわれの祖先は残酷な刑の執行をしてきたかということが、実感をもって迫ってくる。

第一八室には、ミラッツォ刑務所（Carceri Giudiziari di Milazzo）で発見されたという骸骨が、不気味にぶら下がっている。骸骨は、鉄の枠組みの中に入っている。これは、逃亡を試みたドイツ人の傭兵が捕えられ、この鉄の枠の中に入れられたまま死刑（餓死か？）にされたものである。壁には、かつて諸国の牢獄や港の徒刑場で用いられた懲めのための各種の鎖、手かせ、足かせなどがかかっている。

第一九室は、「恐怖と憐みの部屋」（Sala dell'orrore e della pietà）とも呼ばれる。ギロチンと絞首台とが展示されているからである。また、死刑執行人の衣服（今なお、血痕が見られる）と並んで、木の十字架が展示されている。修道士が、死刑囚の霊魂の救いのために、処刑場でこの十字架を持って祈ったのである。

中央に、アルバの絞首台（Forca d'Alba）がある。これは、三本の強い柱と一本の横桁（それに絞首のための大釘が打たれている）とから成るものである。その右には、レッチェ（Lecce）（一四六三年以降、ナポリ王国に属した）のギロチンが置かれている。次頁の写真Aで見られるように、これは旧式のものである。

もともと、この種の断頭機械は、マンナイア（mannaia）――ギロチンの刃を意味する――と呼ばれていて、すでに一六世紀に南フランスやイタリアで使用されていたものである。パリ大学の解剖学教授であり、博愛的な立法議会議員でもあったギョタン（Joseph-Ignace Guillotin, 1738-1814）は、それを改良して議会に提案し、それが、一七九二年三月二五日法により採用された（本書八頁参照）。断頭機械は、フランスでは、はじめ「ルイゾン」（louison）または「ルイゼット」（louisette）と呼ばれていたが、やがてギヨタンの名にちなんで、ギヨティーヌ（guillotine）（ギロチンは、邦語のなまり）と呼ばれるようになった。

ギロチンは、フランスで一七九二年四月二五日以降、革命期に多くの人びと（ルイ一六世、マリー・アントワネットら）を処刑するのに用いられた。ギヨタンが提案し、その後、医師ルイの意見に従って改良された最も重要な点は、首を断つ刃が斜めになっていることである。ところが、旧式のギロチンは、写真Aで見られるように、刃が水平になっている。

レッチェのギロチンの下部に、かごが置かれている。これは、ポロリと落ちる首を受けるための

写真A　旧式のギロチン

レッチェのギロチン

ものである。

このギロチンの左側には、ローマのサン・タンジェロ城（Castel Sant'Angelo）の博物館からここに移された、ローマのギロチンが置かれている。その構造は、レッチェのギロチンとほぼ同じである。

記録によれば、イタリアでは、すでに一二六八年にナポリで、また、一五〇七年五月にジェノヴァでギロチンによる死刑の執行がなされている。この機械は、もともと貴族と聖職者の処刑のためのものであった。罪人を全然苦しめることなく、確実に首を打ち落とすことができるからである。

私は、かつて「ギロチンの起源」と題する一文を書いたことがある（本書三頁以下）。それ以来、不思議にギロチンに関心を寄せてきた。ローマ刑事学博物館で旧式のギロチンを見ることができたのは、大きな喜びであった。

第二〇室は、拷問道具の展示場である。刺し棒のついたハンガリアの拷問椅子の再製、ドイツのさらし（晒）台の模写、受刑者を公衆にさらすために用いた足枷（かせ）、鉄製の手枷付きの懲めの椅子などが展示されている。中世に特に婦人のおしゃべりを止めさせるために用いられたと見られる懲め道具もある。これは、"briglia delle comare"（「おばちゃん用のくつわ」とでも訳すか）と呼ばれるもので、馬のくつわならぬ鉄製の大型のくつわを頭からすっぽりはめる格好になっている。

各国で行われた処刑の図も、多数展示されている。電気椅子、首だけ穴から出して生きたまま函に入れる処刑具、大砲の口にくくりつけられたスパイ（アフガニスタン）、象による処刑（インド）、時計仕掛けの斬首台などが、それである。ヘンリー四世王を尊属殺したかどで、アングレーム（Angoulème）の貴族ラヴェヤック（Francesco Ravaillac）を四頭の馬で四つ裂きにした、恐るべき処刑の模型もある。

❖ 三階の展示物

三階は、第二一室から始まる。第二一室には、地下に埋もれていたと称する古銭、古代の壺などの偽造品が展示され、第二二室には、ポルノと麻薬類が展示されている。

第二三室には、牢獄役人の着用していた制服、囚人の服をはじめ、一八四八年にチヴィタヴェキア（Civitavecchia）の牢獄の叛乱に用いられた武器などが見られる。

第二四室から第二七室までは、牢獄の奸策ぶりを物語る各種の品、例えば、獄中での賭博や販売に用いるための不正工作品、逃走用に作った合かぎ、のこぎり、紙製の格子、たばこ入れに隠した刃物、毛布やくつ下の糸で編んだ縄などが展示されている。差し入れたオーバーに付いていた三つのボタンもある。このボタンの中に阿片が隠されていて、受取人の囚人（Felice Orsini という名前）は、その阿片で看守を麻酔して逃走した。これらの物を見ると、この方面におけるイタリア人の多才ぶりがしのばれる。まさに、「必要は、人智をいや増す」（la necessità aguzza l'ingegno）というイタリアの古い格言を実証するものである。

第二八室は、特に精神障害犯罪者の拘禁に関する物、例えば、防声具つきの保護服、あばれる者を鎮静させるための固定ベッドなどの展示室。第二九室と第三〇室は、窃盗および侵入盗に用いられた各種の合かぎ、金庫破りをする方法の写真を展示しているほか、鉄のくさりで手足をしばられて、生きたまま壁に塗り込まれた婦人の骸骨を再現している。

第三一室は、刃剣や火器の展示室である。

（あとがき）

イタリアは、「刑法の祖国及び発祥地」（la patria e la culla del diritto penale）とか「刑法の母国」（madre e cuna del diritto penale）といわれている。中世のイタリア学派に属する法学者たちが、刑法の科学的認識の基礎をなす一般原理に深い注意を払い、輝かしい業績を挙げたからである。

イタリア刑法学は、一八世紀後半に新しい展開を始めた。一つのモニュメントをなすのは、ベッカリーア（Cesare Beccaria, 1738-1794）の著書『犯罪と刑罰』（初版は、一七六四年）である。そして、一九世紀の後半には、実証学派（Scuola positiva）と呼ばれる新しいイタリア刑法学派が誕生した。

ローマ刑事学博物館は、こうした歴史と伝統に支えられて生まれたのであろう。

（法学セミナー三二五号、一九八二年）

5　イタリア刑法紀行——グラダーラとフィレンツェ——

❀ グラダーラの城

グラダーラ（Gradara）の城は、一二世紀当時のままの姿を今なお残している美しい古城である。この城を訪れることは、ここ数年来、私の強い願望であった。

ここを訪れたのは、一九八三年六月一二日のこと。ミラノで開かれる国際刑法学会など四つの大きな国際学会の合同会議に出席する二日前であった。同行したのは、ローマにある国連社会防衛研究所の渡辺幸一研究員とローマ大学で犯罪学を専攻する若い学者ジャンフランコ・マルッロ君の二人。前日にボローニャホテルに泊ったわれわれ三人は、フランコ（ジャンフランコの愛称）の運転する車でグラダーラに向かった。好天に恵まれた日曜日とあって、アドリア海で海水浴を楽しもうとする人たちの車が、高速道路に延々と続いていた。

ボローニャの東約一三〇キロのところ、アドリア海を眼下に見おろす丘の上に、グラダーラの城は、長い歴史を秘めて建っている。丘の下から見ると、あたかもおとぎの国の古城さながらに、うす赤色の石造りの城壁と城塞（rocca）が紺碧の空に映えて美しい。

日曜日のせいか、城を訪れる観光客の数は多い。城は、みどりしたたる樹々に囲まれている。大樹のしげる道は、恋人同士が腕を組んで散策したり、恋を語るには、こよなくふさわしい場所と思われた。

城塞の中に入ると最初に案内されるのが、拷問部屋（camera di tortura）である。実は、これを見るのが、私のグラダーラ訪問の目的であった。というのは、数年前、カトリック山口教会のヴィタル（Vital）神父（イタリア人）から、「グラダーラには、昔のままの拷問部屋が残っている」と聞いたからである。

拷問部屋は、どこの国でもそうであるように、うす暗い。しかし、ドイツなどの拷問部屋がたいてい地下にあるのと異なり、ここは、日本流の一階にあり、他の部屋より二メートルほど低いだけである。

この部屋には、さまざまな拷問道具が昔のままに置かれている。左側の柱の下部には、鎖が取り付けられている。これで容疑者をしばり、拷問を加えたらしい。その左側には、手枷《かせ》と足枷がある。部屋の中央にあるのは、断首用の斧と断首台である。その上に見えるロープは、これで容疑者を宙吊りにして、自白を強制したようである。

拷問部屋の奥に、水槽のようなものが見える。これは、水責めの拷問にも使われたらしいが、処刑された者の死体を処理する場所であった。壁の塗装に用いる薬品（カルキ？）で死体を溶かし、水で流してしまうのだそうだ。こういう話を聞くのは、初めての事であった。死体を焼くと、煙が立って人に知られるし、臭いがする。そのため、死体を溶かす方法が用いられたという。この処理方法は、昔、疫病で死んだ者についても用いられたそうだ。

拷問部屋で自白した者は、すぐ隣にある法廷（sala di giustizia）に連れて来られる。法廷の左側に見えるのが、裁判官席である。とはいえ、昔は、近世以降に見られる形の訴訟は存在せず、封建領主またはその代官が、刑の言渡しをしたようである。

法廷の左側の一番奥に、小さい扉が見える。処刑宣告された者は、ここから退場させられる。扉を開けて通ると見せて、実は、そこは落とし穴になっている。下には槍や刀が林立していて、落下した者は、ブスブス刺される。非業の死を遂げた犯人の死体は、間道を通って拷問部屋の水槽に運ばれ、そこで処理された。

法廷の隣は、「フランチェスカの部屋」である。フランチェスカは、この城を舞台とした有名な悲劇の主人公である。一二七五年、ラヴェンナ（Ravenna）の領主の娘フランチェスカ（Francesca da Polenta）は、グラダーラの領主の長男ジョヴァンニ（Giovanni Malatesta）と結婚した。これが、当時よく行われた政略結婚であった。フランチェスカは、一四歳。相手は、四六歳の醜男で、せむしであった。ジョヴァンニ（通称ジャンジオット）は、狡猾で、武芸を好む男であった。

はじめ、ジャンジオットは、婚約の不成立をおそれて、眉目秀麗の弟パオロ（Paolo）を身代りに立てた。結婚後、事実を知ったフランチェスカのパオロに対する恋情は、いよいよ募った。一二八五年ごろのある日、二人は、ジャンジオットの不在を見すまして密会していたところ、不意に帰宅したジャンジオットによって殺された。しっとに狂った彼が、二人を斬ったのである。

この悲恋の物語は、ダンテ（Dante Alighieri, 1265–1321）の『神曲』（Divina Commedia）の地獄篇第五歌（Inferno. Canto V）に登場する。ここで、ダンテは、ヴィルジリオ（Vilgilio）から、恋の焔に身も心も焼いた著名のたれかれを指し示されたのち、フランチェスカの亡霊に話しかけ、その悲恋の物語を聞くのである。恋の焔に焼かれたフランチェスカは、詩聖に語った。(1)

「恋しい人を、ただひたすら恋いずにおれぬ恋のほむらは、その人をいとおしむ烈しい喜びに私をくるみ、その思いは、見らるるように、今も私を離れぬ。

恋のほむらは、われら二人を一つの死に導いた。カイーナ(2)（Caina）は待つ、われら二人のいのち消した者を(3)」と。

フランチェスカは、ダンテがラヴェンナで客となっていたグィド・ノヴェッロの伯母であった。ダンテは、フランチェスカに特別な親近感をいだいていたに違いない。

フランチェスカの悲恋の物語は、その後、永く多数の芸術作品の主題とされた。ダヌンチオ（Gabriele D'Annunzio, 1863–1938）の戯曲「リミニのフランチェスカ(4)」（Francesca da Rimini）は、あまりにも有名である。

中世のイタリアには、各地に城があった。しかし、昔のままの姿で今なお残っているのは、グラダーラの古城だけだそうである。グラダーラは、辺地のせいか、わが国には知られていないが、遊子の旅情をそそるものをもっている。フランチェスカとパオロの相寄る二つの魂が天国で安らかに憩《いこ》うことを祈るのは、私だけではないであろう。

（1）寿岳文章訳『神曲』（集英社版）による。
（2）地獄の第九圏第一円を指す。
（3）ジャンジオットを指す。彼は、一三〇四年に死んだ。神曲の旅の時限では、彼は、まだ存命中であったことになる。
（4）フランチェスカの出身地。グラダーラから約二五キロの北にある。

❀ フィレンツェの拷問道具展覧会

グラダーラ訪問の前日、私は、渡辺氏とフランコと共にフィレンツェ（Firenze）（英語では、フローレンス）を訪れた。

フィレンツェは、周知のように、イタリア・ルネサンス発祥の地であって、世界で最も古典的な芸術の香りにつつまれた歴史的な都市である。市全体がイタリア芸術と文化の博物館ともいうべきフィレンツェは、何度訪れても、ルネサンス文化の香りをひたひたと肌に感じさせるものをもっている。

そのフィレンツェで、幸運にも「一四〇〇年から一八〇〇年までの拷問道具展覧会」(Mostra di Strumenti di Tortura 1400-1800) というのを見ることができた。展覧会は、有名なポンテ・ヴェキオ(「古い橋」の意) の東の丘にある昔の要塞フォルテ・ベルヴェデーレ (Forte Belvedere) で、五月一四日から九月中ごろまでの期間、開催中であった。

ここには、八四点の拷問道具が陳列されていた。そのうち、七二点は、欧米の一九の私的コレクションから二年余りにわたって集められ、その他は、古い断片から修復されたものであった。陳列された拷問道具の大部分は、キリスト教国であるヨーロッパ諸国で用いられたものである。

会場の中央には、ギロチンが置かれている。ギロチンの起源はイタリアにあるらしいが、ここに陳列されているのは、刃が斜めになっているところからして、フランスで大革命後に用いられたものである。

断首斧 (mannaia) は、一七世紀にイタリアで用いられたものである。これによる処刑は、ほとんどつねに貴族や裕福な者に対して行われた。長時間にわたる責め苦の後に絶命する処刑方法に比べると、一瞬にして首をはねられるのは、せめてもの救いであった。そこで、受刑者は、死刑執行人に処刑の報酬 (obolo del boia) を支払うのが常であった。

絞首椅子 (garrote, garrotta) は、スペインで一九七六年まで用いられた処刑具である。これは、受刑者を椅子に坐らせ、首に鉄輪をはめ、それを背後からハンドル式に回して首を絞めて殺すものである。

「鉄の乙女」(einserne Jungfrau) は、「ニュールンベルクの乙女」ともいわれるように、ドイツのニュールンベルクで一四世紀ごろ、拷問と処刑に用いられた。これは、内側に鋭い大針をもつ鉄製の乙女像である。ここに犯人を入れて、二枚の扉をゆっくり閉じると、大針がしだいに身体に突き刺さってくる。数時間ないし数日にわたる苦悶の末、犯人は絶命する。これが、恐しい「鉄の乙女」である。乙女が頭につけている衣裳は、一四〇〇年代のニュールンベルクで若い既婚婦人の間で流行したものである。「鉄の乙女」の本物は、一つだけニュールンベルク城にあったが、一九四四年に空襲により破壊された。展覧会に陳列されていたのは、一九世紀の初めに造られた模造品である。

写真B　餓死刑の吊し籠

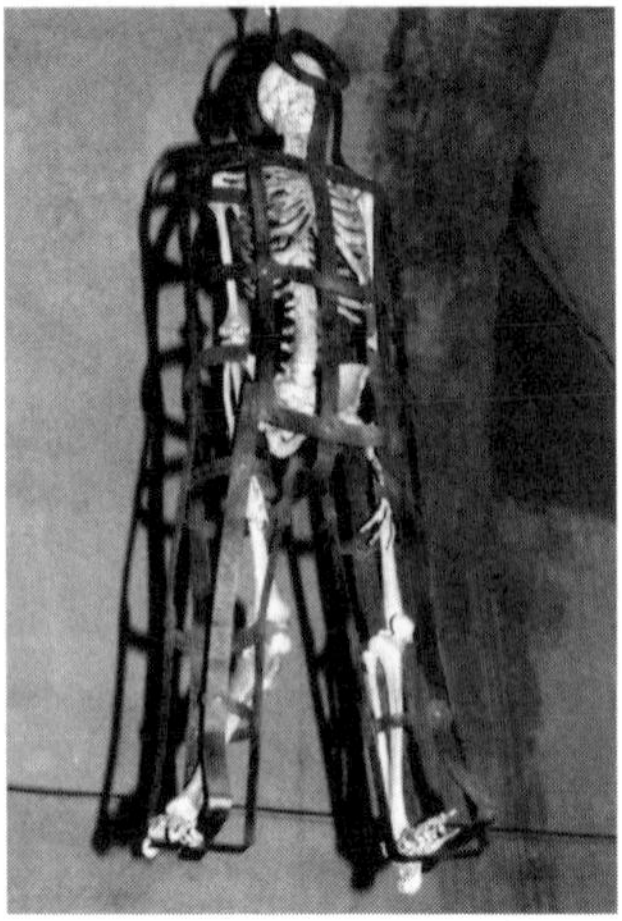

フィレンツェで用いられた

餓死刑の吊し籠《かご》(impiccagione in gabbia, hanging cage) は、特に印象の深いものである (写真B)。これは、一八世紀の初めごろ、フィレンツェの元の裁判所 (今のバルジェッロ美術館 il Bargello) で用いられたものである。餓死刑の宣告を受けた者は、この鉄製の吊しかごに入れられ、裁判所の外壁や目抜き通りにある公共建物の外壁に吊された。公衆への見せしめにするさらし刑（berlina, gogna）として、この餓死刑は、ヨーロッパの各地で、中世から一八世紀の中ごろまで行われた。

ここに陳列されてある吊しかごと内部の骸骨は、模型のようである。ローマの刑事学博物館にあるのは、本物である。展覧会からの帰途、バルジェッロ美術館の前で、フランコが「あれをご覧。あそこに餓死刑の鉄かごが吊されていた」という。見ると、鉄かごを吊すための支柱が、建物の外壁に何本も出ているのである。歴史の証人を眼の前にして、吊しかごの餓死刑の話が、私の胸に実感としてひびいた。

拷問梯子（scala di stiramento, ladder rack）――身体引き伸しの梯子《はしご》――は、頑丈で大きな梯子である。これは、ウィーンのマリア・テレジア皇后の命令によって一七六九年に公にされたテレジア刑事法典（Constitutio Criminalis Theresiana）に載っている版画を模して、後世に再現されたものである。これによると、犯人は、両手を梯子の上部に、両足を下部にくくりつけられる。最下部にあるハンドルを回すと、身体が引き伸ばされる。しかも、松明《たいまつ》で脇腹を焼かれるのだ。この拷問梯子は、処刑具でもあった。

身体引き伸し台（banco di stiramento）は、引き伸し梯子の考えを台の構造に転用したものである（写真C）（次頁参照）。これは、中世から一八世紀の終りごろまで各地で用いられた。陳列されていたのは、一七―一八世紀にイタリアのエミリア（Emilia）の城にあったものを修復したものである。

写真C　身体引き伸し台

拷問に用いられた

この拷問台に載せられた者は、とげ付きの五本の横棒を背にして、両手と両足を台の両端にしばりつけられ、足の側のハンドルを回すにつれて、身体を引き伸ばされる。一番軽い拷問の段階でも、容疑者は、生涯の不具者となった。一番ひどい拷問の場合のことは、想像を絶する。

大きな鋸《のこぎり》があった。長さは、一・五メートルぐらい。これは、一八世紀後半にスペインで用いられたと推定される処刑具である。何百という数の、同様ののこぎりが、各地で発見されている。わが国でも、竹のこぎり（竹を切る鋭利なのこぎり）による処刑というのがあった。ヨーロッパでは、のこぎり引きの刑は、同性愛の犯人（その多くは、男性）の処刑に用いられた。死刑宣告された者を逆さに吊して、のこぎりで股から腹部の方へと切って行くのである。

古物商の娘（figlia del rigattiere）ともいわれ（イタリア）、道路掃除夫の娘（scavenger's daughter）ともいわれる（スコットランド）身体拘束用の鉄枠も陳列されている。この道具は、一六―一七世紀にイタリアで用いられたと推定される。スコットランドでも用いられたのであるが、起源がどこにあるかは、明らかでない。両ひざを曲げたまま首と両手と両足にこの鉄枠をはめられた者は、二、三時間もすると、腹、胸、肛門括約筋などに持続的なけいれんを引き起こした。

権力者に虚偽の事実を告げた者に頭からかぶせる鉄製の首かせも陳列されている。一六―一七世紀のものであるが、出所は不明。陳列品は、ミラノの個人コレクションに属する。この首かせは、不服従の女や口論好きとみなされた女にも用いられたようである。この首かせも、ひどい時は、餓死刑の道具となった。

木製の首かせ兼手かせも陳列されている。これは、大きい穴に首を、小さい二つの穴に手首を入れさせて、金具を閉めるのである。この道具は、製造が簡単なため、多くの国で拷問に用いられたようである。

宙吊り具（pendolo, pendulum）と呼ばれる、犯人を吊り上げるロープの巻き上げ機も陳列されている。類似の道具を用いた拷問の様子が、一七六九年に公にされたテレジア刑事法典に載せられた版画で示されている。吊り上げられると、肩が脱臼する。足の先に重量のある石を取り付けると、苦痛は、その極に達する。この拷問方法の起源は、紀元前二千年のころのエジプトとバビロニアに見出されるといわれる。グラダーラの城の拷問部屋にも、同様の宙吊り具があった。

（あとがき）

このほかにも、多くの拷問道具があった。陳列された物の中には、私の知っているものもあったが、初めて見るものも多かった。それだけに、精神的ショックは大きい。会場を訪れた多くの人たち（世界の各地から来た観光客が大部分）も、同様であろう。

なぜ、われわれの祖先は、かくも残虐な拷問と処刑の道具を造ったのか。なぜ、類似の拷問道具が、各地で用いられたのであろうか。こうした疑問が、こみ上げてくる。

文献によれば、証拠収集のためにする拷問を最初に廃止したのは、イングランドであって、一六三〇年ごろから始めて、一八世紀初頭には事実上すべて廃止したといわれる。かのベッカリーア（Cesare Beccaria, 1738–94）がその著『犯罪と刑罰』で拷問の廃止を訴えたのは、一七六四年のことであった。トスカナ大公フランチェスコ三世は、一七三八年から一七五四年にかけて拷問と死刑を廃止した。一七八六年、フィレンツェでは、ピエトロ・レオポルドが拷問道具をすべて焼き捨てた、と言われている。

これが事実だとしても、拷問の廃止は、世界的に見れば、一部の出来事であったのではなかろうか。拷問にかけられ、処刑された人たちの中には、無実の者が多数いたことであろう。無実を叫ぶ彼らの声は、たちまち拷問の責め苦によってかき消された。生き地獄の苦しみにさいなまされた彼らは、やがて絶命しまたは処刑された。

同行したフランコは、「彼らは、拷問による苦しみに耐えれば天国に行けると信じていた」という。人類の救い主であるイエズス・キリストさえ、下層の者に科せられる屈辱的な十字架の刑に処せられ、何時間もの堪えがたい苦しみの末、息絶えたのである。とはいえ、彼らは、キリストの死を思いながら、拷問に堪えたのであろうか。否、拷問の責め苦は、信仰さえも打ち砕くほどひどいものであったのではなかろうか。

こんなことを考えながら、私は、ベルヴェデーレ（「美しい眺め」という意味）の丘の上から、美しいフィレンツェの街をしばし眺めたことであった。

（法学セミナー三四四号、一九八三年）

6　イタリア旅情

シエナとローマ

一九九六年一一月二四日、イタリアのフィレンツェからＳＩＴＡ社のバスに乗ること一時間半で、シエナ（Siena）に着いた。途中の景色は、紺碧の空の下、まことに美しい。とりわけ、山越えの道の紅葉のあざやかさは、心にしみる。

シエナは、中世の街並みが残るトスカーナ地方の町でも、特にその面影を色濃く残す市である。シエナは、一四世紀に建築・絵画・彫刻など芸術の分野で驚嘆すべき作品を生み、当時のイタリア芸術の頂点に達した。そして、一六世紀にメディチ（Medici）家のトスカーナ大公国の傘下に入るまでは、フィレンツェよりも古く、シエナがトスカーナの都であった。

一四世紀に完成した宮殿（Palazzo Pubblico）（現在は市役所）、その北隣にそびえる一〇二米のマンシャの塔、そして一四世紀のゴシック建築の粋を集めたドゥオーモ（Duomo 大聖堂）とそれに寄り添って空にそびえる鐘楼は、まさにシエナの繁栄ぶりと学芸水準の高さを今に伝えるものだ。

市庁舎前の貝殻型をしたカンポ広場（Piazza del Campo）は、恋人たちが語らう場所、そして、観光客が中世へのタイム・スリップを体験できる場所である。

それにしても、被昇天の聖母マリアに捧げられたドゥオーモ（大聖堂）のすばらしさは、格別だ。恐らく、トスカーナ地方の人たちが、信仰の証しとしてここに建築と彫刻の最高傑作を造り上げたのであろう。六層のゴシック窓と白黒の縞模様になっている鐘塔は、紺碧の空に映えて、仰ぎ見る人に深い感動を与える。

聖堂内部に入ると、床のモザイクのすばらしさに息をのむ思いがする。折しも、午後のミサが行われていて、妙なるパイプオルガンの音に合わせて聖歌隊が歌っている。私も、はるか一四世紀に想いを馳せながら、ミサにあずかった。

シエナの街並みは、いくつかの小高い丘の上に、迷路のような狭い石畳の道をはさんで造られた四階建、五階建の石造建築によって形成されている。

シエナに一泊して、翌朝、シエナ大学法学部を訪れた。シエナ大学は、イタリアで最も古い大学の一つであり、すでに一三世紀の初めに、シエナ市の意向によって創建された。

法学部は、由緒ある大学の歴史を物語るかのように、堂々たる石造りの建物の中にある。図書館では、学生たちが一心に勉強をしている。講義棟を訪れて見ると、学生らが文字どおり満席（三方の壁側に設けられた補助席も満席）の教室で、教授が入って来るのを静かに待っている。

教室のドアには、「講義中の退出を禁ずる」と書いた紙が貼られている。学生たち（約半数は、女子学生）が勉学にいそしむのは、恐らく、まじめに勉強しなければ、どしどし落第・退学させられるからであろう。

シエナ大学のイタリア名は、Università degli Studi di Siena である。Studi（学問、研究）という名称が付けられたのは、これこそまさに学問研究の府である「大学」を意味するためであろう。

シエナに心を残しつつ、直行バスでトスカーナの平野を走ること三時間で、ローマに着いた。ローマ訪問の目的は、ＤＩＡ（対マフィア捜査局）での調査であった。それはそれとして、物好きな私には、日本大使館で尋ねたいことがあった。

それは、二年ほど前、日本の女子学生数人がローマ市内のスペイン階段でイタリア人男性に巧みな日本語で誘われて彼の部屋に行ったところ、日本刀で脅かされて裸にされた上、強姦されたという事件の訴訟はどうなったか、ということである。

被害者らは告訴した。かの男性は、和姦を主張したが、在宅のまま起訴された。裁判所は、被害者らに対し、ローマの法廷で証言するよう要請した。しかし、被害者らがこれに応じないので、審理は、事実上、中断のままになっている。これが、日本大使館で聞いた話である。

私は、ローマの裁判所が証人尋問の嘱託書を日本の司法当局に送り、日本で行われた嘱託証人尋問の調書にもとづいて審理を進めるのではないか、と思っていた。しかし、強姦か和姦かが争われる事案では、被害者（証人）と被告人が直接対決して攻撃・防御を展開するのでなければ事案の真相を明らかにすることは、困難であろう。

スペイン階段は、永遠の妖精オードリ・ヘップバーン主演の映画「ローマの休日」で、一躍有名になった。この観光名所に世界各地から観光客がやってくる。若い女性観光客には、イタリアの若者が言葉巧みに言い寄ってくる。それから先は、……ご想像に任かせる。

❁ オートラント、アルベロベッロ、バーリ

レッチェ（Lecce）での国際会議の二日目、有志二〇人ほど（大部分は、中南米からの参加者）と一緒に観光バスで、長靴のかかとの最先端に当たる地方、つまりプーリア（Puglia）州の最南端を巡った。

イタリア半島の東の果てにあるオートラント（Otranto）は、白い建物が青い海に映える町だ。ギリシャが近いせいか、どこかギリシャ文化の面影が感じられる。

この町のカテドラル（大聖堂）を訪れた際、その床一面と天井のモザイクのすばらしさに、思わず感嘆の声を上げた。よもや、こんな片田舎にカテドラルとはいえ、これほどすばらしいモザイク模様の聖堂が現存するとは、思いも懸けないことであった。

このカテドラルは、一〇八〇年から一〇八八年の間に建立された。当時は、政治的・社会的・宗

教的危機の時代であった。

内陣の舗装用モザイクは、一一六〇年代に造られた。それは、アダムとエヴァの時代から最後の審判（Giudizio Universale）までの人間の歴史を物語るもので、眼を見張るばかりに色あざやかである。モザイクは、実に多様な人間、動物、怪物、悪魔や天使たちを画いた巨大な一冊の本を構成している。

このカテドラルは、創造主である神による人類救済の歴史をモザイクで後世にまで伝えるモニュメントである。中でも、東洋文化と西洋文化との融合を示すのが、地下聖堂である。多数の円柱は、一つ一つが彫刻もデザインも異なるもので、東西文化の融合を象徴するといわれる。

深い印象に残るのは、一階右奥に小祭壇のある小さな部屋である。なんと、ここには約八〇〇人の頭蓋骨、腕、脚などの骨が、ガラス張りの棚にびっしりと収められている。

一四八〇年、オスマントルコが、この町に侵攻して来て、住民にカトリックの信仰を捨ててイスラム教に改宗せよと迫った。住民たちは、これを拒んで首をはねられた。それら殉教者の頭蓋骨などが、彼らを鑽仰するためにこの礼拝堂に収められているのだ。このため、オートラントは、「殉教者の町」として知られている。

国際会議が終わった翌日の朝七時、私は、レッチェ駅からローカル線のSud-Est（南東）鉄道の列車に乗って、プーリア地方の秘境と呼ばれるアルベロベッロ（Alberobello）の町を訪れた。

この日は日曜日とあって、列車は、三時間に一本。それも二輛連絡で、一車輛に数人の乗客がいるだけ。

アルベロベッロの駅には、駅員が二人いるだけ。アルベロベッロは、とんがり帽子のような円錐形の屋根をもった町（人口約一万人）として、世界的に有名である。駅員に道を尋ねると、親切に教えてくれた。

円錐形の屋根をもつ家々は、トゥルッリ（Trulli）と呼ばれる。トゥルッリは、この地方で採れる石灰岩の薄手の石を利用して建てるもので、四角のベースの上に円錐のドームを重ね、最後に尖ったピンナッコロ（小尖塔）を乗せて完成したものである。

三角形の独特の屋根が林立する光景は、まるで伽の国に迷い込んだようだ。青空の下、白壁の輝きが、あざやかだ。町の中央にそびえるバロック様式の教会に入ると、聖堂に満員の信者がミサにあずかっている。

この教会近くの丘の上には、トゥルッリの形をしたサンアントニオ教会が建っている。これこそ、伽の国の教会のようだ。

世の中に、こんな不思議な町が現実に存在するとは、今でも夢を見ているような気持がする。

時間があれば、ゆっくりこの町に足を留めたいのだが、列車は、三時間に一本なので、心を残しつつもアルベロベッロからバーリ（Bari）に向かった。

バーリは、プーリア州の州都（人口約四五万人）で、商工業の中心地。旧市街と新市街とから成る。旧市街は、中世の海運都市として栄えた時代の風情をそのまま残しており、新市街は、整然と計画され、広い道路をもつ。

観光の目玉は、サンニコラのバジリカ（basilica）とサンサビーノ大聖堂（duomo）である。この二つだけは訪れたいと思って、雨模様の中、旧市街に向かった。

だが、旧市街というのは、幅二〜三メートルの道路をはさんで、四階建・五階建の石造りの建物が、まさに迷路のように入り組んでいる。こんな迷路のような街造りは、敵の襲来を阻止するためになされたのであろうか。

雨が降り出し、雨足は、しだいに強くなった。石だたみの道が排水路となって、雨が小川のように流れる。私の靴は、びしょ濡れだ。私は、家の人や通行人に下手なイタリア語で道を尋ね尋ねて、やっとバジリカに着いた。この教会は、一一〜一二世紀に建てられたロマネスク建築の代表的なものだ。内部には、有名な絵画やモニュメントがある。このすばらしい建物に感動を覚えて、中に入ろうとした。が、大きな門扉は閉ざされている。

教会の広場にカバリエーレ（軍警察）のパトカーがいるので尋ねたところ、「バジリカもドゥオーモも閉っている」との答え。午前中のミサが終わり、信者らが帰ってしまうと、午後、教会の門扉は閉ざされるのかも知れない。近時、美術品窃盗団が教会を襲う事例が、各地で発生している。

美術品の宝庫である教会は、一番ねらわれやすいのだ。

バジリカとドゥオーモの訪問をあきらめて、またもや人に道を尋ね尋ねして迷路を抜け出し、ホテルに帰った。

翌日、バーリ空港からローマに飛んだ。飛行機の窓から見るイタリア半島の山々に輝く銀雪が、紺碧の空に映えて美しかった。

（判例時報一五九九号、一九九七年）

7　イタリア逍遥――モザイク芸術と『最後の晩餐』と――

ラヴェンナとリミニ

二〇〇二年五月、ポルトガルの首都リスボンで開かれた国際会議に出席した後、イタリアを訪れた。ラヴェンナ（Ravenna）でモザイク芸術の傑作のかずかずを訪ねることと、ミラノでレオナルド・ダ・ヴィンチの不朽の名作『最後の晩餐』を見るためであった。

ラヴェンナは、ミラノから列車で南東に向うこと、約三時間半。アドリア海に面した要衝の都市である。かつて西ローマ帝国の首都として栄えた黄金時代に誕生したのが、モザイク芸術の傑作である。それらの作品の大半は、教会の壁を飾り、ビザンチン文化の華やぎを今に残している。これらの絢爛たるモザイク芸術の粋を見るべく、世界の各地から多数の観光客が、ラヴェンナにやって来る。

まず、訪れるのは、サン・ヴィターレ教会（Basilica di San Vitale）（六世紀建立）だ。ここには、ヨーロッパでも有数のビザンチン美術の傑作がある。レンガ造りの簡素な外観だが、内部は、装飾の豪華さに圧倒されるばかりだ。旧約聖書を題材にしたモザイク画は、特に有名である。

モザイク（mosaic）は、大理石片、陶片、時には金箔を焼き付けたガラス片などを細かく切断して、各片の色彩をたくみに配置して画面を作る技法である。この技法は東方メソポタミア地方から伝来したと言われるが、五世紀からモザイク伝統の発展が始まった。その著しい第一の特色は、金箔の使用を一般化したことだった。

サン・ヴィターレ聖堂は、建物の重厚さとモザイクの装飾性が見事なまでに一体化されたもので、ビザンチン建築様式の傑作とされている。聖堂内部のモザイク画のうち、旧約聖書を題材にしたものは、特に有名。アブラハムの生涯、シナイ山で聖法典（十戒）を受け取るモーゼ、天使、「復活」の象徴とされる孔雀、異教徒として殺された聖ヴィターレに殉教をたたえる冠が授けられる画など、など。

サン・ヴィターレ聖堂の隣に、ガッラ・プラチディアの霊廟（Mausoleo di Galla Placidia）がある。ここは、西ローマ帝国の皇帝ホノリウスの妹、ガッラ・プラチディア（四五〇年没）とその一族を葬ったとされる霊廟（五世紀半ばに建立）である。

この廟の外観は質素な煉瓦造りだが、一歩内に入ると、ラヴェンナで最も古く、すばらしいモザイク装飾に心を奪われる。半円天井のすばらしさは、これまで見たこともないものだ。濃紺の背景に金の環と白いマーガレットの花冠が散りばめられ、藍色の空を照らしている。

ここにいるだけで、この身が天国にあり、妙なる音楽を聴いているような夢幻の境地にある想いがする。不思議だ。この廟のモザイク装飾を見るだけでも、日本からわざわざ訪れた甲斐がある。

サンタポリナーレ・ヌオーヴォ教会（Basilica di Sant'Apollinare Nuovo）（六世紀前半に建立）は、バジリカ式聖堂であって、そこには美しく豪華なモザイク画が、コリント式円柱の上段にある左右の壁にずらりと飾られている。キリストの生涯と預言者たち、東方三博士と聖女の行列、二六人の殉教者の行列などが、題材とされている。

この聖堂の近くにダンテの墓（Sepolcro di Dante）がある。

故郷フィレンツェを追放された詩人ダンテ（Dante Alighieri, 1265-1321）は、一三一六年にラヴェンナのある貴族のもとに身を寄せ、そこで不朽の名作『神曲』（Divina Commedia）を書き上げ、一三二一年九月一四日に没した。彼の死から四六〇年も後に、墓が建てられた。

敬慕の情を寄せる詩聖の墓に詣でることは、私の多年の願いであった。墓の入り口の正面の壁には、読書姿のダンテが彫られている。ダンテの遺骨は、フィレンツェからの返還要求など劇的ともいうことのできる幾変遷を経て、今ここに安らぎの場を見出している。

ラヴェンナ観光を終えて、午後、列車で南下し、リミニ（Rimini）に向かった。リミニと言えば、有名な悲恋の物語の女主人公、フランチェスカ（リミニ出身。ラヴェンナの領主の娘）が想い起こされる（フランチェスカの悲恋の物語については、本書四〇頁以下を参照）。

リミニの美しい街を訪れた私は、フランチェスカとパオロの恋が天国で結ばれていることを、しばし祈った。

❖『最後の晩餐』

レオナルド・ダ・ヴィンチ（Leonardo da Vinci, 1452-1519）の名画『最後の晩餐』（Ultima Cena）（一四九五—九七年に制作）は、イエズスが一二人の弟子と共に食事している間に、「まことに私は言う。あなたたちのうちの一人が私を〔官憲に〕渡すだろう」と言った（マテオ福音書二六章二一節、マルコ福音書一四章一八節）、その瞬間を描いた不朽の傑作である。

弟子たちは、驚きと疑いにさわぐ。イエズスは、運命を予感して静かにあきらめる。この画は、幾何学的な構図と人物の的確な描写で、主題の精神を最高に発揮している。

この名画は、第二次大戦中、爆撃の危険にさらされた。その時、ミラノ市民は、名画のあるサンタ・マリア・デレ・グラティエ（Santa Maria delle Grazie）教会の修道院食堂の壁を守るため、土嚢をうず高く積み上げた。その市民の熱意のおかげで、人類の至宝は、破壊を免れた。

六年前であったか、私は、この教会を訪れて『最後の晩餐』を見た。その時、この名画については、約五〇〇年の間に生じた自然の変色、ほこりの付着、土嚢の山積みと取除けに起因する生地の痛みなどを修復する仕事が行われていた。

修復の専門家たちが、組まれた足場の上で、気の遠くなるほど根気の要る仕事を黙々と続けていた。ほんの数人の観光客が、その様子を眺めていた。

修復が完成するや、世界中から観光客が押し寄せることが予想された。教会当局は、名画を守るため、厳重な予約制による入場制限を始めた。私は、日本の観光業者を通じて予約券を入手することができた。五月二三日午前九時前、早くも第一陣の入場者約三〇人（そのうち、約八割は日本人）が、受付前に並んだ。入場者は、自動式のガラス扉で仕切られた区劃に入れられ、案内人の指示のとおりに動く。

堂内に入ると、色あざやかに修復された名画（テンペラと油彩）が、眼を惹きつける。六年前に見た修復中の画は、全体に色彩が濃かったような気がする。ところが今は、早春の香りが感じられるような明るさと爽やかさが、そこにある。

修復された『最後の晩餐』は、市販されているカラー写真のものに比べて、色が淡く、あざやかで、弟子たちの驚きの大きさ、紅潮した顔色までも感じさせる。

横四・二メートル、たて九・一メートルのこの画は、一〇メートル余り離れて見ると、独得の色彩のぼかしと遠近法を駆使した精密深遠な描写の中に心が吸い込まれて行く思いがする。

ダ・ヴィンチの絵画は、人間性の高貴と理想の典型と言われる。制作から五〇〇年を超える歳月を経た今日なお、『最後の晩餐』は、われわれの心にしみ透るような、新しい感動を与えてくれる。

名画を見た後、ドゥオーモ（大聖堂）からほど遠からぬアンブロジアーナ絵画館（Pinacoteca Ambrosiana）を訪れた。ここは、ルネサンス名画の宝庫だ。レオナルド・ダ・ヴィンチ、カラヴァッジョらによるルネサンス期の作品が、多数展示されている。

その中で、とりわけ心を惹かれるのは、ティティアーノ（Titiano）の作品「痛悔するマグダレナのマリア」だ。マグダレナ（フランス語では、マドレーヌ）のマリアは、姦通の罪を犯したとして広場で群衆によって石殺しの刑に処せられるところを、イエズスに救われた。群衆が去った後、イエズスは、「再び罪を犯すな」と彼女をさとした。

この一言で、マリアは、罪を悔い、回心する。ティティアーノは、彼女が両手を胸のあたりで十字架のように組み、天を仰いで罪の赦しを乞う姿を見事に画いた。

アンブロジアーナ絵画館には、このほかにも二人の画家による「痛悔するマグダレナのマリア」の絵がある。三人の画家は、悔恨の涙を流して主に祈りを捧げるマグダレナのマリアの姿を、それぞれの画風で画き上げている。

回心したマグダレナのマリアは、その清い心のゆえにイエズスに最も愛された女性となった。十字架上の死から預言のとおり三日後に復活したイエズスは、まっ先にマグダレナのマリアに現れた。そうしたことを偲びつつこれらの絵を見ると、深い感動がこみ上げてくる。

この絵画館を出て、私は、イタリア訪問の最後の思い出とするため、ドゥオーモ（Duomo 大聖堂）を訪れた。イタリア最大のこのゴシック建築（幅九三メートル、奥行一五八メートル）は、一三八六年に工事が開始され、五〇〇年以上の歳月をかけて完成した。やや赤みを帯びた白大理石の巨大な大聖堂は、夕日に照らされて、美しく輝く。まことに、人類の宝と言うにふさわしい。

イタリアは、国中が美術の宝庫である。しかも、「法律学の発祥地」「刑法学の祖国」（patria del diritto penale）と呼ばれる。もし、若ければ、まだ訪れたことのない地方をもゆったりと歴訪してみたい――。このような願望をいだきながら、私はその夜、ミラノ空港から帰国の途についた。

（判例時報一八〇二号、二〇〇三年）

8　オランダの昔と今

❀ チューリップの国

オランダは、チューリップの国である。

チューリップの祖国は、トルコらしい。一六世紀後半以降、西ヨーロッパにおけるチューリップの愛好者は、しだいに増えた。一七世紀になると、オランダでその栽培が盛んになったのみならず、国内の諸都市における球根の取引も盛んになり、国を挙げてその入手を競い、熱狂的興奮は、遠くパリやロンドンにも及ぶ勢いであった。

一六三五年ごろから、球根の価格は、急騰し、三〇倍もの高値を呼ぶようになった。それと並んで、従来の現物取引は空取引に転じ、ついに球根取引は、狂気の状態と化した。しかし、一六三七年二月、ついに破綻が到来し、価格は暴落した。政府は、チューリップ恐慌によって生じた混乱を収拾しようと努力したが容易に効を奏せず、オランダがこの打撃から立ち直るまでにはかなり長い年月を要した。

デュマ（Alexandre Dumas, 1802-1870）の小説『黒いチューリップ』（一八五〇年）は、一六七二年八月に始まる政変、黒いチューリップの誕生（それまでは不可能であると信じられていた）、牢獄に咲いた恋のロマンの物語として、あまりにも有名である。デュマは、『三銃士』（一八四四年）、『モンテ・クリスト伯』（一八四五年）などの歴史小説に続いて、多くの小説を書いた。

『黒いチューリップ』には、一七世紀におけるチューリップ熱の様子が、生き生きと書かれている。当時のオランダ人は、「チューリップは、すべての花の中で最も美しいものである」と考えていたようである。

私が初めてオランダを訪れたのは、一九六四年八月にハーグで開かれた第九回国際刑法会議に出席するためであった。

ハーグの正式名は、デン・ハーグ（Den Haag）であって、英語では、ザ・ヘイグ（The Hague）、フランス語では、ラ・エー（La Haye）である。つまり、定冠詞がついている。ハーグには、有名な平和宮がある。平和宮は、一八八九年のハーグ万国平和会議の提案にもとづいて建てられ、ここに国際司法裁判所（International Court of Justice = ICJ）が設けられている。ちなみに、ハーグは、オランダの首都であるとしばしば誤解されているが、オランダの首都は、アムステルダムである。

二〇年前、赤ゲット（不慣れな洋行者）としてパリからハーグに着いた私は、市電に乗り、乗り替えをし、ドイツ語で道を尋ねて淳心会（スクート会）のスクリュールス（Schreurs）神父（以下、

S神父という）の実家に行った。S神父は、日本で布教のため働いておられるのであるが、ちょうど休暇で帰国中であった。S神父の家に泊めていただいた。

オランダ語を知らない赤ゲットの身としては、日本語でS神父と語れるのは、ありがたい。オランダ語は、ドイツ語に似ているとはいうものの、正確な発音は、日本人にはちょっと無理である。オランダ神父の名前《Schreurs》も、その実家の住所である通りの名前《Viljoenstraat》も、その発音はむずかしい。

S神父といっしょに、平和宮の向かいにある田中耕太郎先生（当時、国際司法裁判所判事）のお住まいを訪れた。田中先生夫妻は、大変歓迎してくださった。そして、「このハーグに、日本語のできる神父さまがおられるとは知りませんでした。もっと早くから知っておれば、日本語で告解することができました」と言われた。

告解（告白 **confessio**）とは、カトリック教会における罪（宗教上の罪 **peccatum**）のざんげであり、秘跡の一つである。敬虔なカトリック信者である田中先生の言われることは、さすがにわれわれ凡俗の輩の言うこととはちがう。田中先生は、このあと、S神父の実家を訪問された。S神父の父母は、国際司法裁判所判事さまが来られたというので、「大変光栄です」と言われた。

国際会議の間に、一日、休みがあった。日本からの会議参加者のうち数人は、田中先生宅に招かれた。私も参上した。S神父の実家においても田中先生宅においても、すぐれた人間田中耕太郎の一面にじかに接することができて、私には感銘深いものがあった。

❖ 刑事判決の国際的効力

本書の勉強家の読者から、「チューリップの話よりも、グロチウス（Hugo Grotius, 1583-1645）の話とか刑事法の新動向について書いてください」という要望が出そうである。『黒いチューリップ』の主人公は、グロチウスが入れられていた牢獄の、まさに同じ監房に拘禁された。グロチウスがこの牢獄からどのようにして脱獄したかは、歴史に残る有名な物語である。

オランダは、一六世紀末にアムステルダムに設けた懲治場によって近代自由刑を創始した、といわれている。その後の監獄の構造や囚人の取扱いぶりがどうであったかは、『黒いチューリップ』を読んで推察するよりほかに途がない。わが国には、オランダにおける近代自由刑の誕生が人道主義にもとづくことを強調する見解がある。当時のオランダでは、刑務作業を促進することが監獄の合理的経営に役立ち、かつ受刑者の社会復帰に効果的である、との考えが台頭していたようである。

さて、ハーグにおける第九回国際刑法会議で、私は、第四分科会（国際刑法）に出た。議題は、「刑事判決の国際的効力」。出席者はざっと約五〇人だから、数日間、顔をつき合わせていると親しくなる。二百人、三百人もの出席者のある他の分科会とは、雰囲気が違う。

第四分科会では、九割の人がフランス語で討議し、一割の人が英語で意見を述べた。配布資料は、すべてフランス語。討議する内容は、外国で確定した刑事判決をどのようにして内国で執行するか、ということである。言葉の点はともあれ、内容については驚くばかりであった。極東の島国日本から初参加の私にとっては、討議の内容は、夢物語とまでは言わないにしても、かなり将来の話のように思われた。

ところが、それから四年後の一九六八年九月二六日、「刑事判決の執行に関するベネルックス条約」が締結された。この条約は、国境を接しているベネルックス三国が政治的、経済的、社会的に深い結び付きをしていることを反映するものである。言い換えると、「ベネルックスは一体」のスローガンを刑の執行の分野でも現実化しようとする方向を示すものである。

ベルギーは、一九七三年一月九日、この条約を批准した。しかし、他の二国では、一九八九年七月現在、国会における批准の審議は、まだ始まっていない。

一九七〇年五月二八日、ヨーロッパ評議会主宰の下にハーグで「刑事判決の国際的効力に関するヨーロッパ条約」が締結された。この条約は、一九七四年七月二六日に発効した。この条約は、ベネルックス条約の先例にならって、外国刑事判決の消極的効力（一事不再理）と積極的効力（考慮主義と執行主義）をすべての犯罪について広く認めた。これによると、外国判決は内国における累犯認定にあたっては前科として扱われることがあり、また、外国判決にもとづいて内国で刑を執行することができる。

この条約を批准した国は、一九九七年現在、オーストリア、キプロス、デンマーク、アイルランド、オランダ、ノルウェイ、スウェーデン、スペインおよびトルコの、九か国である。恐らく、スイスと西ドイツが、近く批准するであろう、スイスでは、国際刑事司法共助法（ＩＲＳＧ、ＥＩＭＰ）が一九八三年一月一日に、また、西ドイツでは国際刑事司法共助法（ＩＲＧ）が同年七月一日にそれぞれ施行され、これによって、外国刑事判決を内国で執行するための国内法が整備されたからである。

ベネルックス条約とヨーロッパ条約とを比べると、前者の方が進歩的である。ベネルックスは、ベネルックス法共同体の形成へと歩みを進めている。しかし、困難なのは、国家性の強い刑法の統一（unification）をどのようにして進めるか、という問題である。

ベルギーの現行刑法は、一八六七年の刑法典である。ベルギーは、一八三〇年に独立をかち得てからも、一八一〇年のフランス刑法典をそのまま施行していた。ルクセンブルグ大公国（一八一五年創建）は、一八三九年の独立後も、一八一〇年のフランス刑法典を基本としながら必要な修正を図ってきた。現行刑法は、一八七八年公布の刑法典であって、一八六七年のベルギー刑法に非常に近い。要するに、両国の刑法は、フランス刑法を継受したものである。

これに対し、オランダでは、一九世紀初頭、一八一〇年のフランス刑法典が施行されたとはいうものの、自国固有の刑法を制定しようとする動きが強かった。一八八一年に公布され、一九八六年九月一日から施行された現行刑法典は、刑の個別化を推進し、自由刑の単一化を最初に採用した。そこには、イタリア実証学派の強い影響が認められる。

その上、オランダ（「低い土地」という意味）では、地理的特殊事情から設けられた犯罪類型もある。

このような法律および制度の違いにもかかわらず、ベネルックスは、弾力的な態度によって三国間で刑事判決の国際的効力を大幅に認めようとしている。やはり、グロチウスを初めとする自然法学者らを輩出したオランダの伝統は、国際刑法の領域にも影響を与えているのであろうか。

「法の統一」の動きは、手続法の領域にも同様に認められる。一九七四年五月一一日の「刑事訴追の移管ベネルックス条約」一九条によれば、請求国の権限のある当局によってなされた訴追および証拠収集に関する文書は、被請求国の当局によってなされた同種類の行為に関する文書につき、同等の証明力を有するものとみなされる。これによると、訴追に関する文書の証明力については三国の間の国境は廃止されたのも同然であると、言うことができようか。

（判例時報一一一三号、一九八四年）

9　オランダ刑法一〇〇年の歩み

❖ 三つの発展段階

「この本だけは読むな。この本を読むと気が狂うから」

枕元に居並ぶ弟子たちに向かい、伊東玄朴（一八〇〇―一八七一年）は、このように遺言して世を去った。

伊東玄朴は、肥前（佐賀）に生まれ、シーボルトに師事し、江戸に出て開業し、名声が次第に高まり、佐賀藩主の医官、後に幕府の侍医となった。その塾「象先堂」からは、幕末・明治の著名な医者・学者・政治家を多く出した。

さて、玄朴が「読むな」といった本は、オランダ民法の本であって、そこには、「人は、生まれながらにして自由・平等である」と書いてあった由。封建的身分社会に生まれ育った者には、「人は、生まれながらにして自由・平等である」という思想は、驚天動地にも似たものであったのかもしれない。筑波大学の小田晋教授（精神医学）によれば、伊東玄朴が「この本を読むと気が狂う」

と遺言したという話の真偽のほどは疑わしい、とのことである。真相は知るべくもないが、幕末のころオランダ民法の本を読んだ玄朴は、「この本に書かれていることを公表・主張するのは、用心せよ。『人は、生まれながらにして自由・平等である』などと言えば、身が危くなるぞ」と言ったのかもしれない。

わが国の幕末当時、オランダ民法がどうであったかについて、私は不案内である。

刑法について言えば、当時、オランダでは、一八一〇年のフランス刑法典（いわゆるナポレオン刑法典）――それは、近代刑法の輝かしい金字塔である――が施行されていた。

ナポレオンは、一八〇六年にオランダ王国を建設し、一八一〇年にこれを直轄とした。その後、ナポレオンの敗北によってオランダは解放され、一八一四年、ネーデルランド王国が成立した。一八三〇年、ベルギーが独立したため、オランダは、立憲君主制のオランダ王国となった。

オランダ王国の誕生以降、自国固有の刑法典を制定しようとする動きが強まった。この動きは、一八八一年の刑法典として結実した。これが、一八八六年九月一日から施行された現行刑法典（一九九六年に一部改正）である。この刑法典は、古典学派の遅まきの産物であった。

一九八六年九月一日、オランダは、刑法典施行一〇〇周年を迎えた。これを記念して、一九八六年九月四日と五日、アムステルダムで、内外の学識者を集めた会議が開催された。会議の議題は、(1)刑法の動向、(2)刑事政策、(3)薬物と刑法、(4)刑事制度の統合と整合、(5)自由刑に代わるもの、(6)

犯罪の被害者、の六つであった。

この会議には、地元オランダはもとより、フランス、ベルギー、ドイツ、イタリア、英国、スペイン、北欧諸国から多くの学者が参加し、現下の問題点を論じ合った。例えば、犯罪制圧における福祉国家の危機、薬物犯罪の増加、国際的規模の薬物犯罪闘争、自己使用のための薬物所持の非犯罪化、刑事施設の過剰拘禁、自由刑の代替物（社会奉仕作業など）などが、それである。

この会議の様子を伝える論文（Hebberecht et al., Congrès du centenaire du Code pénal des Pays-Bas. RDPC 1989, nº 2, p. 157 et s.）には、大きな社会変動に伴う犯罪の増加に直面して苦悩する諸国の刑事制度の姿が記述されている。

オランダに限定して見ても、この一世紀の間には、閉ざされた単一型社会から開かれた複数型の社会への発展は、顕著である。これをオランダ刑法の発展という角度から捉えれば、次の三つの発展段階が認められる。

第一は、古典派学説の遅まきの発展時期である。そこでは、罪刑法定主義と応報刑理論が中心的役割を果たしているが、裁判官に広い裁量の余地を与えていることが特徴的である。オランダでは、裁判官の良識に寄せる信頼が大きかった。

第二は、一九世紀の終わりごろから、ヴァン・ハメル（Van Hamel）、シモンス（Simons）、ヴァン・ベンメレン（Van Bemmelen, 1898–）らの輝やかしい刑法学者によって近代学派の学説が展開された時代である。われわれにとっては、ヴァン・ハメルの名は、ドイツのリスト、ベルギーのプリンスと共に国際刑事学協会（IKV, Union internationale de droit pénal）を設立し（一八八九年）、近代学派の運動を進めた学者としてなじみが深い。

なお、オランダでは、近代学派のことを「犯罪学派」（Ecole criminologique）とも呼んでいるようである。

この第二期の終わり、言いかえると、二〇世紀の中ごろには、ユトレヒト学派（Ecole d'Utrecht）が誕生した。これは、オランダのユトレヒト大学に所属する四人の刑法学者・犯罪学者・精神医学者・心理学者並びにスイスのバーゼル大学に所属する一人の生物学者によって構成された研究グループである（指導者は、ポンペ Willem Pompe 教授）。

彼らの共同研究の成果は、一九五九年、『刑事科学の新学派。ユトレヒト学派』（Une nouvelle école de science criminelle. L'école d'Utrecht, 1959, Cujas）としてパリで刊行された。

第三は、一九六〇年代から顕著になった福祉国家の建設が社会統制学派（Ecole du Contrôle social）と呼ばれる新しい刑法学派を生み、その学派の主張が支配的となった時期である。この学説にあっては、刑法は社会統制の一形態として捉えられ、刑法の機能主義に重点が置かれる。

最近では、刑法の保護機能および人権の尊重に重点を置く新ユトレヒト学派（nouvelle Ecole d'Utrecht）が登場している。

❀ 戦後の特徴的な動向

第二次大戦後のオランダ刑法の動きについて、若干の特徴的な事柄を紹介しよう。

(一) 開かれた複数型社会への変容

他のヨーロッパ諸国におけると同様、オランダも、戦後、大きな社会変動をこおむっている。キリスト教（国の南部ではカトリック教徒、北部ではプロテスタント教徒が多い）の影響が弱まった結果でもあろうか、薬物犯罪の増加、ポルノの自由化等々の事態が生じている。

一九六〇年代半ばから薬物の不正取引が増加したため、これに対して強力な制圧策を採れという要求が高まった。最近では、オランダの受刑者の約半数は、薬物犯罪者だと言われている。悪質な薬物犯罪者に対して長期の自由刑が言い渡されているようである。もっとも、後述するように短期自由刑の受刑者が多いことから見て、ここにいう「長期」は、相対的なものかも知れない。

薬物使用者が多いことは、ソフトな薬物（大麻、マリファナ）およびハードな薬物（ヘロイン、コカインなど）の自己使用と並んで、ソフトな薬物の少量の取引を事実上非犯罪化するに至った。その結果、(1)マリファナの取引とソフト薬物事犯との分離、および(2)ソフト薬物事犯のいちじるしい減少とを招来した。

実務では、ハード薬物の自己使用のための少量（一グラム未満）所持は、六三％の場合、起訴されていない。これに対し、ソフト薬物については、自己使用のための、三〇グラム未満の所持はその九五％が、また、五〇グラム未満の所持はその五〇％が、起訴を猶予されている。

(二)　妊娠中絶と安死術

社会観念の変化は、妊娠中絶の非犯罪化を求める動きを強めた。一九八四年一一月以降、中絶は、一定の条件の下で不可罰とされた。

安死術（安楽死）については、最も活発な議論が展開されているようである。一九八四年四月には、一定の要件の下で安死術を不可罰にする法案が、議員提案で国会に提出された。

一九八六年以来、安死術の合法化が大きな問題となり、一九八七年一二月、新しい法案が、国会に提出された。安死術が不可罰とされるための要件として挙げられているもののうち、興味があるのは、死期の迫った患者が安死術に同意を表明しえないとき、五年以内に作成された承諾宣明書があればそれが同意に代わりうる、としている点である。

政府案は、安死術の場合、同意殺人の法定刑（一二年以下の懲役）を四年六月以下とし、他方、検察官の起訴裁量および裁判官の量刑裁量に委ねる方針である。

(三)　執行猶予と仮釈放

一九八七年一月以降、一年以下の懲役に全部執行猶予を、三年以下の懲役に一部執行猶予（宣告刑の三分の一の執行猶予）を言い渡すことができる。

仮釈放は、精神医療施設に収容されている受刑者につき刑期の三分の二が経過したとき、ほとんど自動的に認められている。

仮釈放が不許可の場合には、受刑者は、控訴院に不服申立てをすることができる。

(四) 自由刑

オランダは自由刑の単一化を実現したと言われているが、これは疑問である。

自由刑には、懲役と拘留がある。懲役は、無期と有期に分かれ、有期は、一日以上一五年以下である（刑法一〇条）。受刑者は、定役に服する（一四条）。拘留は、一日以上一年以下であって（一八条）、定役に服する（二〇条）。

統計によれば、六月以上の自由刑が言い渡されるのは、近年、自由刑宣告のうち一五％である。言いかえれば、八五％が六月未満である。全部執行猶予の言い渡されうるのが一年以下の自由刑宣告の場合であるが、このように一般的に量刑が寛大であるので、オランダでは執行猶予がかなり活発に行われているようである。部分的執行猶予が可能なことも、執行猶予言渡しの比率を高めているであろう。

刑事施設は、非常な過剰拘禁を続けている。それが、執行猶予と仮釈放の活用を招来したと見ることもできるであろう。

(五) 自由刑に代わるもの

短期自由刑の代替物として、まず、罰金が挙げられる。オランダは、慎重な調査研究をした後、日数罰金制を採らないことにした。罰金の寡額は、〇・五ギルダー（注　現在、一ギルダー gulten は、約八一円）から五〇ギルダーに引き上げられた。

一九八三年五月施行の、一部改正された刑法二三条によれば、自由刑にあたる罪につき罰金を言い渡すことができる。

社会奉仕作業が、イギリスの例にならって、一九八一年二月、六月以下の短期自由刑（一九八三年八月以降、三月以下の自由刑）に代わるものとして採用された。奉仕作業は、三〇時間以上、五〇時間以下とされ、無報酬である。原則として、犯罪および犯人の種類いかんを問わない。

一九八一年二月から八五年七月までに七、〇〇〇件以上の社会奉仕作業が課せられた。その後、この数字は、増加している。社会奉仕作業を自由刑に代替するものとして利用しうるかについて、見解は分かれている。

（判例時報一三四五号、一九九〇年）

10　ルクセンブルグ大公国

❀ ルクセンブルグという国

ルクセンブルグ大公国――フランス語では、リュクサンブール大公国（Grand-Duché de Luxembourg）という――は、わが国にはなじみが薄い国のようである。

一九八四年の夏ごろ、ＮＨＫの教育テレビのフランス語講座の時間に、清水康子先生がルクセンブルグ大公国の紹介をしておられた。その番組にゲストとしてルクセンブルグ人のご夫婦と三人のお子さんが出られたが、この五人が「日本に居住するルクセンブルグ国民の半分」だそうである。

ルクセンブルグは、中部ヨーロッパにある立憲君主国であって、ドイツ、ベルギーおよびオランダに囲まれた交通の要衝ともいうべき地点にある。面積は、二、五八六平方キロで、神奈川県よりやや広い程度。そこに、約三六万人の国民が住んでいる。

ルクセンブルグ国は、東西両勢力の交錯する地点に位置するため、その政治的帰属には幾変遷があった。その興亡の歴史を述べることは容易ではない。ウィーン会議（一八一四―一五年）の結果、外国支配が終わり、一八一五年に大公国となり、一八三九年に独立を遂げた後もなお変遷があったのだ。

さて、私がルクセンブルグを訪れたのは、一九八一年秋のこと。フランスのストラスブールに滞在して、ヨーロッパ評議会（Council of Europe, Conseil de l'Europe）を訪問して、一日余裕ができた。そこで、急に思い立って、汽車で首都ルクセンブルグ市を訪れた。ルクセンブルグ国は、ベネルックス三国の一であることから察せられるように、ベルギーおよびオランダと緊密な関係にあり、いくつものベネルックス条約によって「ベネルックスは一つ」ともいうべき共同体を形成している。刑事に関するベネルックス条約を理解するためにも、一度ルクセンブルグを訪れておこう、と考えたのである。

ルクセンブルグ駅に着いて、駅の両替所で両替をすると、ルクセンブルグ・フランとベルギー・フランを混ぜて出してくれた。話には聞いていたが、やはり驚きである。ベルギーとルクセンブルグ国は、協定により両国の通貨であるフランをつねに同価値に維持し、相互に相手国の通貨の通用を認めている。それゆえ、ベルギー・フランを持っておれば、ルクセンブルグに来ても両替をする必要はなく、そのまま同価値の通貨として使用することができる。

駅で新聞を買って見ると、なんと、一つの新聞が、ドイツ語、英語、フランス語の三か国語で書かれている。たとえば、政治の記事はドイツ語で、社会面はフランス語で、スポーツ面は英語で、という具合である。

大公国の公用語は、ドイツ語とフランス語である。住民は、ドイツ系であって、主にチュートン系のルクセンブルグ語を使用する。街で中学生や高校生がしゃべっている言葉に聞き耳を立ててみたが、サッパリわからない。言葉の響きからすれば、ドイツ語に近い。これが、ルクセンブルグ語であろう。彼らは、ルクセンブルグ語のほかに、公用語であるドイツ語とフランス語を話し、そして恐らく英語を話すであろう。中部ヨーロッパの一つの十字路ともいうべき地点に位置する国の国民は、自然に国際人として育ち、活躍するのであろう。

駅から日本大使館のあたりまで、ぶらぶら歩いた。首都ルクセンブルグ（人口約八万）は、静かで美しい街だ。まるで夢のパラダイス（楽園）のようだ。経済的に豊かなこの大公国の国民は、ゆったりとした家に住んで自然を大切にし、芸術を愛して平和な生活を楽しんでいる。

❖ ヨーロッパ学校

ルクセンブルグ市に「ヨーロッパ学校」（Ecole européenne, European school, Europäische Schule）と呼ばれる学校がある。一九五三年一〇月、ＥＣ（ヨーロッパ共同体）職員のグループによる提唱によって、異なる国語、異なる国籍の子どもたちを一つの学校に集めて教育しようという一つの実験の成果として、ここルクセンブルグ市に「ヨーロッパ学校」が、最初に設立された。

最初の案は幼稚園と小学校だけを対象としたものであったが、その後、中等教育（わが国の中学・高校教育にあたる）にまで規模が拡大された。

ヨーロッパ学校には、ベルギー、フランス、ドイツ、イタリア、ルクセンブルグ、オランダを初め、「統合された一つのヨーロッパ」（une Europe unie, a united Europe, eine geeinte Europa）の形成に関係するその他の諸国の、義務教育就学年齢から大学入学時までの子どもが教育を受ける。

ヨーロッパ学校の過程は、小学校が五年、中学＝高校（école secondaire）が七年、の計一二年から成る。幼稚園は、満四歳から入ることができ、小学校は、六歳で入学する。ただし、五歳一一か月の子どもでも、親の申し出があり、かつ、成熟度のテストに合格すれば、小学校に入学が許される。

小学校では、母国語で授業を受けるが、一年生の時から「語学Ⅱ」の授業が行われる。ここで母国語というのは、一九五七年四月一二日にルクセンブルグ市で締結された「ヨーロッパ学校協定」（Statut de l'Ecole européenne, The Statute of the European School）の六つの締約国（すなわち、ベルギー、西ドイツ、フランス、イタリア、ルクセンブルグ、オランダ）および四つの加入国（デンマーク、ギリシャ、アイルランド、英国）の公用語、すなわち、デンマーク語、ドイツ語、英語、ギリシャ語、フランス語、イタリア語およびオランダ語の七つを意味する。

中等教育では、必須科目として「語学Ⅱ、Ⅲ」があるほか、選択科目である「語学Ⅳ」としてギリシャ語とラテン語がある。

子どもたちは、音楽、美術、スポーツ、課外活動では、一緒に授業を受けたり、遊んだりしているようである。そのことによって、言葉、国籍、文化の違いを超えて、統合された一つのヨーロッパ人として成長するのであろう。

七つの言葉の中では、「一番良く通用している言葉」(langue véhiculaire, working language, Ergänzungssprachen) といわれる英語、フランス語およびドイツ語の三つが有力のようであって、共通の授業では、この三か国語が用いられている。

ヨーロッパ学校を卒業すると、ヨーロッパ大学入学資格 (baccalauréat européen, European baccalaureate) が得られる (一九五七年七月一五日に締結された付属条約による)。ルクセンブルグ国には、大学の一般教科課程 (一年コース) はあるらしいが、「大学」と名のつくものはない。人口三六万ほどの国でちゃちな大学を創設するよりも、諸外国の権威ある大学に入学して勉強せよ、という考えによるとか。

「ヨーロッパ学校」は、その後、ベルギーに三つ (ブリュッセルに二つ、Mol/Geel に一つ)、イタリア (Varese)、オランダ (Bergen)、英国 (Culham) に各一つ、西ドイツに二つ (Karlsruhe, München) 設けられて、合計九つとなった。

私は、ルクセンブルグにあるヨーロッパ学校の前をバスで通った。この学校前停留所から、子どもたちがバスに乗ってきた。どの子も、のびのびとして無邪気であった。ヨーロッパ学校の卒業生の中から二一世紀に活躍する国際人が出るであろうことを思って、私は、これらの子どもたちを見つめていた。

❀ ヨーロッパ共同体裁判所

ルクセンブルグ国の国旗は、横に赤・白・青の三色旗である。これは、フランスの国旗がたてに青・白・赤の三色であるのに、よく似ている。三色旗は、フランスの国旗にならって世界にはかなり見られるのであるが、ルクセンブルグのそれは、たてと横、色の順序が異なるだけで、三つの色自体は、フランスの国旗と同じである。このことからも察せられるように、ルクセンブルグの法制は、フランス法の影響下にあるように見える。それは、同国がかつてナポレオン帝制下のフランス領とされていたことと関係があるであろう。

ナポレオン帝制の没落後、ルクセンブルグは、フランスの支配を離れた。しかし、ナポレオン法制は、ルクセンブルグで基本的に維持された。刑法についていえば、一八一〇年のフランス刑法典が基本的に維持されたのであるが、一八一四年以降、その厳格さを緩和するいくつもの修正がほどこされた。特別減軽事情によって刑を減軽する権限を裁判官に与えたこと、財産の一般没収を廃止したことなどが、それである。一八六八年の憲法は、焼印押し（焼きごてで印を押す身体刑）、追放、政治犯に対する死刑を廃止した。

一八七九年六月一八日、新しい刑法典が公布された。これが、現行のルクセンブルグ刑法典である。この刑法典は、一八六七年のベルギー刑法典に非常に近い。というのは、一八三〇年にベルギーが独立するやルクセンブルグはその統治下に入り、その後、第一次・第二次ロンドン会議の結果、国土の西半分がベルギーに割譲されたという歴史的事情や、経済的・社会的にもベルギーとの結び付きが強いことによるであろう。

もともと、ベルギー刑法は、フランス刑法の圧倒的影響下にあるので、ルクセンブルグ刑法もまた、フランス法の色彩の濃いものである。ルクセンブルグ刑事法の動きを伝える記事は、ベルギーの刑法雑誌（Revue de droit pénal et de criminologie）にしばしば載っている。

人口約三六万の小国とはいえ、ルクセンブルグは、経済的・文化的にレベルの高い国であるので、法制は整っている。平和な国でも犯罪はある。ルクセンブルグ市の地図を見ると、中央駅から遠からぬ所に刑務所がある。「大学は一つもなくても、刑務所はあるんだなア」と、私は、不思議な感懐に浸ったことである。

ルクセンブルグは、中立国である。つとに一八六七年、その永世中立化は、ヨーロッパ諸国の集団保障のもとに定められた。こうした歴史の背景があるためか、首都ルクセンブルグには、ヨーロッパ共同体裁判所（Cour de Justice des Communautés Européennes）〔ＥＣ裁判所〕が置かれている。

この裁判所は、ギリシャが一九八一年一月にＥＣに加入して以来、各構成国政府によって六年の任期で任命される一一人の裁判官をもって構成される。五人の検察官（avocat général, Generalanwalt）も、裁判官と同様の方法で任命される。

ＥＣ裁判所は、ＥＣの基礎となるパリ条約およびローマ条約の解釈と適用において法の尊重を確保することを任務としている。裁判所は、通常、大法廷（séance plénière）で審理する。定足数は七人であるが、つねに奇数の裁判官で審理する。小法廷（chambre）は、三人の裁判官で構成する三つの小法廷と五人の裁判官で構成する二つの小法廷とから成る。

在ルクセンブルグの日本大使館の好意で、この裁判所を訪問する面会予約を取ってもらったのだが、ストラスブールに帰る列車の時間の関係で、残念ながら、訪問することができなかった。次の渡欧の機会を待つことにしよう。

（判例時報一一三八号、一九八五年）

11　銀行秘密の刑法的保護

❁ スイスという国

スイスというと、人は、何を思うであろうか。だれでも思うことは、時計とアルプスの国、永世中立国ということであろう。

スイス国民は、ウィルヘルム・テルの伝説に見られるように、「自由な人びとの自治」を基に発展したこと、したがって、民主主義の原理が十分に貫かれてきたことを誇りとしている。

固いお話は抜きにして、スイスは、すばらしい国である。国中が公園のように美しく、清潔で、人びとは、温かく、凡帳面である。四・一万平方キロの国土に住む六五〇万のスイス国民は、国際感覚ゆたかである。なにしろ、ドイツ語、フランス語およびイタリア語の三か国語が公用語とされ、どの紙幣にも、この三か国語による表示がなされている国である。世界各国から訪れる観光客の数は多い。当然、観光客相手の職業の人たち（ホテル、商店、銀行員、交通関係の従業員ら）は、ドイツ語、フランス語、イタリア語および英語の四か国語を話す。

スイスは、主権をもつ二二のカントン（Kanton, canton）（州）から成る連邦共和国である（三つの準州があるので、計二五のカントンがあるともいわれる）。連邦共和国憲法（一八四八年制定、七四年修正）によって、各カントンは、憲法に規定される以外のいっさいの主権をもつ。人口六五〇万のスイスが二二のカントンに分かれているのだから、一つのカントンは、平均三〇万人にも満たないわけである。そのカントンがそれぞれ主権をもつというのであるから、われわれ日本人には、理解困難なこともある。

なお、一九九九年四月一八日、新しいスイス連邦憲法が制定された。現在、スイス連邦は、二六のカントンから構成されている。

今から一〇年余り前、私は、在日スイス大使館を通じてスイスの保安処分施設の参観許可を取っていただき、ベルン（Bern）にある連邦司法省に参観打合せのため参上した。その際、「できれば、そのほか刑務所参観をしたいので、許可をお願いしたい」と担当官に申し出たところ、「行刑は、カントンの権限に属しているので、参観には、カントンの許可を取らなければならない。許可を得るには、日数が必要だ」と言って、断わられた。

これが、フランスであれば、司法省の担当者が刑務所に電話して、「明後日、日本の教授が参観に行くが、よろしいか」という調子で、施設側のＯＫがあれば、すぐ参観許可をくれる。こんなことから、スイスのカントンは主権をもつ一つの独立国なのだなァ、と実感した次第である。

❀ 一九三四年の銀行法

スイスについて印象深いことの一つは、銀行の秘密保持が厳重なことである。スイスの銀行の秘密、それは、一九三四年の銀行法四七条の銀行秘密漏示罪によって保護されている。この規定が設けられるに至ったのは、次の事情による。

一九三三年に政権を取ったヒットラーは、ドイツ国民であって外国に財産を持っている者はその旨を申告すべしという命令を出し、これに従わなかった者を死刑に処することとした。ナチスは、外国とのなんらかの関係を持っているドイツ人をいっさい信用せず、全く政治的関係のないスイスとの商業上の提携でさえも、疑いの眼で見たのである。ヒットラーは、何千人というユダヤ人などがスイスの銀行を通じて金（かね）を持ち出そうとしている、という疑念をいだいていた。

ここで、ゲシュタポ（ドイツ秘密国家警察）の一員であるゲオルク・ハンネス・トーメなる人物が、登場する。彼は、一九三四年に特命を受けてチューリッヒに行き、そこに居を構えた。秘密探知の才能をもつ彼は、きわめて短時日のうちに、銀行に働く娘とベッド関係まで結ぶようになり、他方では銀行員を買収して、スイスの銀行に預金している（またはその疑いのある）ドイツ人の名前を探り出した。

当時のドイツ法によれば、スイスの銀行に預金している者とその疑いのある者に対しては、脅迫、夜間逮捕、拷問などの手段を用いることができた。脅迫や拷問を受けたドイツ人たちは、その銀行名、金額、口座番号、暗号などを白状してしまった。

こうして、一九三四年には、ゲシュタポに外国預金を暴かれた三人のドイツ人が、ドイツで公開裁判にかけられた上で処刑された。この事実によって、ゲシュタポによる銀行秘密の探知が明るみに出た。スイスの世論は、俄然いきり立った。連邦議会では、論議が沸騰した。

上記三人の処刑は、氷山の一角であった。トーメ一味の活動の結果、多くのドイツ人が投獄され、拷問され、そして処刑された。預金者がユダヤ人である場合には、少なくとも強制収容所行きは免れなかった。

ゲシュタポのしたことは、スイスの銀行業に深刻かつ永続的な影響を与えることになった。銀行の秘密を守ることは、スイスでは永年にわたる慣行となっていた。しかし、慣行だけではもはやゲシュタポのえげつないやり方に対抗しえないとして、連邦議会は、一九三四年に銀行法を制定し、銀行秘密の遵守を刑罰法規によって貫くことにした。スイスは、歴史上初めて銀行秘密漏示罪（銀行法四七条）を設けたのである。

銀行秘密漏示罪の制定は、世界各国の注目を集めた。国内的には、銀行業者たちを防衛した。彼らは、秘密を漏示すれば罰せられるので、外部からの照会や誘惑に対して断乎として拒絶すべきであり、かつ、拒絶できることとなった。

銀行法四七条は、一九七一年三月一一日連邦法（同年七月一日施行）により、改正された。その条文の訳は、拙著『国際刑事司法共助の研究』（成文堂、一九八一年）二五四頁に載っている。

最近、ヨーロッパでは、銀行秘密を扱った論文や著書が、ボツボツとではあるが公にされている。たとえば、フランス語では、ファルアー著『銀行秘密――比較法的研究（フランス、スイス、レバノン）』（一九七〇年）（Farhat, Le secret bancaire. Etude de droit comparé (France, Suisse, Liban), 1970, L. G. D. J., Paris）が刊行され、イタリア語では、マンガーノ著『銀行秘密の刑法的保護』（一九八三年）（Mangano, La tutela penale del segreto bancario, 1983. Giuffrè, Milano）が刊行されている。

生産技術上の秘密と並んで営業上の秘密（Geschäftsgeheimnis, secret commercial）の漏示および探知を罰する規定は、すでに立法例に見受けられる（スイス刑法一六二条・二七三条、イタリア刑法六二二条など）。

銀行秘密との関係において理論的に問題になる主要な点は、「営業上の秘密」と銀行秘密とはどう異なるか、また、法律に従って証言を求められたとき、銀行秘密の保持義務と証言義務との関係はどうなるか、ということであろう。

これらの問題は、国際的に経済競争が激化するにつれて重要な意味を帯びるものとなってきた。最近これを扱った文献が登場するに至ったのは、こうした事情を背景とするものであろう。

❖ 守られたスイス銀行の秘密

一九八四年五月二〇日、スイスでは、「銀行秘密の公開」の是非をめぐって国民投票が行われた。その結果いかにと、世界中が注目した。

スイスには、莫大な金（かね）が世界中から集まり、そこで動いている。その額は、一兆六千億スイス・フラン（約一六〇兆円）と推定される。それらの金は、単なる預金ではなく、投資などの運用を委託されて銀行が管理する「預かり資産」である。それが、秘密口座とされ、預金者の登録は、番号だけ。預金者がだれであるかは、銀行のトップしか知らない。

世界の金持ちは、スイスの銀行秘密を最大限に利用している。この金持ちの中には、産油国の資本家や暗黒街の帝王といわれる人たちも含まれている。スイスの通貨は、世界で最も安定している。そこから、スイスの繁栄は保たれている。たとえば、一九八三年における一人当たり国民総生産（GNP）では、OECD二四か国中、スイスは、第一位を占め、一〇位の日本の一・五倍以上である。

国民投票を発議したのは、社会民主党である。そのねらいは二つ。一つは、銀行秘密が脱税の温床になっている。国内に限っても、遺産関係の脱税額が年間一、〇〇〇億スイス・フラン（約一〇兆二、二〇〇億円）にのぼる。それゆえ、税務調査に対して銀行秘密を公開せよ、というのである。もう一つは、外国からの金融関係犯罪の照会にも原則として応ずべし、というものである。これは、外国、特に開発途上国からの逃避資金の受入れは悪だ、という年来の主張に基づいている。国民投票の結果は、一二五万票対四六万票の大差で、公開に反対の結果が出た。ここにたどり着くまでには、危機感をいだいた銀行側の大キャンペーンがあった。「スイスの繁栄を守るのは、銀行である。その銀行は、秘密で守られる」という論法でもって、「秘密公開はスイスを危くする」と国民に訴えた。

この大キャンペーンが効を奏したのか、国民の大半は、公開に反対した。恐らく、豊かな生活に満足している国民は、預金者の秘密を守る匿名口座（全体の三分の二を占めるといわれる）の存続を欲したのであろう。

ホッと胸をなで下ろしたのは、世界の金持ちだけではあるまい。身近なところでは、スイスと国境を接する国（たとえば、フランスやイタリア）の国民は、車でスイス国内に入り、国境に近いスイスの銀行に預金することを、日常、当たり前のように行っている。通貨の下落と物価の上昇になやむ国民としては、そうするのも無理からぬことであろう。

国民投票によって、スイスの銀行秘密は守られた。では、これで問題はなくなったか。刑法、そして国際刑法の見地からは、やはり問題が残されているように見える。新聞記事によれば、「普通の預金口座でも、犯罪捜査の必要以外では官憲も手を出せない」とのことである（朝日新聞一九八四年一二月二五日号）。それでは、犯罪捜査のために必要であれば、捜査当局や司法当局には秘密を開示するのか。そのことは、匿名口座についても同様であろうか。

仮に、犯罪捜査のために必要である場合に一定の要件の下に銀行秘密の開示が行われるとしても、スイスの当局が自国の刑罰権の発動の対象となる犯罪について開示を求める場合と、外国から国際刑事司法共助の要請に係る犯罪について開示を求める場合とでは、差異があるであろう。後者の場合について、きびしくなるのは、当然である。

一つの解決策を示すのは、一九七三年五月二五日の「米国・スイス刑事司法共助条約」一〇条である（前掲拙著『国際刑事司法共助の研究』二五七頁以下を見よ）。この条約の締結に当たり、両国が意を用いたことの一つは、秘密の保護と捜査の必要とをどのようにして調和させるか、ということであった。この条約で示された解決策は、わが国にとっても参考になるであろう。

（判例時報一一四七号、一九八五年）

12　ドン・キホーテにおける罪と罰（上）

❀『ドン・キホーテ』刊行から四〇〇年

「ドン・キホーテにおける罪と罰」（Délits et peines dans Don Quichotte）と題するフランス語の論文が、国際社会防衛学会の機関誌である社会防衛雑誌・二〇〇四年版（Cahiers de Défense Sociale 2004）に載っている。

論文の執筆者は、国際社会防衛学会長であって、スペインのカスティリア・ラ・マンチャ（Castilla-La Mancha）大学のアローヨ（Luis Arroyo Zapatero）学長である。アローヨ氏については、二〇〇四年九月に北京で開かれた第一七回国際刑法会議の際に会って愉快な語らいをした思い出がある。

ドン・キホーテは、スペイン語でDon Quijoteと書き、フランス語では、ドン・キショット（Don Quichotte）と書く。前記のアローヨ論文では、フランス語表現が用いられている。

『ドン・キホーテ』は、スペインの文豪セルバンテス（Miguel de Cervantes, 1547–1616）の長編風刺小説であって、正しくは『機知に富んだ郷士ドン・キホーテ・デ・ラ・マンチャ』(El ingenioso hidalgo Don Quijote de La Mancha) という。前篇（一六〇五年刊、五二章）と後篇（一六一五年刊、七四章）とから成る。

前篇が刊行された一六〇五年と言えば、日本では、徳川家康が江戸に幕府を開いた年（慶長八年）から二年後のことである。スペインでは、二〇〇五年が「ドン・キホーテ」前篇の刊行から四〇〇年目にあたるとして、各種の盛大な記念行事が催された。

アローヨ学長の論文は、『ドン・キホーテ』刊行四〇〇年の節目にあたり、刑法学者の立場から『ドン・キホーテ』に現れた罪と罰の問題を取り上げたものである。アローヨ氏は、ドン・キホーテという世界文学史上の巨人が生まれたラ・マンチャの大学の学長であるので、「人類の小説」といわれる『ドン・キホーテ』における罪と罰の問題について格別の関心を寄せたのであろう。

ラ・マンチャとは、アラビア語で「乾いた土地」を意味する。その語源のとおり、ラ・マンチャは、今日もなお、乾燥した丘陵地帯であって、なだらかな赤土の丘が果てしなく続いている。その丘の上に、風車が一〇ばかり並んでいる（かつては、三〇～四〇の風車があった由）。

ドン・キホーテと言えば、背高の、やせ細った自称遍歴の騎士が愛馬ロシナンテにまたがり、槍を小脇にかかえて風車に突入して、哀れにも地上にたたき付けられたという物語の場面が有名である。当時、風車は、小麦を碾《ひ》くために用いられていた。今では、風車は、この地を訪れる観光客が記念写真を撮《と》る背景となっている。

小説『ドン・キホーテ』は、一九五七年に映画化されたそうである。何十年か前、その映画を見たことがある。その記憶は、今では定かでないが、ただ一つ、記憶に残るシーン（場面）がある。それは、ドン・キホーテが風車に突入して、ものの見事に地上にたたき付けられる最も有名な場面である。

実は、私は、『ドン・キホーテ』を読んだことがなかった。騎士物語を読みすぎて頭が変になった郷士（下級貴族 hidalgo）の遍歴と失敗の連続を綴ったもの、という先入観があったからである。だが、アローヨ論文を読んで、『ドン・キホーテ』全部を丹念に渉猟してみよう、という気になった。いくつかある日本語訳のうち、牛島信明（東京外大教授）訳の『ドン・キホーテ』（岩波書店、一九九五年刊）全訳を図書館から借り出して、連日のごとくそれをひもといた。さりながら、前篇と後篇を全部読むことは、かなりの大仕事であった。

なにしろ、著者セルバンテスの博学多識が反映してか、『ドン・キホーテ』には、古代ギリシャやローマ帝国時代の格言、諺、詩文などが織り込まれており、格言や慣用句を別にして二〇四例の諺が計二五六回も用いられている。そのゆえか、一つの文章が実に長い。おまけに、ラテン語やスペイン語の語呂合わせが、たびたび登場する。その味わいとおもしろさを理解するためには、相当の学識が必要とされる。

全編を通じて、キリスト教についての知識も必要とされる。例えば、「地獄に堕ちるほどでもないが、煉獄をさまよう霊魂」が、それである。人は、死後、天国、煉獄〔浄罪界〕および地獄のうちいずれかに行くのであるが、煉獄（purgatorium, purgatorio）とは、この世で果たし終えなかった罪の償いを果たし終えるまで、義人の霊魂が苦しみを受ける所である。

零落した下級貴族の四男三女の四番目の子（次男）として生まれたセルバンテスは、一五七〇年から四年ほど兵士の生活を続けたが、暇を見つけてはイタリア文学を渉猟し、それによってイタリア文学に対する深い造詣を身につけたようである。

一五七五年、彼は、軍隊を退役し、ガレー船（galera, galère, galley）に乗って帰国の途につくが、回教徒の海賊船に襲われて捕虜となり、アルジェに連行されて、奴隷となった。それから五年間、そこで虜囚生活を送った。

一五八八年、スペインの「無敵艦隊」はイギリス艦隊によって撃破され、これが大帝国スペイン凋落の契機となった。その後、セルバンテスは、税金徴収吏の職にありついたが、徴収した金を預けた銀行が破産し、その埋め合わせができなかったため、一五九七年（彼、五〇歳）の秋、三か月ほどセビリアの監獄に入れられた。獄中、彼は、『ドン・キホーテ』の執筆に着手し、全体的な構想を練り上げたといわれる。

❀ 中世スペインの犯罪と刑罰

一六〇五年、『ドン・キホーテ』前篇が出版された。時に、セルバンテスは五八歳。この書は、発売直後から大評判となり、セルバンテスは、一躍、国際的な有名作家となった。

ところで、一六一四年、他人による偽作『ドン・キホーテ　続篇』が出版された。

これに対し、一六一五年に刊行された、セルバンテス著の後篇は『機知に富んだ騎士ドン・キホーテ』となっている。

周知のように、ドン・キホーテは、古ぼけた甲冑に身を固めてみずから遍歴の騎士となり、近くの農夫で「ちょっとばかり脳味噌の足りない」、ふとっちょのサンチョ・パンサ（Sancho Pansa）を従士として旅に出る。『ドン・キホーテ』の魅力の大きな部分は、ユーモアに満ちたドン・キホーテ主従のそれを初めとする無数の会話にある。

『ドン・キホーテ』は、すでに六〇の国語に翻訳され、まさに「人類の小説」とまで言われる不朽の名声を受けている。

『ドン・キホーテ』は、機知と風刺に包まれた「会話の書」と評されているとおり、そこは犯罪と刑罰に関する記述は、さほど多くない。参考までに、一三世紀から一六世紀までにおける犯罪と刑罰の素描を試みる。

スペイン中世の王で「賢王」の名をほしいままにしたアルフォンソ十世（一二二一―八四）が編

纂した法令集『七部法典』第七部には、さまざまな刑罰が詳述されている。そこには、下級貴族である郷士に対しては屈辱的な刑罰を免除することが規定されていた（三一条）。

具体的には、火あぶり、八つ裂き、絞首刑、引きずり回しの刑、猛獣類をけしかける刑などが免除される。同じ処刑でも打ち首、窒息死などの方法が採られた。重罪を犯しながらも死刑を免れた場合には、その土地からの追放処分が適用される。借金を返済しないからといって、住居、家畜、武器などが差し押えられる心配もなかった。むち打ちなどの拷問（国王への叛逆の嫌疑を除く）やガレー船送りの心配もない。一般人と比べると、郷士は、明らかに優遇されていた。

国王フェリペ二世（一五五六―九八年在位）の時代のスペインは、「太陽の沈むことのない国」とまで言われた。だが、太陽の輝く所には必ず影ができる。新大陸の発見（一四九二年）以降、スペインは黄金時代を築いたが、膨大な赤字と借金を抱え、街には物乞いや浮浪者が急増した。

一六〇五年、浮浪者一掃のための法令が出され、「一〇歳以上の就業可能な、健康な男女が職に就かないときは、むち打ち百回及び四年のガレー船送り。女子は追放に処す」とされた。この法令は、予想にたがわず、効果を発揮しなかった。

これらの浮浪者は、ピカロ（picaro）と呼ばれて、一七世紀の後半以降も取締りや処罰の対象とされた。一六七八年には、浮浪者は投獄または軍隊送りか、アフリカへの追放に処する旨の法令が発布された。

スペインは、一四九二年に表面的には統一されたにもかかわらず、実質的には「諸国」に分かれていて、カスティーリャ（Castilla）、カタルーニャ（Cataluña）、アラゴン（Aragon）などの王国が、それぞれ別々の法令を堅持していた。それゆえ、ピカロの取締法令とその運用の実態は、多様であったと思われる。

ドン・キホーテの世紀における刑罰の中で、われわれの興味を惹くのは、ガレー船の漕役刑（ガレー刑）である。

ガレー船は、古代ギリシャ、ローマの時代から櫂（かい）と帆を併用する軍船として一八世紀まで用いられた帆漕《はんそう》両用の軍船・軍艦のことである。ギリシャ語では、*galée* **'donnola'**（イタチのように早いガレー船）と呼ばれた。

ガレー船を意味する **galera**（スペイン語）、**galea**（イタリア語）、**galère**（フランス語）は、同時に漕役刑の意味でも用いられる。フランスは、大革命から二〇年後の一八〇九年に漕役刑を廃止した。

古代ギリシャやローマの時代に地中海で用いられたガレー船は、当時の造船技術からしてさほど大きいものではなかったと察せられるが、その後、海上覇権の争奪、造船技術の進歩によって次第に大型化して行った。辞書にはローマやカルタゴの三段櫂軍船（trirème）という言葉も見られるので、三層の列から成る、櫂で漕ぐ軍船も登場したのであろう。スペインの「無敵艦隊」も、恐らく強大なガレー船団によって構成されていたであろう。

問題は、ガレー船の漕ぎ手〔ガレオーテ〕（galeote）はだれか、である。ガレオーテは、一般に囚人と奴隷であった。奴隷の供給源は、外国との戦いで得た捕虜であったと思われる。しかし、常時、安定した数の捕虜を獲得できないとすると、ガレオーテの供給源として考えられるのは、囚人である。ガレオーテは、漕役囚とも訳されている。

漕役刑（peines des galères）は、この世の地獄だと言われている。船底に鎖でつながれ、むちで打たれて船漕ぎを強いられ、その挙句、息が絶えたら海にポイと捨てられた。要するに、漕役囚は、櫂を漕ぐための道具としてしか扱われなかった。

漕役刑は、生きながらの死刑というべきものであった。

（判例時報一九二三号、二〇〇六年）

13　ドン・キホーテにおける罪と罰（下）

❁ 漕役囚の解放物語

『ドン・キホーテ』前篇二二章には、ドン・キホーテが漕役囚十数人を解放する有名な物語が書かれている。

ドン・キホーテは、従士サンチョを連れて行く道中、十数人の囚人がそれぞれ首のあたりを太い鉄の鎖で数珠《じゅず》つなぎにされ、手には手袋をはめられて歩いて来るのを見た。銃を携えた騎馬の男二人と投げ槍と剣を持った徒歩の男二人が、囚人らを護衛していた。

ドン・キホーテが囚人らに「一体、どういう罪によって漕役刑（ガレー刑）に処せられたのか」を尋ねたところ、彼らは語った。

二十三、四歳の若者いわく、恋人を固く抱きしめた現場を押えられたので、むち打ち一〇〇回と五年の百足船（ガレー船のこと）

二番目の男は、家畜泥棒をしたゆえに、ガレー刑六年とむち打ち二〇〇回の刑

三番目の男は、一〇ドゥカード（ducado）金貨（一ドゥカードは、七ペセタに相当）がなかったばかりに、五年間のガレー刑

四番目の男は、売春仲介の罪に因り四年のガレー刑

五番目の男は、四人の娘と肉体関係を結んだため、六年のガレー刑

最後の、三〇歳くらいの男は、泥棒の王様と呼ばれるほど多くの罪を犯した大悪党だから、一〇年のガレー刑

これを聞いてドン・キホーテは、槍の一突きで護送隊長に深傷を負わせて、地面に倒した。護衛の役人らは剣を抜いたり、投げ槍をしてドン・キホーテに襲いかかったが、この時、囚人らは、鎖を断ち切り、護衛隊長に襲いかかって彼から剣と銃を奪い取った。これを見て、役人らは一目散に逃げた。

これが、漕役囚を釈放した有名な活躍場面である。その後どうなったかは、読者諸氏が（ダイジェスト版でない）『ドン・キホーテ』を読んでいただきたい。

「ドン」は、当時かなり高い身分の人に付けられた敬称であるが、「キホーテ」という名には、ユーモアが込められている。この書には、『ドン・阿呆《あほう》ーテ』という訳語も出てくる。「ドン・阿呆ーテ」とは、愚直一筋の男にまさにピタリの名称だ。四〇〇年の歳月を経た今日、私は、不思議な感慨を覚える。

この小説では、ドン・キホーテの臨終の様子を描いた所が、一番すばらしい。

さて、問題は、囚人らが語った罪状が本当かどうか、である。

セルバンテスは、法律家ではなかったが、二八歳の時、イスラム教徒の海賊船に襲われて、五年間、奴隷の生活をしたことがあり、また、五〇歳のころ（一五九七年）、下獄したことがあるので、当時の犯罪と刑罰について批判的であり、それが彼の諸作品に現れている。

一六世紀の初頭、スペインで行われていた刑罰は、一般的に死刑、身体刑（特に、身体の一部損傷とむち打ち刑）、罰金と没収であった。自由刑は、いまだ誕生せず、投獄されるのは未決囚のみであった。自由刑が生まれたのは、フランス革命（一七八九年）以降のことである。

スペインにおけるガレー刑（pena de galeras）（漕役刑）の起源は、カルロス一世（一五一六―五六年在位）の一五三〇年一月三一日勅令に見い出される。当時、強大な勢力を有する、イスラム教国であるオスマン・トルコとの海戦に備えてガレー船を増強する必要があった。

一五七一年、スペイン・ローマ教皇庁・ヴェネチアから成る神聖同盟連合艦隊は、レパント（Lépant）の海戦においてトルコ艦隊を撃破した。

当時二四歳であったセルバンテスは、兵士となってこの海戦に参加し、敵の銃弾三発を受けて負傷し、これに因り左手の自由を失い、「レパントの片手男」という名誉な異名で呼ばれることになった。

スペインでは、二〇世紀に入って、アンシャン・レジーム（Antiguo Régimen）の時代（一六〜一八世紀）における刑法、刑罰制度、特にガレー刑に関する著述が相次いで公刊されている。『近代スペインにおけるガレー刑』と題する著書も出版されている（一九八二年）。アローヨ論文は、それらの文献を基礎にして書かれている。

カルロス一世の勅令によれば、初犯の窃盗犯人は六年のガレー刑に、浮浪者は四年のガレー刑に、重婚者は一〇年のガレー刑に、また、売春の仲介者は一〇年以下のガレー刑に、それぞれ処せられた（アローヨ論文五五頁）。

これを見ると、『ドン・キホーテ』に記述された、ガレオーテ（galeote）（漕役囚）に科せられた刑は、まんざら仮空の創作でもなさそうである。

スペインの学者（Las Heras Santos）の研究（一九八九年）によれば、ガレー刑に処せられた者のうち、四〇％は窃盗犯人、二五％が殺人・傷害・過失致死傷の犯人、五％が名誉毀損の犯人、四％が浮浪者、残りが「その他」となっている。

他方、カスティリア（Castilla）王国では、被告人全体のうち八〇％がガレー刑に処せられている。そのうち、五人に一人が無期刑に処せられている。しかし、彼らは、通常、一〇年間も服役することはなかったようである。恐らく、一〇年経たない間に死亡したのであろう。

有期の漕役囚の平均刑期は六年であり、軽い罪状の場合でも最短が三年であった。一般的に、漕役囚にはつねにむち打ち刑が先行して執行された。

❀ 生き地獄のガレー船

ガレー船は、地中海沿岸諸国の間における交易を確保するための有用な手段として用いられたが、海軍力増強のために決定的な役割を演じた。ガレー船は、漕役囚の腕と体力に依存して艦船を進行させる構造であったので、〝浮かぶ地獄〟(enfer flotant) と呼ばれた。

二〇世紀に入って、スペインではガレー刑（漕役刑）についていくつもの研究が公にされているが、それらの著述は、セルバンテスの『ドン・キホーテ』における漕役囚の釈放物語によって触発されたようである。

第二次大戦後に相次いで公刊された著述によって、「ガレー船の生活は、文字どおり地獄の生活であった」ことが、明白になった。フランス語でも、「それは、ガレー船だ」(C'est une galère.) という表現は、「それは、この世の地獄だ」という意味で用いられている。

漕役囚（漕ぎ手）は、船底の左舷側と右舷側に一列に並べられ、足を鉄の鎖でつながれ、監視者が鎖を外す時以外は、身体の自由を奪われた。食事をするのも、眠るのも、大小便をするのさえ、すべて鎖につながれたままであった。

彼らは、ギリシャ風の股引きをはき、赤いチョッキ、粗末な外套、赤い縁なし帽を着用させられた。彼らに支給される食事は、約八〇〇グラムの固い乾パンであった。彼らは、それをこわして、乾燥野菜を入れたスープにひたして食べた。

第二次大戦後、わが国で、ガレー船を舞台にした戦闘物語を織り込んだ外国映画が上映された。私は、それを見た。が、何十年も昔のことであるので、映画の題もストーリーも覚えていない。かすかに残る記憶をたどると、ガレー船の船底の左舷側と右舷側に一列に並べられ、両足を金具で固定され、鎖につながれた漕ぎ手の悲劇的な光景が思い浮かんでくる。

漕ぎ手は、むちを持った監視人兵士の掛け声に合わせて、必死に櫂（かい）を漕ぐ。力を抜いている漕ぎ手には、兵士が容赦なくむち打ちを食らわせる。漕ぎ手には、うめき声を上げないように砂袋が口にかまされている。これは、まさに生き地獄である。

大部分の漕役囚は、刑期を満了する前に息絶えたであろう、と推測される。よほど絶倫の体力と気力の持ち主でなければ、三年も四年もの間、漕役刑に服することはなかったと、なにかの文献で読んだ記憶がある。

漕ぎ手が倒れて再起不能になったとき、または息絶えたときは、予備の漕ぎ手が交替要員として入れられた。恐らく、交替要員を拘禁しておく舎房が船倉に設けられていたのであろう。

漕役囚は、艦船の機動力を構成する貴重な資源であった。一五四四年のカルロス一世勅命は、漕役囚を厳重な戒護下に置き、逃走を防ぐ措置をとるべき旨を規定した。もし、彼らが逃走した場合には、一〇〇ドゥカードの罰金が科せられた。この罰金は、逃走した囚人の代わりに一人の奴隷を購入する代金に充てられた。

ガレー刑は、文字どおり生きながらの死刑にたとえられる苛酷なものであった。この苛酷な刑があってこそ、スペインの「無敵艦隊」は存立可能であった。

ガレー刑は、蒸気船がガレー船に取って代わるまで存続した。それが廃止されたのは、一七四九年一月一八日の国王指令によってである。その後、囚人は鉱山労働に従事させられ、またはアフリカにある流刑地に送られた。

『ドン・キホーテ』前篇二二章には、漕役刑に処せられて護送される囚人が次のように言っているくだりがある。

五番目の男（四人の娘と肉体関係を結んだ罪に因り、六年のガレー刑に処せられた）いわく、「縛り首と思いきや、ガレー船六年の判決だったので。喜んでお受けしました。幸い、わたしはまだ若いから、命さえあれば、まだやり直しはきくというものです」

最後の男いわく、「この前は、四年間、漕ぎました〔漕役刑に服した〕。おかげで、乾パンの味だけでなく、むち打ちの味もいやというほど知っておりますよ。ですが、ガレー船に戻るのは、それほどいやじゃないんです。あそこに行けば、わしの本を書き上げる時間が十分ありそうですからね。なにしろ、まだ書きたいことが山ほどあるんですよ。それに、スペインのガレー船ってのは、なぜかひどくのんびりしてましてね、たっぷり余暇があるんです」

これは、セルバンテスが小説をおもしろくするために書いた箇所ではなかろうか。ガレー船が常時戦闘態勢に入っていたとは思えないが、それほど「ひどくのんびりして」いて本を書く時間が十分ありそうだ、とは考えられない。

スペインの学者らがガレー船の実態を調査した史実を基にして、「ガレー船は、この世の地獄だった」と記述しているのが、信頼の置けるものであろう。前記最後の男は、弱音を吐くまいとして、あえて楽観的な言葉を口にした、と考えられないでもない。

ともあれ、遍歴の騎士ドン・キホーテが漕役囚を解放したくだりは、不正義と戦って活躍したものとして、後世の人びとに印象深く刻み込まれた。そして、二〇世紀後半以降、スペイン刑法および刑罰制度の改革に影響を与えた。

「人類の小説」といわれる『ドン・キホーテ』は、今後も生き続けるであろう。

（判例時報一九二七号、二〇〇六年）

14　スペインの一九九五年新刑法典（上）

❀ 三つの基本原則

「フラメンコと闘牛の国」からEC（ヨーロッパ共同体）の経済大国へ――。

スペイン（人口三、九〇〇万人）は、一九九二年のバルセロナ・オリンピックとセヴィリア万博を飛躍台として、先進国の第一グループ入りを目ざして歩みを進めている。

スペイン再生の出発点は、一九七八年憲法に見い出される。その新憲法の理念を生かした新しい刑法典（Código Penal）が、一九九五年一一月八日に制定され、同年一一月二三日の組織法（Ley organica）（一九九五年一〇号）で公布された。

スペインの近代刑法は、一八二二年に制定された刑法典に始まる。これは、一八一〇年のフランス刑法に範を取ったものであった。以来、実にたびたび、スペインは、刑法典の全面改正を行っている。一八四八年刑法、一八七〇年刑法を経て、一九二八年には、刑罰と保安処分との二元主義を採る新刑法が公布された。一九三一年四月革命によって成立した共和国は、一九三二年刑法を制定し、死刑を廃止した（一九三四年、死刑復活）。

フランコ政権の下で、一九四四年刑法典が制定された。この刑法典は、統治形態の変革の結果、必然的となった修正のほかに、近代の刑事立法から直接に影響を受けた諸規定を含んでいた。私が邦訳した『スペイン刑法典』（法務資料三八三号、一九六三年）は、この一九四四年刑法典（以下「旧刑法」という）である。

その後、数次にわたり刑法の一部改正が行われた。そのうち、一九八三年の改正法は、客観的責任の廃止、死刑の廃止をした。しかし、それらの一部改正では不十分であるとして、一九七九年以降、刑法典の全面改正をめざす草案が、相次いで作成された。

第一草案（一九七九―八〇年）、第二草案（一九八三年）、第三草案（一九九一年）を経て、第四草案（一九九二年）が作成され、それが、一九九五年、新刑法典として成立した。

新法典は、憲法（一九七八年制定、一九九二年一部改正）の条項に刑法を適合させて、犯罪者の社会復帰を促進するための諸制度（自由刑に代わる制度、日数罰金）の導入のほか、基本的人権の尊重などを基本理念とする諸規定を盛り込んでいる。

新法典は、序章（Titulo Preliminar）（一条―九条）、第一編「犯罪及び違警罪、責任を負う者、刑、保安処分、罪の効果」（一〇条―一三七条）、第二編「犯罪及びその刑」（一三八条―六一六条）並びに第三編「違警罪及びその刑」（六一七条―六三九条）から成る。

まず、新法典について留意すべきは、罪（infracciones penales）が、犯罪（delitos）と違警罪（faltas）とに二分されていることである。ここで、「犯罪」と訳したのは、犯罪の三分類における重罪と軽罪を統合したものである。これは、一九三〇年のイタリア刑法および一九四四年スペイン刑法の体系を踏襲したものである。

序章「刑事的保障及び刑罰法規の適用」は、基本原則を定めたものである。

第一条は、罪刑法定主義と保安処分法定主義を規定する。保安処分についても、保安処分を規定する法律の遡及効は認められない（二条一項）。

刑及び保安処分の執行は、裁判官及び裁判所の監督の下に行われる（三条二項）。これは、執行裁判官（フランスなど）ないし監督裁判官（イタリア）の例にならったものであろう。

故意又は過失がなければ、刑はない（五条）。

保安処分は、犯罪として規定された行為の遂行によって表明された、行為者の犯罪的危険性（perigrosidad criminal）にもとづく（六条一項）。保安処分は、犯した行為に対する法定刑よりも重くなることも長期間であることもならず、行為者の危険性を防止するために必要である限度を超えてはならない（六条二項）。

新刑法は、フランスのプラデル（Jean Pradel）教授（ポワティエ大学）によれば、序章および第一編で次の三つを基本原則としている。

(1)　法定主義　これは、罪刑法定主義（一条）および保安処分法定主義（三条）を意味する。法定主義から、厳格解釈の派生原則が導き出される。四条一項は、「刑罰法規は、それに明文をもって含まれているのとは異なる場合には適用されない。」と規定する。

(2)　責任主義　前記の第五条が、明文でこれを規定している。これは、一九九二年のフランス新刑法一二一―三条を初めとして、ヨーロッパの多くの近代刑法典に見られるところである。

(3)　謙抑主義　これは、特に保安処分について意義をもつ。前掲の六条一項は、前犯罪的保安処分（medidas de seguridad ante delictum）を排除するものであり、同条二項は、保安処分の適用における謙抑主義を明記するものである。

❖ 第一部「総則」

第一部総則の正式名称は、「犯罪及び違警罪、責任のある者、刑、保安処分その他罪の効果」という長いものである。

第一編「罪」（一〇条―二六条）は、犯罪論の基本に関する諸規定である。

その第一章「犯罪及び違警罪」は、「犯罪又は違警罪は、法律により罰せられる故意又は過失の作為及び不作為である。」（一〇条）の規定に始まる。

結果犯は、行為者が特別な法的義務（un special deber juridico）に違反した場合において、結果の不回避が法規の定めるところにより故意の結果発生と同等であると評価されるとき、不作為により犯されたものとみなされる（一一条）。不作為による作為犯も、特別の法的義務または契約上の義務が存在するときに認められる。

過失の作為又は不作為は、法律に特別の規定があるときに限り、罰せられる（一二条）。

ところで、新法は、「犯罪」を「重い犯罪」(delitos graves) と「重くない犯罪」(delitos menos graves) とに分けている。「重い犯罪」は、「重い刑」(pena grave) が科せられる罪であり（一三条一項）、「重くない犯罪」は、「重くない刑」(pena menos grave) が科せられる罪である（同条二項）。これは、フランス法にならって言えば、「重い犯罪」は重罪、「重くない犯罪」は軽罪ということになろう。違警罪（falta）は、「軽い刑」(pena leve) が科せられる罪である（一三条三項）。

刑の重さは、三三条に規定されている。新法がフランス刑法のように「重罪」「軽罪」という表現を用いなかったのは、スペイン刑法における刑の重さの定め方がフランス刑法のそれよりも一般的に軽いからであろう。プラーデル教授は、これを新法における自由主義の表れと見ている。

錯誤についても、従来の判例におけるきびしさを改めて、リベラルな立法態度が見受けられる。

第一四条〔錯誤〕

① 罪を構成する行為についての避けえない錯誤（error invincible）は、刑事責任を阻却する。行為の事情及び行為者の一身についての錯誤が避けえる（vencible）ものであったときは、その

罪は、過失犯として罰せられる。

② 罪を構成する行為又は加重事情についての錯誤は、その評価を妨げる。

③ 罪を構成する行為の違法性についての錯誤は、刑事責任を阻却する。錯誤が避けえるものであったときは、一段階又は二段階下の刑を適用する。

未遂に関する一六条は、旧法の規定よりも明確なものとなった。すなわち、行為者が客観的に結果を生じさせるはずである行為の全部又は一部をすることにより、外的行為により直接犯罪の実行をしたが、行為者の意図とは独立の原因によって結果を生じさせるに至らなかったときは、未遂である（一項）。

中止未遂の場合には、意図した犯罪の刑事責任は免れるが、その行為が軽い犯罪又は違警罪を構成するときには、その責任を問われる（一六条二項）。

新法は、正犯（autores）と共犯（cómplices）の区別に関して、正犯概念を拡大した。

第二八条〔正犯〕 自身で、他人と共同して、又は道具として用いられる他人を手段として行為した者は、すべて正犯である。

次の者も正犯とみなす。

a 直接他人を教唆して罪を実行させた者

b　罪がそれなしでは実行されることのない行為をもって罪の実行に協力した者

第二九条〔共犯〕

前条に規定する場合を除いて、事前の又は同時の行為をもって罪の実行に協力した者は、共犯である。

これによると、共同正犯が「正犯」に属するのは当然として、間接正犯も正犯であることになる。それどころか、教唆犯も、正犯とみなされることになる。間接正犯と教唆犯は、フランス語の **auteurs moraux**（精神的行為者）とされる。

これによると、従犯のみが「共犯」（二九条）ということになる。共犯は、正犯の刑よりも低い段階の刑に処せられる。

さて、われわれの関心は、新法が法人の刑事責任についてどういう態度を執っているか、に向けられる。すでに一九九四年公布のスロヴェニア新刑法は、フランス刑法の影響下に法人の刑事責任を正面から認めているからである。

スペイン新刑法は、ドイツ刑法の影響を受けたのか、法人の刑事責任を認めなかった。ただし、新刑法三一条〔法人の管理者の責任〕によれば、法人の事業もしくは権利の管理者として、又は法人の名において、もしくは代表者として行為した者は、罪を構成する要件、資格又は関係が自身には備わっていないときでも、その要件等が法人の側に備わっておれば、個人的に刑事責任を負う。

刑は、自由刑、権利制限刑および罰金の三者から成る。死刑は、一九七八年憲法により廃止された。無期刑も存在しない。

自由刑は、六月以上二〇年以下であるが、特別の規定がある場合には、三〇年にまで至ることができる（三六条）。

「重い刑」は、三年を超える自由刑、絶対的資格制限、三年を超える資格制限・公職禁止等であり、「重くない刑」は、六月以上三年以下の自由刑、三年以下の特別資格制限・公職禁止、二月以下の罰金、七回以上二四回以下の週末拘禁（arresto de fines de semana）、九六時間以上三八四時間以下の社会奉仕作業（trabajos en beneficio de la communidad）等である。

ここで見たように、罰金は、法律に特別の定めがある場合を除いて、日数罰金（dias-multa）とされる（五〇条二項）。日数罰金は、一〇日以上二年以下である（同条三項）。日額は、二ユーロ以上四〇〇ユーロ以下である（同条四項）。

（判例時報一五八四号、一九九七年）

15　スペインの一九九五年新刑法典（下）

❀ 執行猶予、仮釈放、保安処分

自由刑の適用については、旧刑法よりも要件が緩和されている。

執行猶予は、二年以下の自由刑につき、基本的には被告人の犯罪的危険性を考慮して言い渡される。猶予の期間は、二年以下の自由刑の場合には二年以上五年以下であるが、違警罪に対する「軽い刑」(penas leves) の場合には、三月以上一年以下である（八〇条）。

執行猶予は、初犯者につき、損害賠償をしたときに限り認められる（八一条）。

仮釈放は、受刑者が処遇の第三段階にあること、科せられた刑 (condena impuesta) の期間の四分の三を経過したこと、良好な行状を保ったことを要件として許される（九〇条一項）。仮釈放の許可権者は、行刑判事 (Juez de Vigilancia Penitenciaria) である（同条二項）。行刑判事は、特に行状の良い受刑者に、刑の期間の三分の二経過後に仮釈放を許すことができる（九一条）。なお、七〇歳以上の者については、三分の二の経過前に仮釈放を許すことができる（九二条）。

スペインは、一九三三年の「浮浪者及び非行者法」によって最も社会防衛的色彩の濃い一連の保安処分を導入した。一九七〇年の「危険性及び社会復帰法」（ＬＰＲＳ）は、一九三三年法を再編成し、一五種類の保安処分を規定した。

新刑法によれば、保安処分の種類は、次のとおりである（九六条）。

(一)　収容保安処分

1　精神医療施設（centro psiquiátrico）への収容
2　禁絶施設（centro deshabituación）への収容
3　特別教育施設（centro educativo especial）への収容

(二)　非収容保安処分

1　職業禁止
2　非合法に滞在する外国人の国外追放
3　監視付き自由
4　自宅拘禁
5　運転免許の取消し
6　武器所持の禁止

保安処分の一般的要件は、(1)犯罪にあたる行為をしたこと、行為者の行為及び一身的状況からして再犯のおそれを示す将来の行状の徴候があること、である（九五条）。

収容保安処分の収容期間は、本人が有責と認められたとすれば科せられるであろう自由刑（すなわち、法定刑）の期間の限度内で、裁判所が言い渡す（一〇一条〜一〇三条）。これによれば、普通殺人（一三八条）を犯した者は、一〇年以上一五年以下の限度内で施設に収容されることになる。施設からの退所を許すのは、裁判官の権限に属する（一〇一条〜一〇三条各第二項）。

❖ 第二部「犯罪及びその刑」

第二部（一三八条〜六一六条）は、「犯罪」(delitos) の各類型につき、その特別構成要件とその法定刑を規定している。本稿では、その一部を紹介する。

条文の数が多いことから推測されるように、スペイン刑法は、犯罪類型の細分化によって客観主義を貫こうとする伝統的態度を受け継いでいる。

第二部は、計二四の章から成る。その排列は、大体において、個人的法益に対する罪、社会的法益に対する罪、国家的法益に対する罪および国際社会に対する罪の順となっている。

第一章「殺人」の罪では、普通殺人（一三八条）は一〇年以上一五年以下、謀殺（一三九条）は一五年以上二〇年以下、加重謀殺（一四〇条）は二〇年以上二五年以下の自由刑に処せられる。

重大な過失による致死は、一年以上四年以下の自由刑に処せられる（一四二条一項）。軽い過失による致死は、違警罪として一月以上二月以下の罰金（六二一条二項）。車両の運転等により人を死亡させたときは、重過失致死と同様の刑に処するほか、一年以上六年以下の運転免許の取消し（一四二条二項）。

業務上過失（imprudencia profesional）による致死の場合には、重過失致死と同様の刑に処するほか、三年以上六年以下の職業禁止を併科する（一四二条三項）。一般にヨーロッパ諸国の刑法は「業務上過失」を認めないのであるが、スペイン刑法が業務上過失の類型を規定していることは、注目される。

自殺教唆は、四年以上八年以下の自由刑、自殺幇助は二年以上五年以下の自由刑に処せられる（一四三条）。

興味があるのは、第四章「胎児傷害の罪」および第五章「遺伝学的操作に関する罪」（一五九条―一六二条）である。

方法のいかんを問わず、胎児の正常な発育を著しく害し、又は胎児に重大な傷害を生じさせた者は、一年以上四年以下の自由刑及び二年以上八年以下の医療業務の遂行禁止に処せられる（一五七条一項）。重大な過失によるときは、七回以上二四回以下の週末拘禁（同条二項）。

重大な傷害又は疾病を除去する以外の目的で、遺伝子型（genotipo）を改変する方法で人間の遺伝子を操作した者は、二年以上六年以下の自由刑（一五九条一項）に処し、重大な過失によるときは、六月以上一五月以下の罰金及び一年以上三年以下の職業禁止に処する（同条二項）。

第八章「性的自由に対する罪」（一七八条―一九四条）も、興味深い。

暴行又は脅迫を用いて他人の性的自由を侵害した者は、一年以上四年以下の自由刑（一七八条）。

性的攻撃が男性器の女性器への挿入による性交又は他人の口腔もしくは肛門への挿入から成るときは、六年以上一二年以下の自由刑に処する（一七九条）（加重強姦は、一二年以上一五年以下の自由刑。一八〇条）。これによると、男性がその性器を他人（男女を問わず）の口腔又は肛門に挿入したときも、強姦罪となる。

これは、フランス新刑法二二二―二三条〔強姦〕の範にならったものである。フランスは、つとに一九八〇年法律一〇四一号で（旧）刑法三三二条〔強姦〕の規定を改正することにより、暴行・脅迫を用いて他人に対して犯した「すべての性的挿入行為」（tout acte de pénétration sexuelle）を強姦（viol）とした（新刑法は、その規定を踏襲した）。

第一八四条は、セクハラ罪（acoso sexual）ともいうべきものを規定する。職場の上司、教育者又はこれに準ずる者が相手に明示的又は黙示的に不利益が生ずべきことを告知して、性的性質の好意（favores）を要求したときは、三月以上五月以下の拘禁又は六月以上一二月以下の罰金に処する。

これは、フランス新刑法二二二―三三条〔セクハラ罪〕よりもゆるやかな要件でセクハラ罪の成立を認めるもののようである。

第九章「救助義務違反」（一九五条以下）、第一〇章「秘密、肖像権及び住居の不可侵に対する罪」（一九七条―二〇四条）、第一一章「名誉に対する罪」（二〇五条―二一六条）、第一二章「家族関係に対する罪」（二一七条―二三三条）と続いている。

第一三章は、「財産及び社会経済的秩序に対する罪」（二三四条―三〇四条）は、重要である。

本章の冒頭に掲げる二三四条〔単純窃盗〕によれば、利得の意思をもって、所有の意思なしに他人の動産を窃取した者は、被害物件の価格が四〇〇ユーロを超えるときは、六月以上一八月以下の自由刑に処する。加重窃盗は、一年以上三年以下の自由刑（二三五条）。

強盗は、一年以上三年以下の自由刑（二四〇条）、加重強盗又は屋内強盗は、二年以上五年以下の自由刑に処せられ（二四一条）、凶器等を用いた強盗は、刑を二分の一加重する（二四二条二項）。

恐喝は、一年以上五年以下の自由刑（二四三条）。詐欺は、六月以上四年以下の自由刑（二四九条）に処せられ、加重詐欺（ないし悪質詐欺）は、一年以上六年以下の自由刑及び六月以上一二月以下の罰金（二五〇条）に処せられる。

電気、ガス、水道水等の他人のエネルギー又は流動物を騙し盗った者は、その価額が四〇〇ユーロを超えるとき、三月以上一二月以下の罰金に処する（二五五条）。

このように見ると、財産犯の法定刑は、一般的に軽い。特にフランス新刑法における財産罪の法定刑に比べて、その印象が強い。

以下、興味深い若干の規定を挙げる。

知的所有権に関する罪（二七三条）、労働組合の幹部が組合の法的・経済的地位を害するおそれのある帳簿・文書を偽造する罪（二九〇条）、労働者の権利に対する罪（三一一条以下）がある。三一一条によれば、法律、労働協約または個人的契約により承認された労働者の権利を侵害した者は、六月以上三年以下の自由刑および罰金に処せられる。

歴史的・文化的遺産を損壊する罪（三二一条以下）に続いて、自然的資源及び環境に対する一連の罪（三二五条以下）が規定されている。例えば、環境保護に関する法令に違反して、直接又は間接に土壌、水等に有害な排出、放棄等をした者は、六月以上四年以下の自由刑、八月以上二四月以下の罰金、及び一年以上三年以下の職業禁止に処せられる。人の健康に対する危険を生じさせたときは、刑を二分の一加重する（三二五条）。

スペインでは、憲法四五条が「人間的で、健康な、生態学的に均衡のとれた環境権」をすべての人に保障していることから、**環境保護は基本的人間義務である**という観念が生まれている。刑法典に一連の環境犯罪が規定されたのは、このゆえであろう。

第二〇章「司法に対する罪」では、職務違反（prevaricación）罪というのがある。裁判官が情を知って、不正の判決、命令等を宣告したときは、一年以上四年以下の自由刑（その裁判が執行されたときは、刑を二分の一加重）及び一〇年以上二〇年以下の職業禁止に処する（四四六条）。

証拠隠滅は、六月以上四年以下の自由刑（四五一条）。偽証は、六月以上二年以下の自由刑及び三月以上六月以下の罰金（四五八条一項）に処せられ、偽証が被告人に不利益なものであったときは、一年以上三年以下の自由刑及び罰金（同条二項）に処せられる。一般にキリスト教国では、偽証は、重い罪と観念されていて重く罰せられるのに、スペイン刑法の法定刑は軽いように思われる。

第二四章「国際社会に対する罪」が設けられたことは、新法の特色の一つである。国内にいる外国元首又は条約により国際的に保護された者（外交官等）を殺した者は、二〇年以上二五年以下の自由刑に処する（六〇五条）。

ジェノサイド（genocidio）（集団殺害）の罪は、一五年以上二〇年以下の自由刑、加重事情の伴うときは、より重い段階の刑に処せられる（六〇七条）。

（判例時報一五八七号、一九九七年）

16　スペイン刑法の重要な一部改正

❖ 刑の体系の改正

スペインの一九七八年新憲法の理念にもとづく新刑法典は、一九九五年一一月二三日法律一〇号により公布された。この新法典については、本書一一二頁以下でそのあらましを紹介した。その後、一方では、世紀の転換期を迎えて変わり行く国際情勢に対処するため、他方では、新法典の運用に伴って浮かび上がった問題点を解決するため、一九九八年当時、刑法典の体系的・統一的な一部改正をする必要性が認識されるに至った。

一九九九年七月、法制審議会から刑法一部改正案の答申がなされ、以後、国会の審議を経て、二〇〇三年一一月二五日法律一五号をもって、一部改正法が公布された。この改正法は、二〇〇四年一〇月一日、施行された。

今回の一部改正法は、その理由書が指摘するように、一九九五年法典を基本的に尊重したものではあるが、実に重要な体系的改正を含んでいる。以下、要点を紹介する。

㈠　自由刑の体系の改正

刑（penas）は、主刑と付加刑とに分かれ、主刑は、自由刑、権利制限刑および罰金から成る。死刑は、一九七八年憲法により廃止された。無期刑は、存在しない。

刑は、重い刑（penas graves）、中程度の刑（penas menos graves）および軽い刑（penas leves）に三分類される。

自由刑（原則として、六月以上二〇年以下）について言えば、重い刑は三年を超える刑とされ、中程度の刑は六月以上三年以下とされていた。改正法は、自由刑を三月以上二〇年以下とし、重い刑の場合には五年以上とし、中程度の刑の場合には三月以上五年未満とした。軽い刑は、違警罪の刑である。

自由刑の上限は、特別の規定がある場合を除いて、二〇年である（三六条一項）。特別の規定がある場合の上限は二五年であったが、改正法はこれを三〇年とした（一三三条）。そして、これまで各罪につき法定刑として定められていた上限を、二〇年を二五年に、一五年を二〇年に、一〇年を一五年にというように、それぞれ引き上げた（一三三条）。

公訴の時効期間は、（一部を除いて）改正前のとおりである（一三一条）。例えば、普通殺人（一三八条）については、二〇年。しかし、前述したように法定刑の上限が各罪につき引き上げられているので、その結果、公訴の時効期間が延長されたのと同じことになる場合が多い。

注目されるのは、人道に対する罪、集団殺害（genocidio）の罪および戦争犯罪については、公訴の時効（一三一条四項）も刑の時効（一三三条二項）も完成しないことである。無時効性は、集団殺害については九五年法で規定されていたのであるが、改正法は、人道に対する罪と戦争犯罪についても明記した。

週末拘禁刑（pena de arresto de fin de semana）は、実務の運用上、適切でないことが判明したので廃止され、社会奉仕作業刑（pena de trabajo en beneficio de la comunidad）（四九条）と六月以下の居所指定刑（pena de localización permanente）（三七条）とが、これに代わるものとされた。

(二)　罰金その他の刑の改正

罰金は、一〇日以上二年以下の日数罰金（días-multa）とされ（五〇条三項）、その日額は、二ユーロ以上四〇〇ユーロ以下である（五〇条四項）。

二年以下の自由刑にあたる罪を犯した者が常習者でないときは、罰金及び社会奉仕作業刑でもって代替することができるとされた。その場合、一日の自由刑を二日の罰金で代えることができる。

付加刑としての公職禁止、資格制限、権利制限（運転免許の停止等）についても、重い刑、中程度の刑及び軽い刑のそれぞれにつき、その期間が自由刑の場合と同様に引き上げられた。

興味深いのは、権利制限刑の新しい種類として、被害者、その親族、その他裁判所が指定する者に接近することの禁止（三九条g号）と上記の者と方法のいかんを問わず通信・連絡することの禁止（同条h号）が新設されたことである（なお、四八条参照）。この刑の期間は、一月以上一〇年以下である（四〇条三項）。

スペインは、一九三三年に保安処分を導入した。以来、数次にわたって改正された刑法典は、体系化された保安処分を採用している。今回の改正法は、収容保安処分として精神医療施設への収容、禁絶施設への収容及び特別教育施設への収容を承継した（九六条二項）。

非収容保安処分は、次のとおり。①職業または公職の禁止、②不法滞在外国人の国外追放、③特定場所における居住義務、④特定場所での滞在禁止、⑤特定場所への立入禁止、⑥家宅拘禁、⑦運転免許の停止、⑧武器の所持禁止、⑨被害者等への接近禁止、⑩被害者等との通信・連絡の禁止、⑪医療・衛生施設での外来治療、⑫性教育を含む教育プログラムを受けること（九六条三項）。これらのうち、⑨と⑩を除いては、一九九五年刑法におけるのと内容的には大差がない。

❖ 各則における主要な改正点

㈠　ＩＣＣ管轄犯罪を国内法で処罰

国際刑事裁判所（Corte Penal Internacional ＝ ＣＰＩ）（以下、英語の略号「ＩＣＣ」を用いる）の設立条約（ＩＣＣ規程）が二〇〇二年七月一日に発効した。それに対応するため、ＩＣＣの管轄犯罪を刑法各則で規定するための改正が行われた。

ジェノサイド（集団殺害 genocidio）の罪は、すでに第二四篇「国際社会に対する罪」第二章に規定されている（六〇七条）。改正法は、第二章「人道に対する罪」を新設し、六〇七条の二にＩＣＣ規程にならってくわしい規定を取り入れた。

そこでは、被害者が政治的[1]、人種的、宗教的等の理由により迫害されている集団に属するとの理由で行われた殺害、性的攻撃、拷問等に対して重い刑が規定されている。例えば、性的攻撃は、一二年以上一五年以下の自由刑。傷害の結果、生命・身体に対する重大な危険を生じさせたときも、同様。

第二四篇第三章「戦時における保護された人及び財産に対する罪」（六〇八条以下）についても、多くの改正がほどこされている。

(二)　性的犯罪

改正法は、第八篇「性的自由に対する罪」の重罰化を図っている。

暴行・脅迫をもってする他人の性的自由に対する単純侵害は、一年以上四年以下の自由刑であるが（一七八条）、強姦は、六年以上一二年以下の自由刑（一七九条）。強姦の構成要件は、「膣、肛門若しくは口腔を通しての肉体的交接又は同様の方法により身体部分若しくは物を挿入することによる性的攻撃」をいう。行為者は男女を問わないこと、および性的攻撃（agresión sexual）の内容が多様化されていることが、注目される。

地位利用による性的濫用罪（一八四条）も、処罰対象行為が追加された。ここで地位利用というのは、勤務もしくは教育関係等における上司らがその地位を利用して被害者に対し、従わざるをえないような状況を惹き起こして性的サービス（favores de naturaleza sexual）に応じさせ（一項）、又は性的強要（acoso sexual）をする（二項）ことである（刑は、三月～七月の自由刑又は罰金）。

児童の面前にわいせつ物を陳列し（一八五条）、児童にポルノ物件を販売、頒布、陳列する（一八六条）行為は、以前は罰金だけに処せられたが、改正法は、六月以上一年以下の自由刑をも選択刑として掲げた。児童を露出興行又はポルノ陳列、ポルノの製造・販売等に参加させる行為は、一年以上四年以下の自由刑（一八九条）。これは、大改正である。

(三)　知的財産権等に対する罪

改正法は、知的財産権及び工業所有権に対する罪の刑を加重し、かつ、犯罪の実態に即応する改正をほどこした。

特許権を無断で侵害する物の製造、輸入、所持、利用等は、六月以上二年以下の自由刑及び一二月～二四月の罰金（二七三条一項）（罰金刑の引上げ）。

工業所有権者に無断で、工業所有権の対象物を再製、模造、改造し、その他の方法で不当に利用する行為も、前条一項と同様の刑を科せられる（二七四条一項）。

登録された植物の所持者の同意を得ないで、それらの植物を生産、栽培、売買、輸出入するなどの行為も、同様の刑に処せられる（三項。新設）。

㈣　環境犯罪その他

一九七八年のスペイン憲法は、環境保持を**基本的な人間義務**として規定している。これを承けて、刑法は環境破壊罪とも呼ぶことのできる犯罪類型を設けている。すなわち、環境保護に関する法令に違反して、直接又は間接に、大気、地面、地下、地下水又は海水に、自然体系の均衡を著しく害するような物質を排出し、放熱し、掘削等をする行為、騒音、震動を生じさせるなど一連の行為を六月以上四年以下の自由刑、罰金、三年以下の職業禁止に処している。人の健康に対する重大な侵害の危険が生じたときは、六年以下の自由刑に処する（三二五条一項）。

改正法によれば、空気中、下水、地中、海水中にある物質に対し、放射性物質その他の物質を故意に発出、排出、生成させ、その結果、人の死又は疾病を生じさせた者は、傷害の罪に対する刑のほか、二年以上四年以下の自由刑に処する（三二五条二項）。これは、新設規定である。

なお、特色のある犯罪類型として、雇用差別罪とでも名づけることのできる罪を紹介しよう。公私を問わず、労働者のイデオロギー、宗教、信仰、人種、種族、国籍、性別、家族状況、疾病等を理由として、いかなる人に対してであれ、雇傭において重大な差別をした者は、六月以上二年以下の自由刑又は一二月以上二四月以下の罰金に処する（三一四条）。これは、一九九五年刑法に設けられていた規定であるが、改正法で罰金刑の日数を二倍に加重したものである。

刑法改正に伴い、刑訴法の多くの條文について一部改正が行われている。

また、少年法（二〇〇〇年一月一二日公布、二〇〇一年一月一三日施行）〔正式の名称は、「少年の刑事責任規制法」という〕には、わずかの一部改正がほどこされたにとどまる。

なお、「少年」（menores）とは、行為時を基準として一八歳未満の者をいう（一条四項）。目下、少年年齢の引下げが検討されている由である。

（1）「政治的」（politicos）の言葉が挿入された意義は、大きい。政治殺人も人道に対する罪に含まれることになったからである。

（判例時報一九一一号、二〇〇六年）

17　ポルトガルの新刑法典（上）

❖ 一九八二年刑法から一九九五年刑法へ

一五四三年、三人のポルトガル人が、鹿児島・種子島に漂着した。これが、日本人とヨーロッパ人との最初の出会いであった。同時に、日本人が初めて接したヨーロッパ語は、ポルトガル語であった。

ポルトガル人の種子島漂着から六年後の一五四九年、キリスト教布教のためにイエズス会のフランシスコ・ザビエル（スペイン人）が来日した。以来、多くのポルトガル人や宣教師がやって来た。その時から鎖国までの、「キリシタンの世紀」と呼ばれる一世紀足らずの間に、日本人は、ポルトガル人宣教師を介して、キリスト教をはじめ、当時のヨーロッパの先進的な技術や知識に接し、それを学び取った。

そのような関係で、多くのポルトガル語が、今日、日本語となっている。たとえば、パン（pão）、タバコ（tabaco）、カルタ（carta）、コップ（copo）、オルガン（órgão）など、数え上げれば切りがないほどである。

ポルトガルの現行刑法典は、一九八二年九月制定にかかるものであるが（一九八三年一月一日施行）、一九九五年二月一七日に改正法が公布され、同年一〇月一日から施行されたものである。

一九八二年制定の刑法典は、制定当時から改正が検討されていた。それは、一九七四年の無血革命「リスボンの春」（サラザール体制の崩壊）以降、不安定な政権交替をくり返して来たポルトガルが、一九八五年に社会民主党を率いるシルバ首相が長期の政権を維持したこと、八六年にＥＣに加盟して以来、年平均四・六％の実質経済成長率を続けたことなどを背景とするであろう。

一八五二年制定の旧々刑法はフランス刑法の影響を強く受けたものであったが、今やフランス、ドイツ、イタリアおよびスイスから範を取り、法治国思想を基本とするものとなった。

実は、私がポルトガル刑法を勉強しようと思い立ったのは、ちょっとしたきっかけからである。一九八八年一〇月、ヨーロッパ評議会（Council of Europe）の閣僚委員会は、「企業活動の遂行中に犯された罪に対する法人企業の責任」に関する勧告（NºR〔88〕18）を発した。この勧告と理由書が、『企業の犯罪責任』（Responsabilité des entreprises pour infractions）と題する冊子として、一九九〇年、同委員会から刊行されている。

その中で、伝統的な「責任」概念を放棄し、企業に対し、ドイツの Geldbusse（秩序違反金）、ポルトガルのコイマ（coima）またはスウェーデンの företagsbot（会社罰金）のごとき準刑罰的金銭制裁のみを科せられる特別な責任を創設する旨が説かれている。

ここで、"coima"とは何ぞや、という問題に遭遇した。永らくこの疑問をいだいていたところ、一九九六年、イタリアのレッチェ（Lecce）で開かれた第一三回国際社会防衛会議に出席した折、コインブラ大学（ポルトガル）のディアス（Jorge de Figueiredo Dias）教授に会ったので、この質問をした。彼によれば、「"coima"は、一九八二年の緊急政令三二三号によって創設された制度であって、ドイツのGeldbusse（秩序違反金）に当たる」とのこと。これで、疑問は氷解した。

それでは、"coima"の制度を調べてみようと思い、ポルトガルの刑法典（Código penal）の最新版（一九九五年版）を購入した。「ポルトガル語は、スペイン語に似ているから、なんとか読めるだろう」と思ったが、この考えは甘かった。

「かくなる上は……」という訳で、ポルトガル語の文法書と辞書を買い、ポルトガル語の勉強を始めた。よもや、七四歳にもなってから新しい言葉の勉強をするとは、思いもしないことであった。「語学の勉強は、ボケ防止に役立つ」と言われているが、その効果のほどは、どうであろうか。

さて、一九八二年刑法（以下「旧刑法」という）は、施行以来、早くも全面改正が必要とされていた。一九七六年憲法の精神により良く適合させ、かつ、刑事立法政策の見地から法治国思想を具現することが目ざされたのである。

具体的には、罪刑法定主義と保安処分法定主義の確立、憲法的価値秩序への適合原則の実現、責任主義、人間の尊厳の不侵害主義、人道主義などを具体化することが基本的諸原則とされている。[1]新刑法典は、第一部「刑法」（一三〇か条）と第二部「各則」（二五六か条）の合計三八六か条から成る。

ここで注目されるのは、違警罪にあたるものが刑法典から排除されて、秩序違反（contra-ordenação）とされ、秩序違反に対して非刑罰的ないし準刑罰的性格をもつ金銭的制裁である違反金（coima）が科せられていることである。これは、ドイツ法において秩序違反（Ordnungswidrigkeit）に対して秩序違反金が科せられているのに相応する。

以下、新刑法典における特徴的な規定を取り上げて紹介する。

（1）　Figueiredo Dias, Das portugiesische Strafgesetzbuch von 1982 in der Bewährung, ZStW Bd. 105, S. 77.

❖ 新刑法の基本原則、犯罪の形態

一条（法定主義）は、罪刑法定主義（一項）と保安処分法定主義（二項）を規定する。「保安処分は、行為に先立って要件を定めた法律に従い、危険性（estados de perigosidade）に応じて適用することができる。」

七条（犯罪行為地）「行為は、共犯又は正犯が行為の全部若しくは一部を行った地、又は不作為の場合には、行為すべきはずであった地及び主たる結果が発生した地で行われたものとみなす。」

九条（青年 jovens のための特別規定）によれば、一六歳以上二一歳未満の者には特別規定が適用される。これは、一六歳未満の者が刑事無責任とされていること（一九条）と関連する規定である。この特別規定として、一九八二年九月二三日、緊急政令四〇一号が設けられている。

一一条（責任の個人的性格）は、「特別の定めのある場合を除いて、個人のみが刑事責任を問われることがある。」と規定して、個人責任の原則を掲げる。

この原則をやや修正する意味をもつのは、一二条（他人の名における実行 Actuação em nome de outrem）である。同条によれば、人的集合体、法人若しくは単なる事実上の結社の機関の資格において故意に行為した者、又は他人の法定代理人若しくは任意の代理人として行為した者は、刑事責任を負う。このことは、その犯罪行為が代表・代理された法人等のために行われたときでも、また、行為者が自己又は会社等の利益のために行ったときでも、同様である。

第二章「犯罪の形態」の中で注目されるのは、正犯と共犯に関する規定である。

正犯（autoria）とは、自ら若しくは他人を介して所為を実行し、又は他人と共謀し若しくは共同して実行に直接関与した者、及び故意に他人を教唆して犯罪を実行させた者をいう（二六条）。これによれば、直接正犯・間接正犯のみならず、教唆犯も「正犯」とされていることになる。

これに対し、幇助（cumplicidade）とは、故意に、かつ、なんらかの形態で、有形的又は無形的幇助をして他人の故意行為を実行させた者をいう（二七条）。

第三章「違法性阻却事由及び責任阻却事由」では、違法性阻却事由として、正当防衛、権利の行使、義務の履行、被害者の同意と並んで、違法性を阻却する緊急避難が規定されている。

緊急避難については、法益衡量説に基づくいわゆる二分説の立場が採られている。すなわち、自己又は他人の法益に対する現在の危難を避けるため行為した場合、避けようとした法益がぎせいにされた法益に比して優越しているときに違法性が阻却され（三四条）、この法益優越の要件を充たさないときは、責任を阻却する緊急避難（estado de necessidade desculpante）となる（三五条）。

義務衝突（conflit de deveres）にあっても、法益衡量原則が妥当する限り、行為の違法性が阻却される（三六条）。

第三編「行為の法的効果」は、刑と保安処分に関し、七八か条に及ぶ詳細な規定を設けている。まず、第一章「前文」は、次のとおり規定する。

第四〇条（刑及び保安処分の目的）

① 刑及び保安処分の適用は、法益の保護及び行為者の社会復帰を目的とする。
② いかなる場合にも、刑は、責任の限度を超えることができない。
③ 保安処分は、行為の重大性及び行為者の危険性に相応してのみ適用することができる。

これは、責任主義および刑事政策目的に照らして刑事制裁（刑および保安処分）に適用上の基本原則を明記したもので、新法の性格をよく物語る規定である。

刑（penas）は、主刑と付加刑（penas acessorias）とに分かれる。

主刑は、自由刑と罰金の二種類のみである。死刑は、つとに廃止されている。

自由刑（pena de prisão）は、原則として一月以上二〇年以下であるが（四一条一項）、法律の定める場合には、最高二五年であって（二項）、いかなる場合にも二五年を超えることはできない（三項）。これによれば、自由刑は、有期刑のみであって、無期刑はない。

六月未満の自由刑は、再犯防止のために必要な場合を除いて、罰金又はその他の自由制限刑（補充刑）をもって代替することができる（四四条）。

三月未満の自由刑は、裁判所が定める形態の休日拘禁（prisão por dias livres）で執行する（四五条一項）。休日拘禁は、一八回を超えない週末拘禁に相応する期間の自由剥奪を内容とする（二項）。一回の拘禁期間は、三六時間以上四八時間以下とし、継続した五日の拘禁に相当するものとする（三項）。

三月未満の自由刑は、受刑者が同意する場合、半拘禁（semidetenção）の制度で執行することができる（四六条一項）。ここで「半拘禁」というのは、外部通勤・外部通学のことであって、しかも、受刑者の通常の職業活動又は通学を許すものである（二項参照）。

半拘禁は、受刑の当初から許される。受刑者は、夜間と休日には、刑事施設（多分、ハーフウェイ・ハウスのごときものであろう）に収容される。

罰金は、すべて日数罰金とされ、その期間は、原則として一〇日以上三六〇日以下である（四七条一項）。日額は、二〇〇エスクード以上一〇万エスクード以下の間で、裁判所が被告人の経済状況や負債を考慮してこれを定める（二項）。

ちなみに、現在、一エスクードは、約七六銭である。

（あとがき）

ポルトガルは、一九九九年一月一日、ユーロを導入し、二〇〇二年二月二八日、エスクードの流通を停止した。

（判例時報一六五一号、一九九八年）

18　ポルトガルの新刑法典（下）

❀ 保安処分、代替刑

付加刑（penas acessórias）には、職業禁止（六六条）、職業停止（六七条）および運転免許の禁止（六九条）がある。

第五章「相対的不定期刑」（pena relativamente indeterminada）は、興味深い。傾向犯人（delinquentes per tendencia）並びにアルコール中毒者と麻薬濫用者に相対的不定期刑を科することとしているのである。

傾向犯人――ドイツ語の Hangtäter に相応する――とは、二回以上、二年以上の自由刑に処せられた者が二年以上の自由刑にあたる故意犯を犯した場合において、顕著な固執的犯罪傾向を有するものをいう（八三条一項）。

不定期刑の短期は、犯した罪に具体的に科せられるべき刑の三分の二であり、長期は、それに六年を加算したものである（八三条二項）。

相対的不定期刑については、責任主義と相容れるか、責任の限度を超えた部分については保安処分の性格をもつ保安刑と解すべきではないか、という議論が、ポルトガルで展開されているようである。

ポルトガルは、刑事制裁として刑及び保安処分の二種類から成る二元主義を採用している。保安処分（medidas de sequrança）は、自由を剥奪する保安処分（収容保安処分）と自由を剥奪しない保安処分（自由制限的保安処分）とから成る。

精神障害による責任無能力者（二〇条参照）が精神障害の程度及び犯した行為の重大性のゆえに、同種の罪を犯すおそれがあると認められるとき、裁判所は、治療施設への収容を命ずる（九一条一項）。

収容期間の下限は、三年（九一条二項）。上限は、犯した罪の法定刑の長期を超えることはできない（九二条二項）。犯した罪が八年を超える自由刑にあたる場合において同種の罪を犯す危険性がなお存続するときは、収容期間は二年ごとに更新される（同条三項）。

裁判所は、本人の請求により、又は（請求なくても）二年ごとに収容中止を正当化する事由の存否につき審査し（九三条）、審査の結果、収容の目的が半ば達せられたと認めるときは、仮出所を許す（九四条一項）。収容の目的が達せられたと認めるときは、出所（収容の終了）を許す（九八条一項）。

自由制限的保安処分には、⑴職業活動等の重大な濫用をした者に対する職業活動の禁止（一〇〇条）および⑵運転中に罪を犯し、又は運転に伴う重大な義務に違反して罪を犯して有罪判決を受けた場合に裁判所が命ずる運転免許の取消し（一〇一条）がある。

これらの処分が付加刑としての職業禁止（六六条）や運転免許の停止（六九条）と法的性質においてどう異なるのか、疑問が残る。

ところで、第七章の「精神障害のある責任能力者の収容」は、精神障害のある責任能力者に対し自由刑の言渡しをする場合、裁判所がその刑の期間に相応する期間、その者の治療施設に収容することを命ずる旨、規定する（一〇四条、一〇五条）。

新刑法は限定責任能力の法的カテゴリーを認めていないので、この措置の対象者は精神障害のある限定責任能力者かと思われる。

この措置が「保安処分」のカテゴリーに属するものとされていないのは、行為者の危険性に相応する不定期間の収容を内容とするものではないからであろうか。

没収（perda）は、刑でも保安処分でもない、特別の処分とされている（一〇九条以下）。独立没収の制度が採用されている（一〇九条二項）。

新刑法では、刑は責任の限度を超えてはならず、保安処分は、犯した行為の重さと行為者の危険性に相応する限度でのみ適用される。この立場から見れば、刑も保安処分も均衡の原則と謙抑主義を基本としていることになる。

刑と保安処分が併科された場合には、保安処分が先に執行される（九九条一項）。

以上、新刑法における刑事制裁の体系とその運用に関する諸規定を瞥見した。そこで特徴的なことは、自由刑の実刑を回避または制限するための代替措置が積極的に導入されていることである。

その第一は、一年以下の自由刑に代替する社会奉仕作業（trabalho a favor da comunidade）の創設である（五八条）。

社会奉仕作業は、本人の同意を得て、三六時間以上三八〇時間以下の間で裁判所が定める時間、国、公法上の団体、社会福祉施設等に無報酬の奉仕をすることを内容とする。これは、刑の一種とされている（五八条五項参照）。その意味で、代替刑である。

その二は、六月以下の自由刑を罰金で代替し、三月以下の自由刑を休日拘禁や半拘禁の形態で執行し、罰金を社会奉仕作業で代替することである。

❈ 各則の特色、コイマ

第二部「各則」では、特別構成要件が整理されて条文数が減少したこと、体系的観点から理解しやすくなったことが特色とされる。

「各則」における犯罪類型は、重要とみなされる法益の順に排列されている。第一編「人に対する罪」（一三一条〜二〇一条）、第二編「財産に対する罪」（二〇二条〜二三五条）、第三編「平和及び人道に対する罪」（二三六条〜二四六条）、第四編「社会生活に対する罪」（二四七条〜三〇七条）および第五編「国家に対する罪」（三〇八条〜三八六条）が、それである。

若干の代表的または特徴的な罪について説明しよう。

殺人については、〔普通〕殺人（八年以上一六年以下の自由刑）、加重殺人（一二年〜二五年）、激情、憐み、絶望、社会的・道徳的に高い価値の動機にもとづく特別（扱いされる）殺人（一年〜五年）、嘱託殺人（三年以下）、自殺の教唆・幇助（三年以下）、嬰児殺（一年〜五年）の規定がある。

激情、憐み等による傷害は、一三三条に準じて特別（扱いされる）傷害として、特別減軽された刑が適用される（一四七条）。

第五章「性的自由及び自己決定に対する罪」は、性犯罪を新しい見地から捉えようとしているように見える。

強制わいせつ（一六三条。一年〜八年の自由刑）に続いて、強姦罪（一六四条。三年〜一〇年の自由刑）が規定されている。強姦罪には、暴行・脅迫等の手段を用いて女子を姦淫する場合（一項）と並んで、同様の方法により他人（女子に限らない）の肛門を姦淫する場合（二項）とがある。

この姦淫の二形態は、抵抗不能者の性的濫用（一六五条。同じ法定刑）、被収容者の性的濫用（一六五条）、性的詐欺（一六七条、二年以下）にも同様な構成要件で採り入れられている。

第二編「財産に対する罪」の最初に規定されている〔単純〕窃盗（二〇三条）は、自己又は他人に領得する意思をもって他人の動産を窃取する行為であって、三年以下の自由刑又は罰金に処せられる。

加重窃盗は、五年以下の自由刑又は六〇〇日以下の罰金（二〇四条一項）、特別加重窃盗は、二年以上八年以下の自由刑（二項）。

これと同様なことが、詐欺（二一七条）と加重詐欺（二一八条）についても規定されている。

第三編「平和及び人道に対する罪」では、戦争への煽動（二三六条）、傭兵の募集（二三八条）、集団殺害（二三九条）、人種差別（二四〇条）、拷問その他残虐な、品位を傷つける他人の取扱い（二四三条）、重大な拷問（二四四条）などの各罪が規定されている。

第四編「社会生活に対する罪」では、犯罪的結社（二九九条）、テロリスト団体（三〇〇条）、テロ行為（三〇一条）の各罪が規定されていることが注目される。

たとえば、犯罪を犯すことを目的とする団体・結社を発起又は組織した者及びそれに加入した者は、一年以上五年以下の自由刑に、また、指揮・統率した者は、二年以上八年以下の自由刑に処せられる（二九九条）。

テロリスト団体結成罪の刑は、なかなかきびしい。テロリスト団体等を発起・組織した者は、五年以上一五年以下（三〇〇条一項）、指揮・統率した者は、一〇年以上一五年以下（二項）、テロリスト団体結成の予備をした者は、一年以上八年以下（五項）の各自由刑に処せられる。

ところで、刑法典ではないが、一九九三年九月一五日の緊急勅令（decreto-lei）三一三号は、資金洗浄（branqueamento de capitais）規制法ともいうべきものである。これは、一九九一年六月一〇日のヨーロッパ共同体の「マネー・ロンダリングに関する指令」を承けて制定されたものである。同指令は、マネロン防止のため必要な措置を講ずること、その措置の違反に適用される罰則を整備すべきことを規定している（一四条）。ここにいう「罰則」は、必ずしも刑罰に限らず、行政罰その他の制裁措置を含む。

上記の緊急政令は、信用機関、金融機関、保険会社等に対し、顧客の身元確認義務、証拠保全義務、当局への通報義務等を課している。それらの規定は、ヨーロッパ共同体指令を国内で実施するためのものである。

これらの規定の違反は、「秩序違反」（contra-ordenaçoes）を構成する。つまり、行政規制の違反は、「犯罪」ではなくて、「秩序違反」という名称の違反と捉えられている。

秩序違反に問われる主体は、金融機関等と個人である（一七条）。秩序違反は、過失も罰せられる（二二条）。公訴の時効は、（故意・過失を問わず）五年である（二三条）。

秩序違反は、その軽重によって、(1)通常の秩序違反と(2)重大な秩序違反との二つに分類される。

通常の秩序違反は、(a)一五万エスクードから一億五千万エスクードまで、または(b)五万エスクードから五千万エスクードまでのコイマ（coima 違反金）に処せられる（二四条）。

重大な秩序違反は、(a)一〇〇万エスクードから五億エスクードまで、または(b)五〇万エスクードから二億エスクードまでのコイマに処せられる（二五条）。

このように見ると、コイマは、わが国の行政罰である過料に相当するであろう。ポルトガル語の辞書によれば、コイマには罰金という訳語もある。しかし、刑事法の観点からすれば、罰金（multa）と違反金（coima）とは異なる。

秩序違反の調査をする権限は、監督官庁に属し、制裁の適用は、大蔵大臣の権限に属する（二八条）。制裁（すなわち、コイマ）の適用に関する不服申立てについて審理する権限を有するのは、リスボン商事裁判所である（三〇条）。

このようなところから、コイマは、半刑罰的ないし準刑罰的制裁と解されているのであろう。

（判例時報一六五四号、一九九八年）

19　ポルトガル旅情

パリからリスボンへ

二〇〇二年五月一六日の朝、パリのドゴール空港から、国際会議の開かれるポルトガルの首都リスボンに向けて飛び立った。ほぼ満席のＡＦ（フランス航空）機に乗る日本人は、私一人であった。

窓外に紺碧の空を眺めながら、パリで見た一つのことに思いをめぐらせた。

五月一三日の正午すぎ、東京成田空港を発ってパリに向かい、その日の午後六時（夏時間）ごろ、ドゴール空港に着いた。ホテルに入って一服していると、少し空腹を覚えた。「何か、軽いものを食べよう」と思い、街に出ると、なんと、日本料理店の隣にSEX SHOPという派手な看板を掲げた店が二軒ある。しかも、そのうちの一軒は、玄関の両側に日の丸をあざやかに画き、JAPAN SYSTEMと書いてある。

店に入って見ると、SEXOLOGY（セックス学）という、聞いたこともない新語の貼り紙が眼に付く。「〇〇学」という造語ばやりの御時世とはいえ、これには参った。

店内には、ポルノ写真雑誌やポルノ・ビデオが陳列台や棚に所狭しとばかり置かれている。「新入荷」、「日本製」という表示のある棚には、日本人ポルノ男女優の淫乱姿態の表紙付きビデオが、ずらりと並んでいる。その隣には、中国製などを並べた「アジア・コーナー」がある。

ホテルは、コンコルド広場（かつての革命広場）、海軍省および司法省から近く、しかも有名なマドレーヌ教会（ギリシャ式神殿を思わせる大きな教会）のある通りに面している。この界隈にポルノ・ショップがあるとは驚きだが、フランスもスウェーデン、ドイツ、オランダなどと同様に事実上、ポルノ解禁状態に近づいたのか、と恐れ入った。

「何が、ジャパン・システムか」と店員に尋ねようと思って横を見ると、地下に行く階段がある。どうやら、ポルノ劇場か上映室があるらしい。そこに行って実況見分すれば、「ジャパン・システム」の意味を理解しえたかも知れない。だが、パリの夜一〇時は、日本時間の午前五時である。疲れが、どっと出て来た。実況見分をやめて、ホテルに帰って就寝。

リスボン行きの飛行機の中で、「セックス学の実行におけるジャパン・システムとは、何ぞや」という疑問が、湧いてきた。やはり、実況見分すべきであったか、などと考えているうちに、搭乗機は、リスボン空港への着陸態勢に入った。

初めて訪れるリスボン（Lisboa）は、由緒のある美しい首都だ。人口は、市内で約八〇万人、郊外を含めて一〇〇万人余とか。ここでは、不思議な郷愁情緒がほのぼのと味わえる。近代化された大都市には見られない郷愁が、古い教会堂や薄汚れた石畳の街路からも感じられるのだ。なによりも気に入ったのは、物価の安いこと、人びとの素朴な人なつかしさと親切だ。ホテルに着いて、なにはともあれ、市内見物とばかり、旧市街の中心ロシオ（Rossio）広場に行くべく、地下鉄のオライアス（Olaias）駅に行った。

驚いた。なんと色彩豊かで、広々として芸術的雰囲気さえ感じさせる駅であろうか。しかも、大理石の産出国にふさわしく、大理石がふんだんに使われている。なお、市の中心部では、地下鉄の駅は、他の都市と似たようなものであった。

ロシオ広場から土産物店の多い旧市街を南に歩いて行くと、テージョ河（Rio Tejo）に臨むコメルシオ広場に出る。ここは、ヨーロッパで最も美しい広場の一つと言われる。

気温は高くて、早や初夏の感じだ。たくさんの観光客が半袖姿で、見物を楽しんでいる。日本から見れば、ポルトガルは、遠いイベリア半島の最南端の国だが、ヨーロッパの人びとにとっては、パリから飛行機で二時間という具合に近くて、しかも戦争によって破壊されることのなかった（第二次大戦では中立を守った）、古い歴史をもつ観光の国なのだ。

リスボン名物は、小型電車風の市バス、昔なつかしい市電、七つの丘にふさわしいケーブルカーだ。私も、市バス（〇・九ユーロ。約一一〇円）に乗って市内をぐるぐる回った。丘の多いリスボンでは、良く発達したバスと市電が、市民の足となっている。バスに乗っていると、長い歴史の面影をとどめる建物が多く存在する一方、新しいビルがあちこちで建築されており（建築中のものもある）、それらが、上品な味わいの色彩を帯びていることに気づく。

翌日の午前、新倉教授と共にリスボン大学（地下鉄の大学都市 Cidade Universitaria で下車）を訪れた。ここは、丘の上に広大な敷地をもつ堂々たる総合大学だ。法学部の玄関正面（ファサード）の両側には、法史に名をとどめるユスティニアーヌス帝らの立像が、いくつも画かれていた。

ファティマ巡礼、世界遺産の数々

ポルトガル（人口、一、〇二〇万人）は、日本人にとって親近感のある国だ。一五四三年にポルトガル人が種子島に漂着して以来、日本人は、ポルトガル人宣教師を介して先進的なヨーロッパ文化を学んだ。パン、タバコなど、日本語となっているポルトガル語は、実に多い。

ポルトガルは、興味の尽きることのない歴史と観光の国だ。国際会議の閉会式のあと、私は、新倉、吉中両教授と共に観光バスで、リスボン西部の旅を楽しんだ。

シントラ（Shintra）は、リスボンの北西二八キロにある深い森の緑と王宮、宮殿、山上の奇城が作る別世界だ。世界遺産に指定されたこの町は、中世そのままかと思われるような、細く曲がりくねった石畳の小道、今なお百万長者が住む豪壮な館、すばらしい眺望などによって、観光客の心をつかむ。

ロカ岬（Cabo da Roca）は、ヨーロッパ大陸の最西端の岬だ。ここには、「ここで陸終り、海始まる」という、一六世紀のポルトガルの詩人カモンネスの詩の一節が刻まれた記念碑が立っている。観光客のだれもが、この碑を背景にして写真をとる。岬に立てば、大西洋を吹き渡る風が強い。はるけくも来つるものかな、という感慨が胸をよぎる。

太陽の海岸（Costa da Sol）と呼ばれる高級リゾート地帯の中心エストリル（Estoril）、さらに、ポルトガル一といわれる美しい海岸風景をもつカサカイス（Casacais）も、思い出に残る。

五月二〇日、私の長年の夢であったファティマ巡礼をした。

ファティマ（Fatima）は、リスボンの北一四〇キロにあり、現代の奇跡、聖母マリア出現の聖地として知られている。フランスのピレネー山脈の麓にあるルルド（Lourdes）と並んで、世界のカトリック教徒にとっては、二つの大きな巡礼地である。

第一次世界大戦中の一九一七年五月一三日、三人の子どもの羊飼いが丘の上でいつものように羊の世話をしていると、突然、空が輝き、樫の木の上に美しい女性（聖母）が姿を現した。その女性は、今後六か月、毎月一三日に現れて平和を祈願すると語った。一か月後、聖母は、三人の羊飼いに三つの秘密を語った。最後の出現の日に聖母が預言したように、第一次大戦は、同年一一月に終わった。

この事件は、一九三〇年、レイリアの司教によって奇跡と認められ、この地は聖地となった。そして、聖母マリアに捧げられた新古典様式の、高さ六四メートルのバジリカ（大聖堂）が、一九五三年に建立された。

毎月一三日はもとより、各週末や大祝日には何万人もの信者が世界各地から巡礼にやって来て、バジリカ前の広場（ローマのサン・ピエトロ広場の二倍）を埋めつくし、厳粛なミサが行われる。夜は、ローソク行列。その神秘的な光景は、絵葉書からしのばれる。

現教皇ヨハネ・パウロ二世は、二度、ファティマを訪れた。

一九八一年、教皇は、サン・ピエトロ広場で狂信的青年にピストルで撃たれたが、奇跡的に一命を取り止めた。手術の際に抽出された弾丸は、ファティマの聖母マリアの王冠に飾られている。教皇は、聖母が自分の命を守ってくださったとして、聖母をたたえ、聖母に感謝の祈りを捧げた。

ファティマ巡礼は、観光バスを利用するのが、好都合である。ホテルで申込みをすればよい。バス・センターから一四時三〇分に出るバスは、ファティマ直行。巡礼を終えて、二一時ごろリスボンに帰る。

私は、一日コースを申し込んだ。九時にバス・センターを発って、オビドス（Obidos）など観光名所に立ち寄って、景勝の海岸の町ナザレ（Nazaré）で昼食。

印象に残るのは、こんもりとした丘の上、城壁に囲まれてうずくまるオビドス（リスボンの北八七キロ）の町だ。この町は、白壁の家々と長い年月のうちに築かれた落着いた町並みとが、中世的な独特の情緒と風情を見せ、ポルトガル有数の美しい町といわれている。一二世紀に修復された城壁に登って眺めた景色の美しさは、今もなお心に残っている。

アルコバサ（Alcobaça）（リスボンの北一一六キロ）には、美しいたたずまいを見せる、ポルトガルの代表的な建国ゆかりの修道院（世界遺産に登録された）がある。

この修道院には、王妃の侍女に恋した王子の悲劇のロマンスがまつわっている。父アルフォンソ四世の王子ペドロは、父からスペインの姫との政略結婚を強いられたのだが、気品高く美しい侍女イネスに心を奪われた。恋に落ちた二人は、密かに結婚し、コインブラに駆け落ちした（三人の子が生まれた）。が、スペインからの政治的圧力を恐れた父王は、イネスを殺害した。父死亡の後、王位に就いたペドロは、イネスとの結婚こそ正当であると教会に認めさせた。

いま、アルコバサの修道院内にペドロの墓とイネスの墓は、向かい合って眠っている。この墓は、ゴシック様式のもので、一四世紀ポルトガルの墓芸術の中で最も美しいものと言われている。

北ポルトガルは、緑豊かで、牧歌的なポルトガルが一番良く残っている地方である。この地方最大の都市は、ポルト・ワインで知られるポルト（Porto）である。

コインブラ（Coimbra）は、一一世紀から一三世紀までポルトガル王国最初の首都であった。七〇〇年の長い歴史をもつコインブラ大学は、一五三七年以降、約四〇〇年間、人文主義の輝かしい中心の一つであった。その名残りをとどめる都市コインブラは、風格のある落ち着いた街並みによって観光客の心を惹きつけている。
ポルトガルは、もう一度訪れたいという郷愁を誘う国である。

（判例時報一七九九号、二〇〇二年）

第二部　アジア

1　アジア諸国との刑事司法協力

❖ アジ研セミナー

一九八四年二月一四日から三月一七日まで、東京都府中市にあるアジ研（アジア極東犯罪防止研修所）で「刑事司法の運営に関する国際協力」を主要議題とする第六五回高官国際セミナーが開かれた。

周知のように、アジ研（ＵＮＡＦＥＩ）は、犯罪防止に関して国連が有する二つの研究機関の一つである。もう一つの研究所は、ローマにあるＵＮＳＤＲＩ（United Nations Social Defence Research Institute）である。ローマのＵＮＳＤＲＩは、千年以上の歴史をもつジュリア通り（Via Giulia）にあり、しかも五、六百年前の刑務所の建物を転用したものである。ここでは、その名のとおり、研究に主眼が置かれている。

これに対し、アジ研は、装いも新たなモダンな建物で、ここでは、主として研修が行われている。今回の第六五回セミナーは、日本およびアジアを中心とする諸外国における刑事司法制度およびその運用に関する諸問題、特に刑事司法の運営に関する国際協力をめぐる諸問題を総合的に検討することにより、関係諸国における国際協力の発展に寄与することを目的としたものであった。

セミナーの参加者は、二〇の外国から二一名、日本から六名であった。外国からの参加者には、単にアジア諸国からのみならず、エチオピア、モロッコおよびスーダンという南アフリカの国々をはじめ、遠くコロンビア、コスタ・リカおよびペルーという南米の国々からの参加者も含まれていた。日本側の参加者は、法務省から四名、裁判所と警察庁から各一名であった。

参加者の国名から分かるように、アジ研は、もはや「アジア極東」の研修所ではなくて、世界の研修所、国際研修所というにふさわしいものになりつつある。

第六五回セミナーの討議研究の主な論点は、次のとおりであった。

a　各国の国際協力制度の概要
b　情報の交換に関する国際協力
c　逃亡犯罪人引渡し
d　捜査段階における共助
e　公判段階における共助
f　保護観察および受刑者移送（刑の執行の承継）
g　研修・研究に関する国際協力

このセミナーには、「高官国際セミナー」という名が付けられているとおり、刑事司法の運営に携わっている上級幹部職員が参加した。外国人参加者の中には、最高裁判所判事、最高裁判所事務総長、矯正局長、内務省警察局長、内務省官房長という高官らが含まれている。

❖ 異なる法系の国々

このセミナーには、日本政府から招かれた客員専門家として、米国、西ドイツなどから四名が来日して講義し、日本側から三名が講義した。

私は、二月一六日、このセミナーのトップ・バッターとして、「刑事に関する国際司法協力」(International judicial cooperation in criminal matters) と題する講義をした。内容は、犯罪人引渡し、狭義の刑事司法共助、捜査共助、外国刑事判決の執行（受刑者移送）に係るものであって、特にアジア諸国を中心にして、どのようにしてコモン・ロー (common law) 国の法制とシヴィル・ロー (civil law) 国の法制との調和をはかるか、に主眼を置くものであった。

ここでシヴィル・ローというのは、ローマ法およびゲルマン法 (Roman and Teutonic law) 系の法を指すようである。外国の文献では、大陸法 (continental law) という表現よりもシヴィル・ローという表現が、一般に用いられている。

国際刑事司法協力という表現は、最広義の国際刑事司法共助を指す便利な表現として用いられている。そこでは、諸国間の法制の違いをどう調和するかが、最も困難な課題となる。世界の法系は、分類の仕方いかんにより、八つあるとも、それ以上あるともいわれる。その中で、現今の文明国で最も重要な意味をもつのは、コモン・ローとシヴィル・ローである。ところが、この二つの法系の間では、司法制度、刑事法、刑事制裁の体制において大きな相違が存在する。

アジ研セミナーに参加した二〇か国を法系別に分類したところ、次のようである。

A　コモン・ロー国　……バングラデシュ、フィジー、香港、インド、マレーシア、ネパール、スリランカ、トンガ
B　シヴィル・ロー国　……コロンビア、コスタリカ、ペルー、タイ、トルコ
C　シヴィル・ローと社会主義法の国　……エチオピア
D　シヴィル・ローとイスラム法の国　……インドネシア、モロッコ、サウジ・アラビア
E　コモン・ローとイスラム法の国　……パキスタン
F　イスラム法の国　……スーダン
G　シヴィル・ローと日本法影響下の国　……韓国

アジアには、このほか、シンガポールやフィリッピンのようにコモン・ロー国に属する国がある。アジアにはかつての英国の植民地、英連邦の国、英国の属領が多いことが、コモン・ロー国の多い理由として考えられる。

われわれは、しばしば英米法（Anglo-American law）という大雑把な言い方をするが、国際刑事司法協力に関しては、英法と米法との間にはかなりの違いがあるように思われる。まして、基本的にはコモン・ロー系に属するとはいえ、独立してわが道を往く国々がかつての宗主国の法制に修正をほどこし、独自の発展を遂げるであろうことは、十分予想されるところである。しかるに、灯台下暗しのたとえのように、われわれは、あまりにもアジアの友邦国の事情に暗い。

イスラム法系の国の法制については、わが国の研究は、今ようやくスタート・ラインについたところである。イスラム法の研究は、単に比較法的意義をもつだけではない。イスラム法では、窃盗犯人の指または手を切断するなどの身体刑が規定されている。それらの国への犯罪人引渡しは、わが国としては人道的見地から許諾することができない。少なくとも、身体刑を科さないという条件を付し、その条件の遵守が保証されるときに限り、引渡しを許諾することができる。受刑者の移送（transfer of sentenced persons）にあっても、同様である。

それでは、狭義の刑事司法共助にあっては、どうなるのか。これへの回答は難しい。シヴィル・ローまたはコモン・ローは、どのようにイスラム法と融合しているのであろうか。

セミナーの講義において、私は、諸国の法制の相互理解と法制の違いを融和することの重要性とを強調した。この提言は、参加者一同から好感をもって受け容れられたようである。問題は、今後これをどのようにして実現するかである。

❖ 提起された問題

アジ研セミナーでは、外国人参加者から貴重な意見や質問が寄せられた。その中の一つに、トルコのユーチェル（Yücel）氏（司法省付判事）から出された意見は、傾聴に値する。

一九〇五年の日本の「外国裁判所ノ嘱託ニ因ル共助法」（明治三八年法律六三号）第一条の二は、法律上の輔助をなすために具備すべき条件として、「嘱託カ外交機関ヲ経由シタルモノナルコト」（一号）、「日本語ヲ以テ作成セサル嘱託書其ノ関係書類ニハ日本語ノ翻訳文ヲ添附スルコト」（四号）を掲げている。

ユーチェル氏は、一号については、外交ルート以外に、例えば、（外国の）司法省――（日本の）法務省ルートを認めるべきこと、四号については、日本語の翻訳文の代わりに、例えば英語の翻訳文で足りるとすべきことを主張した。

一九八〇年の国際捜査共助法（昭和五五年法律六九号）は、要請の受理および証拠の送付の経路については、外交ルートを原則としつつも、緊急その他特別の事情がある場合には、外務大臣が同意したときに限り法務大臣が行うものとしている（三条）。これは、外国の条約や立法例に徴すれば、時代遅れの考えを反映した規定である。

翻訳文についても、同様な批判が向けられる。では、どうすればよいか。

国際捜査共助法には、翻訳文に関する規定は存在しない。そこで、捜査共助については、翻訳文に関し外国と日本との間で自由な取決めをすることができる、という解釈が可能である。後法である特別法（国際捜査共助法）が前法である一般法（一九〇五年の共助法）に優先する、と解されるからである。

他方、一九〇五年の共助法第一条の二第二項は、「条約又ハ之ニ準スヘキモノニ前項ノ規定ト異ル規定アルトキハ其ノ規定ニ従フ」と規定する。これによれば、国際的取決めが国内法に優先する。そこで、最も望ましい解決策は、次のようになるであろう。

例えば、日本とトルコとの間に司法共助の取決めをする際に、翻訳文について弾力性のある条項を盛り込むのである。具体的にいうと、嘱託国（要請国）の国語で作成された嘱託書等に英文の翻訳文を添付すれば足りることとし、受託国（被要請国）において自国語への翻訳を行い、その費用は嘱託国の負担とする旨を明文で規定するのである。

これによれば、例えば、トルコは、嘱託書等に英文の翻訳文を添付すれば足りるのであり、受託国である日本は、トルコの費用負担においてトルコ語または英語から日本語への翻訳を行い、それに基づいて共助をすることになる。日本からトルコに嘱託するときは、逆の要領による。この方式は、日本にとっても利益になるにちがいない。

世界には、余りにも多くの国が存在する。国際刑事警察機構（Interpol, ICPO, OIPC）に加盟している国・地域の数は、二〇一二年末現在、一九〇に及んでいる。しかも、バベルの塔（Tower of

Babel）がくずれた（旧約聖書の物語）せいか、世界には多数の言葉が存在する。日本語は、「悪魔の言葉」といわれているように、外国人にとっては難解な言葉である。日本には、国際語であるフランス語、スペイン語、アラビア語についてさえ、語学に堪能で法学的素養のある翻訳者は、ごくわずかしかいない。これでは、迅速性が強く求められる国際司法共助には役に立たない。

今後、日本が多くの外国との間で司法共助を積極的に行うためには、まず、言葉の壁を乗り越える工夫をしなければならない。わが国は、英語万能のごとき感のある国であるが、シヴィル・ロー系の国との間で共助をするには、翻訳文の言葉は英語よりもフランス語が適当であるように思われる。シヴィル・ローの法律用語は、フランス語の方がより正確に表現されるからである。しかも、ラテン系の国（イタリア、スペイン、ポルトガル、中南米）では、英語よりもフランス語がよく通用する。こうしたことも考慮されるべきであろう。

（判例時報一一〇七号、一九八四年）

2　インドの刑事司法

❁ アジアの乳房

詩人永瀬清子（岡山県在住。一九八七年に第一二回地球賞を贈られた）は、「インドよ、あなたは、アジアの乳房」と歌った。戦後、彼女がインドを訪れた時のことである。

インドは、アジア大陸を母の胸にたとえれば、その胸に垂れる乳房に似た形をした広い国だ。さすが、詩人は、象徴的で味わいのある表現をするものだ。彼女がインドのことを「アジアの乳房」にたとえると、インドの人たちは、「分かった。分かった」と言ったそうである。

インドは、古い歴史と文化をもち、七億六千万人の人口を擁する世界第二の大国である。(1) インドという時、私は、マザー・テレサのことを思い出す。彼女は、一九八四年に二度目の来日をしたが、一一月二三日、カトリック岡山教会における「マザーテレサ共労者祈りの集い」において、感動的な話をされた。広い聖堂に立錐の余地もなく入った人びと、さらに、聖堂に入り切れないで教会の庭でテレビを通じて耳を傾けた人びと合計約千人は、マザーが静かに語る愛の言葉（通訳は、ノートルダム清心女子大学長・渡辺和子修道女）に心を打たれた。

マザー・テレサは、宗教宗派を超越して活動する「マザーテレサ共労者の会」が日本で初めて誕生した岡山の地で、ひとしおの感慨をこめて、創造主である神の愛、生命への畏敬、奉仕することの喜びを語り、併わせて彼女の仕事への協力を求めた。私の生涯においてこれほど心を打つ話を聴いたことは、初めてであった。

インドの人びとには、島国日本に住むわれわれの知りえない、深い宗教的・哲学的な生活と人生観があるように思われる。その生活と人生観は、犯罪現象にも反映しているのではなかろうか。私は、平素からそのような思いをいだいている。

一九八六年一〇月、アルゼンチンのブエノス・アイレスで開かれた第一一回国際社会防衛会議で、ニューデリーにある国立社会防衛研究所（National Institute of Social Defence）のシン（Hira Singh）所長は、インドの犯罪現象と社会防衛政策について三〇分間にわたるスピーチをした。彼は、頭にターバンを巻き、つねに静かな微笑をたたえた紳士であって、国際社会防衛学会の理事兼副事務局長を務めている。

シン所長のスピーチの中で特徴的な事柄を、次に紹介しよう。

インドでも、近年、犯罪の増加傾向が続いている。たとえば、公的統計によれば、人口一〇万人当たりの（警察が認知した）犯罪者数は、一九七一年には一七二・八人であったが、一九八一年には二〇二・六人に及んでいる。侵入盗（burglary）を除いて、すべての犯罪につき増加傾向が見られる。

一九八一年には、刑法犯のうち、謀殺が一・六％、略取誘拐が一・〇％、盗賊による強奪が一・一％、強盗が三〇・五％、暴動が七・九％、詐欺が一・三％を占めている。

シン所長によれば、犯罪の増加傾向は、特に都市においていちじるしい。人口一〇万人当たり全国平均では二〇二・六人という犯罪者数であるのに、都市によっては、その約五・七倍、三・四倍などとなっており、ボンベイやカルカッタでも二倍以上となっている。これは、田舎の低所得者層が、都市に大規模な流入を続けているためである。

一九八一年に刑法犯で逮捕された者のうち、女子は二・二％であるが、少年犯罪は八・九％を占める。少年犯罪のうち、七五％は、都市で犯されている。少年犯罪の増加の原因は、均衡の取れない経済的発展と社会変動によって惹き起こされた経済的・社会的・精神的なフラストレーション（阻害、欲求不満）が他の諸要因と結合している点に見い出される。

それは、どの国でも見られる現象であるが、インドでも若者については、伝統的な社会的・宗教的規範による行動規制が薄れつつあるのであろうか。やはり、庶民大衆における貧しさが、こうした現象の基本的原因であろうか。

シン所長によれば、最近のインドにおいて最も問題とされているのは、権力の濫用（abuse of

power)、テロ行為および麻薬濫用（drug abuse）である。

テロは、一九八四年一〇月のインディラ・ガンジー首相の暗殺、さらに一九八六年一〇月のラジブ・ガンジー首相の暗殺未遂を初めとして、インド各地で相次いで発生している。それらのテロは、しばしば外国に起因している。

麻薬は、その大部分がタイ、ラオス、ビルマにまたがる「黄金の三角地帯」（golden triangle）とパキスタン、イラン、トルコ等にまたがる「黄金の三日月地帯」（golden crescent）とで生産される。インドは、これまで麻薬の通過地帯の感があったが、今や若者や学生層に麻薬濫用が拡がり始めた。この事態に対処するため、一九八五年、「麻薬又び向精神薬法」（Narcotic Drugs and Psychotropic Substances Act）で厳しい規制と処罰を規定した。これと並んで、ボランティアの福祉組織が厚生省と協力して、学際的チーム・ワークにより、麻薬濫用者のカウンセリング、指導、治療などの仕事に従事している。

インドは、犯罪防止策を国の開発の全体計画に組み入れることを企図している。

（1）　二〇一三年、インドの人口は、一二億一、〇〇〇万人である。

刑事司法制度の特徴

インドの刑事司法制度を体系的に叙述した最近の本として、カシミール大学のメーライ（Mir

Mehraj-ud-Din）博士の著書『インドの犯罪と刑事司法制度』（Crime and Criminal Justice System in India, 1984, New Delhi）がある。

この書によれば、シン氏が所長を務める国立社会防衛研究所は、一九六一―六二年に創設された。この研究所は、統一的政策を立案推進すること、全国的規模における統計の収集を標準化すること、外国と情報の交換をすること、犯罪防止及び犯罪者処遇の分野における研修と研究を行うことを主たる任務としている。

さて、この書を通読して印象に残ったいくつかの点を紹介しよう。

インドでは、人口増加率よりも犯罪増加率の方が上回っている。この点を著者は強調するのであるが、一〇万人当たりの犯罪者数は、一九七七年と一九八一年では変わっていない。犯罪発生率には起伏がある。

犯罪の増加は、刑務所の過剰拘禁を招来している。一九七八年一二月三一日現在、全刑事施設の被収容者は一八万五、〇〇〇人であって、そのうち、十二万人が被勾留者で、六万五、〇〇〇人が受刑者であった。これによると、未決対既決の比率は、おおよそ二対一ということになる。施設によっては、未決が既決の四倍、五倍の割合を占めるところがある。

著者は、裁判が確定するまでの勾留期間が長すぎることを指摘している。統計によれば、勾留期間が一年以下のものが五%、一年を超え三年以下が三五%、三年を超え五年以下が二一・六七%、五年を超えるが一〇・〇%、不明が二八・三三%である。

それにしても、日本の八倍以上の人口をもつインドで受刑者が一日平均六万五千人というのは、余りにも少なすぎる。ちなみに、日本では、一日平均約四万五千人の受刑者が、刑事施設に収容されている（あとがき参照）。インドの全刑務所人口（未決と既決を含む）は、人口比において日本のそれよりもはるかに少ない。

インドでは、応報刑論（retributive theory of punishment）も抑止刑論（deterrent theory of punishment）も克服されている。抑止刑論は、犯罪者が相応に（adequately）罰せられるときは、将来の犯罪者はその犯行を抑止される、という仮説にもとづいている。ここでは抑止（deterrence）という語は、一般予防と特別予防の意味に用いられている。しかし、抑止刑論は、国の内外で多くの理由から批判されている。

インドでは、改善刑論（reformative theory of punishment）というよりも、刑罰は相応な刑の範囲内で犯罪者の社会復帰を目的とするという見解が有力であるように見える。裁判では、いわゆる量刑相場に従った量刑がなされることに意が用いられているようである。

それでも、著者の調査によれば、受刑者の間では、「金持ちは罰せられないで、貧乏人だけが罰せられている」という不満が強いそうである。被収容者のうち約六七%が「下層」階級に属し、「無学」が約五三%、「初等教育終了」が約三一%を占めているという統計から見れば、このような不満も故なきことではないであろう。

刑事施設は、いずれも一四〇%ないし一五〇%程度の過剰拘禁を続けているようだ。受刑者の中では、二年以上の刑期の者が「長期受刑者」とされている。ということは、一般に短期（六月以下）または中期の受刑者が多いことを裏書きするであろうか。

興味があるのは、〈prison birds〉（直訳すれば、「刑務所の鳥」）の存在である。彼らは、刑務所を自分のねぐらのように心得ていて、出所しても間もなく戻ってくる。彼らは、窃盗、恐喝、強盗、ポルノ販売をし、逮捕され、裁判を受けて、古巣の刑務所に帰ってくる。「刑務所の鳥」は、日本にもいる。もし、インドにそれが多いとすれば、インドの貧しさにその原因を求めざるをえないであろう。

もう一つ興味があるのは、〈inmate officer〉または〈convict officer〉の存在である。仮にこれを「受刑者職員」と訳しておく。

受刑者の中から有能な者が「受刑者職員」として選ばれ、施設側から公認されて、施設内における行刑業務の一翼をになうのである。彼らは、仲間の受刑者、特に新入者と短期受刑者からＶＩＰ(very important person) とみなされている。中でも、読み書きのできる受刑者職員は、施設の正規の職員と同様に戒護、特に監視の仕事に従事する。

この制度は、インド行刑の重要な部分を占めるものであって、どの州にも存在する。実務では、刑期の何分の一かを経過した長期受刑者の中から、行状良好で健康な者が、受刑者職員として選ばれている。

被収容者の基本的人権は保障されている。それらの権利の中で、〈right to treatment〉（治療を受ける権利）がある。すべての被収容者は、収容されている期間中、無償で治療を受ける権利を有する。インドの全刑事施設には、医務室がある。これは、ある意味では当たり前のことであって、特筆すべきことではないであろう。しかし、〈right to treatment〉は、わが国では「処遇を受ける権利」と訳されているのに、インドでは、本来の意義のとおり「治療を受ける権利」として捉えられているのである。

〔あとがき〕

日本の刑事施設における受刑者は、二〇一一年末現在、六万二、一三二名であり、二〇一五年末現在五万一、一七五名であった（犯罪白書による）。

（判例時報一二五二号、一九八七年）

3　中国の黒社会

❀「黒社会」の発展段階

中国の「黒社会」とは、組織犯罪集団の連合体またはそうした社会勢力の総称である。これは、わが国の暴力団ないし暴力団勢力に相応するであろう。

上海大学の蘇智良教授[1]によれば、中国における黒社会の発展段階は、次の四つに分かれる。

(一) 第一段階（一九四九年〜一九五二年）

中華民国時代（一九一二年〜一九四九年）には、社会の乱れはひどく、遊民階層は日増しに膨張し、無頼漢らは、民間の秘密結社である「青幇」「紅幇」と合流し、その結果、黒社会勢力は、頂点を極めるところにまで達した。

一九四九年、共産党が中国を支配するようになってからは、軍隊、警察等の力を利用して、黒社会組織に徹底的な打撃を与えた。黒社会に属する者の大部分は、逮捕され、懲役刑に処せられ、萬にものぼる数の幹部が銃殺された。

こうして、黒社会組織は、ほぼ消滅した。

(二)　第二段階（一九五三年～一九七八年）

この二五年間、中国では黒社会組織は、ほとんど出現しなかった。

その主要な原因としては、(a)経済が安定的に発展し、失業者・遊民階層がほぼ消滅したこと、(b)厳格な戸籍制度を作り、人口の流動をきびしくしたことが挙げられる。

(三)　第三段階（一九七九年～一九八八年）

中国で改革・開放が行われるようになって以来、経済の発展が人口流動を加速させ、その結果、形成された遊民・乞食階層は、黒社会組織を生み出す土壌となった。

黒社会組織は、まず広東・福建等の沿海地区で生まれ、やがて内陸地域へ向かって伸びて行った。

(四)　一九八九年以降

一九八九年に全国で告訴・告発された犯罪集団は九万一、〇〇〇に、その構成員は三四万人に達し、前年の二倍以上になっている。

一九八九年以降、黒社会は発展の一途をたどっている。

（1）　本稿は、一九九三年に蘇教授が日弁連民暴委員会でした講演の紹介である。

❖ 黒社会の活動

黒社会組織は、わが国の暴力団と同様に、資金源につながるあらゆる種類の不法行為・犯罪行為をやっている。

㈠ 「悪覇」（地元の暴力団）

「悪覇」は、縄張りの範囲内で、商店・個人経営者等から「保護費」を取ったり、ニセモノ商品を売ったり、「道路通過費」を取ったりする。

彼らは、保護費の徴収に逆う者に対しては直ちに報復する。

㈡ 商品の違法取引

福建・広東・広西などで、違法な手段で各種の工業原料を国外に持ち出し、他方、たばこ、各種の電子機器等を持ち込む。

最も深刻なのは、古代の墳墓等を盗掘し、国外に持ち出して密売等する行為である。

ここ数年、中国の武器が大量に民間に流入し、少なからぬ黒社会組織が、武器を持っているのみならず大量に密輸出している。一九九二年一月から九か月間に中国政府が民間から押収した各種の銃器は、一六万丁に達した。「トカレフ型」拳銃も日本に流入し続けている。拳銃一丁の密売買価格は、中国では約一〇万円だが、日本国内では三〇万円から八〇万円である。

(三) 麻薬等の販売

一九七〇年代末、中国には麻薬等は、ほとんど存在しなかった。ところが、一九八〇年代になると、麻薬等は中国各地に広く滲透し、消費量は増え、麻薬等をさばく黒社会組織もこれに伴って大きくなって行った。

一九九一年に中国で捜査し、解決した麻薬等の事件は八、三四四件に達し、逮捕された麻薬等の密売人は一万八、四七九人、死刑・無期懲役に処せられた者は八六六人であった。

ちなみに、一九九一年六月二六日、雲南省で六六人の麻薬密売人につき死刑が執行された（日本の新聞報道による）。一年間に全国で、どれだけの処刑が行われているのであろうか。(1)

「黄金の三角地帯」（ミャンマー、ラオス、タイの国境地帯）は、世界で最も主要なアヘンの産地であり、現在、ヘロインの世界の産量の七〇％を占めている。中国の雲南省は、これら麻薬の密輸・密売の最も深刻な拠点となっている。

(四) 詐欺・窃盗

黒社会の詐欺活動には、主に次の三種類がある。

(1) 街頭で売手がサクラを使い、二流品を一流品として売る手口
(2) 外国にコネがあると言って商品購入契約を結び、企業の財物を詐取する手口
(3) 旅券、身分証明書、通行証等の偽造。この活動は、すでにフランス、イタリア、オランダ等

に及んでいる。

窃盗は、中国の犯罪総数の七〇%を占めている。黒社会の集団的窃盗は、明確な分業、目標の集中、規模の巨大化、流れ作業化、の方向へと進んでいる。

黒社会が行う窃盗は、バスや市電でのスリのほかに、鉄道での集団窃盗に集中している。この列車窃盗は、かなり組織化・広域化したものである。東北（旧満州）の黒社会組織「南下鉄道襲撃隊」は、北京・広州線および北京・上海線に出没し、彼らは、銃を持って行動し、警官を殺すことさえある。

注目すべきは、このような集団強窃盗団が全国的に協力しつつあることである。彼らは、成都・武漢で二回にわたって「盗賊代議員大会」を開き、警官への対処、技能の向上、連携活動等の経験を交流した。

(五) 婦女の誘拐・人身売買

一九七〇年代以降、婦女を誘拐して売買する現象は、中国各地で復活している。山東、河南、四川、湖南等、一四の省・自治区の人身売買市場では、若い女性がベストとショートパンツを身につけて立ち、買主に選ばれるのを待っている。

婦女の誘拐・人身売買の黒社会組織は、多くが「誘拐・輸送・販売」の一貫作業をやっている。人身売買組織は、警察のきびしい取締りによって打撃を受けながらも、依然として活発な活動を続けている。

㈥　密出国

中国南方の沿岸・国境地帯では、ここ数年、密出国に協力する黒社会集団が出現している。主要な密出国ルートは、四つある。その一つは、福建省から日本へのルートである。

これには、次の二つの方法がある。⑴約三〇〇万円を払って、福建の黒社会が旅券（時には偽造旅券）、ヴィザ、航空券等を手配し、出国させるもの。⑵約一〇〇万円ないし三〇〇万円を代価として、福建の黒社会が台湾や日本の黒社会と協力し、密航を組織するもの。金が足りなければ、日本に到着後、黒社会が手配した工場や飲食店で働き、金を返し終わった後に自由の身になる。

（1）　二〇一三年には、処刑された死刑囚は二、四〇〇人にのぼった。

黒社会の組織の特徴

㈠　厳格な組織と戒律

黒社会の多くは、組織内の規則や章程をもち、組織は、厳にして密である。

入会の儀式は、多くは「青幇」にならったもので、ある者は紙幣を焼いて組織と首領への忠誠を誓い、ある者は指を刺して血を流し、血酒を飲み、拇印を押し、「有福同享、有難同当」（福あらば共に楽しみ、難あらば共に当たる）の意志を表示する。

組織内の規則に違反した者は、きびしい罰を受ける。ある場合には障害者となり、ある場合には家族または本人が殺される。

㈡　組織の巨大化

少なからぬ黒社会組織の規模は、日増しに大きくなっている。

一九九一年に広東の東陽・潮仙地区で取締りの対象となった「帮会」・黒社会組織の数は一九〇であって、構成員は二万人に達した。一九九二年一月までに山西・陝西両省で取締りの対象となった「帮会」・黒社会組織の数は三七〇余りであって、構成員は三万六千人に達した。

㈢　職業化

黒社会の構成員は、アマチュアからプロ（玄人）へと移行しつつある。構成員の分業はますます細かくなり、幹部は日増しに知的水準を高め、少なからぬ有名大学の卒業生が加入し、黒社会の顧問・参謀となっている。大学卒の彼らは、法律を熟知し、合法と非合法との境目を利用し、隙間をすり抜ける。彼らは、多くの知識をもち、黒社会の発展を促している。

ちなみに、現在、日本の暴力団構成員は約六万人で、そのうち、大学卒が約三％を占めている。大学卒と言っても、大学の数は七〇〇（二〇一六年）を超えており、そこをトコロテン式に卒業した者かもしれない。ともあれ、中国と日本における組織暴力集団に似たような傾向があることは、注目される。

㈣　高性能の機器・装備

少なからぬ黒社会組織は、高性能の無線通信設備を持っている。陸には輸入したバイクや乗用車を持ち、海には輸入した快速艇を持っており、無線通信設備を用いて、警察、辺境警備軍、税関等のレーダー基地を探知することができる。彼らは、各種のかなり進んだ武器を持ち、時には警官を殺害している。

このようにして、黒社会組織による犯罪の効率は高められている。

㈤　民衆への善事

現在の黒社会は、現地の民衆と融和することを心がけて、常時、「善事」を行っている。例えば、無料の映画鑑賞会を開いたり、金品を寄付したり、橋や道路を修理したりする。一部の黒社会は、民間宗教との結び付きに十分留意し、宗教の勢力を利用して組織を強化している。

㈥　政権への浸透

黒社会勢力は、計画的に政府・司法・税関の中にメンバーを増やしているほか、人民代表大会の代議員等の中に仲間を増やしている。

黒社会の政権への浸透は、すでに深刻な結果を生じさせている。例えば、一九九二年六月、黒竜江省ハルピン市は、「社会治安調査小組」を成立させ、行動計画を立て、黒社会に打撃を与えようとした。しかし、委員会の中に黒社会の者が加わっていたため、行動に際し、秘密が漏れ、失敗が続いた。

(七)　国外進出

黒社会は、日本、米国、オーストラリア等に進出し、現地の暴力団と協力し、組織を拡大している。東京新宿の歌舞伎町には福建人や上海人が現地の暴力団に入り、麻薬や武器の販売を行っているようである。

（判例時報一五〇五号、一九九四年）

4　中国の組織犯罪の情勢と対策

❁ 二種類の組織犯罪

最近、外国の雑誌に「中国マフィア」、「中国の組織犯罪」などの題をもつ論文が、ときどき掲載されるようになった。そこには、一二億の人口をもつ世界一の大国（big country）における巨大なヤミ社会の実態を捉えようとする意図が看取される。

日本語の文献では、何頻・王兆軍・中川友共訳『黒社会　中国を揺るがす組織犯罪』（一九九七年、草思社刊）が、中国のすさまじい組織犯罪の実態を初めて明かしたものとして、衝撃的である。「改革開放」路線が進む中、黒社会の犯罪は激化の一途をたどり、その影響は、日本にも及び始めている。

隣国中国と密接な関係のあるわが国が、中国の黒社会（under-world society）の実態と動向につき深い関心を寄せるのは、当然である。

一九九九年六月三〇日、東京で警察政策研究センターと警察政策学会の主催により、武漢大学法学院の莫洪憲（Mo Hongxian）教授（女性）の「中国の組織犯罪」と題する講演（司会、宮沢浩一教授）が行われ、引き続いて聴衆との間で熱心な質疑応答がなされた。

莫教授は、中国における組織犯罪研究の第一人者であり、著書として『有組織犯罪研究』（一九九八年）、『犯罪学概論』（一九九九年）などがある。

本稿では、莫教授の講演の中から、われわれの興味を惹く部分を紹介する。

中国の組織犯罪には変遷があるが、現在、次の三種類が存在する。

㈠　犯罪集団（criminal gangs）

一九九七年三月一四日公布の新刑法（同年一〇月一日施行）は、総則第二章第三節「共同犯罪」において次の規定を設けている。

第二六条〔犯罪集団〕

① 犯罪集団を組織し若しくは指導して犯罪活動を行った者、又は共同犯罪において主たる役割を果たした者は、主犯である。

② 三人以上の者が、共同して犯罪を実行するために比較的固定した犯罪組織を構成したときは、これを犯罪集団とする。

③ 犯罪集団を組織し又は指導した首謀者は、その犯罪集団が犯した犯行の全部について処罰する。

ここで第二項にいう「比較的固定した犯罪組織」とは、明確な上命下服の関係で規律された強固な犯罪組織——典型的な黒社会犯罪組織——であることを要せず、むしろ、ゆるやかな構造をもち、機動性・変動性のある犯罪者の徒党で足りるのであり、それが中心に考えられている。

(二)　黒社会（under-world society）的性質をもつ犯罪組織

この犯罪組織は、次の特徴を備えている。

① 多数の構成員（三人以上で足りる）がおり、首領や中枢幹部がいて、相当結束が固い。

② 主たる目的は、経済的利益の追求である。しばしば多様な犯罪を敢行し、社会に重大な損害を及ぼす。

③ 特定の地域や分野に一定の勢力圏を形成する。

④ 権力による庇護を得るため、贈賄行為や権力構造への浸食を図る。

刑法二九四条は、この類型の犯罪組織について三種類の犯罪行為を規定している。

第二九四条〔黒社会的性質をもつ組織〕

黒社会とは、暴行、脅迫その他の手段により組織的に犯罪を敢行し、地方を牛耳り、敵意及び犯意をもって攻撃を行い、民衆を残虐に威圧し傷つけ、経済的及び社会的生活秩序に重大な侵害を加えるものをいう。

① 黒社会的性質をもつ組織を結成し、指導し、又はこれに積極的に参加した者は、三年以

上一〇年以下の懲役に処する。その他の参加者は、三年以下の懲役、拘役、管制(1)又は政治的権利の剥奪に処する。

② 外国の黒社会の構成員であって、中華人民共和国において組織を発展させるために入国した者は、三年以上一〇年以下の懲役に処する。

③ 以上の犯罪の一を犯し、かつ、その他の犯罪を犯した者は、数罪併罰(2)の規定により処罰する。

④ 政府職員であって、黒社会的性質をもつ組織をかくまい、又はこれが犯罪を敢行するのを黙認した者は、三年以下の懲役、拘役又は政治的権利の剥奪に処する。違反が重大な場合は、三年以上一〇年以下の懲役に処する。

ここでは、犯罪的結社罪がきびしく処罰されていることが、注目される。黒社会的性質をもつ組織は、通常の犯罪集団と比べて、次の特徴をもっている。

(1) 目的が異なる。黒社会的性質をもつ組織の多くは、不法な政治的・経済的利益を得ることを目的とし、その狙いは大きい。これに対し、通常の犯罪者集団の場合は、意図はさまざまであり、不正な経済的利益の追求以外に、心理的欲求を満たすために、犯罪を実行することによる刺激を求めるというものもある。あらゆる意図が人や個性を結集させるのである。

(2)　組織化の程度が異なる。黒社会的性質をもつ組織には、厳格な組織構造と規律がある。その内部の構造は系統立ったもので明確な行動方針を伴う厳格な上下階層を構成し、統一的な犯罪の計画と手段、大きな規模、強大な実力と影響力を有する。刑事訴追側に対する抵抗能力は強い。

(3)　存在する状態が異なる。黒社会的性質をもつ組織には、形態の複雑性がある。それは、つねに企業などの経済組織に依存し、合法的な商工業活動で人目を欺き、経済能力と不法な経済的利益獲得のための基盤をもつことで、自身の存続と発展を確保する。共産党、行政府、司法機関その他の方面の内部に対して、暴力、脅迫、威嚇、賄賂、色仕掛けなどの方法で浸透し、強力な組織防衛網を打ち立てている。

当面、中国の黒社会の性質をもつ組織のうち、主たるものは、地域のやくざ勢力（流氓）（リューマン）と秘密結社組織（幇会）である。ある意味で言えば、前者の方がその歴史、犯行の幅、影響力のいずれにおいても大きい。

これに対し、黒社会組織は、政治・経済・文化、さらには軍などを通じて国内に浸透する。そして社会の中に存続する能力、社会と対抗する能力、大規模な犯罪を行う能力を備えている。

中国は、一九八三年に「厳打闘争」（厳重処罰）方針を打ち出した。が、九〇年代に入って、犯罪組織の性格の変化、犯罪の悪質化、組織形態の多様化が出現した。黒社会的性質をもつ犯罪組織――「準黒社会的組織」といわれることもある――には、薬物犯罪組織、密航あっせん組織、金融犯罪組織、民族分裂を企てるテロ犯罪組織、宗教のヴェールをまとった邪教組織といった多様な類型のものがある。

（1）**管制**とは、公安当局の監督の下、非拘禁のまま労働に積極的に参加させるもの。その期間は、三月以上二年以下（刑法三八条以下）。

（2）**数罪併罰**とは、刑期の総和以下で、かつ、複数の刑のうちの最高刑期以上の範囲内で、執行刑期を決定するもの。

❖ 改正刑法等による各種の対策

現在の中国には、イタリア・マフィアのような典型的な黒社会は、顕在的には存在していないが、黒社会的性質の犯罪組織が典型的形態へと変化する傾向は、今後続くと考えられる。一九九〇年代半ばには、組織犯罪の数は急増し、把握された組織構成員だけでも五四万人を超えた。この増加傾向は、だれも止めることができない。政府は、この現実に対処すべく、各種の「反黒」（黒社会撲滅）対策と「反腐」（腐敗撲滅）対策を講じている。

一九八九年九月四日、中国は、一九八八年の麻薬新条約（ウィーン条約）の批准に必要な国内法の整備を終え、締約国の一つとなった。ついで、一九九〇年一二月二八日、「薬物禁止規定」を制定し、マネー・ロンダリング（資金洗浄）を罰することとした。

新刑法は、各則第三章第四節「金融管理の秩序を破壊する罪」において資金洗浄罪を規定した。

第一九一条〔資金洗浄〕

①　薬物犯罪、黒社会の組織犯罪又は密輸犯罪から不法に得た財産又はこれから生じた利益であることを明らかに知りながら、その出所又は性質を隠し又は偽装するため、次に掲げる行為をした者は、上記の犯罪から得たすべての財産及びそれから生じた利益を没収し、五年以下の懲役、拘役、若しくは洗浄された資金総額の五％以上二十％相当額の罰金に処し、又はこれを併科する。重大な違反の場合には、五年以上十年以下の懲役に処し、洗浄された資金総額の五％以上二十％以下の罰金を併科する。

一　預金口座を提供すること。

二　不法収益を現金又は金融手形に替えることに協力すること。

三　口座の移転又は他の口座の開設により、資金の移動に協力すること。

四　資金の外国送金に協力すること。

五　その他の方法により、不法に得た財産又はそれから生じた利益の出所又は性質を隠蔽し、又は偽装すること。

②　団体が前項の罪を犯した場合は、その団体に罰金を科し、主たる管理者その他の責任ある担当者は、五年以下の懲役又は拘役に処する。

この規定にあっては、資金洗浄の前提犯罪が拡大されていること、不法収益の没収がきびしいことが注目される。

一九九四年九月、中国公安部刑事事件捜査局は、組織犯罪対策部を設置した。各省および直轄市も、同様の機関を相次いで設置している。これと併せて、情報収集の重要性にかんがみ、特別情報部隊を編成している。

中国でも組織犯罪の国際化が進んでいる（国際化の程度は、日本のそれをはるかに超えるものがある）。中国政府は、各国の捜査機関との国際協力と情報交換を重視し、二国間または多国間で行われる協力と情報交換活動を積極的に推進する姿勢を示している。

一九九五年一〇月、北京で第六四回国際刑事警察機構（ICPO, Interpol）総会が、一三五か国から約六〇〇人の参加を得て開かれた。これを契機として、ＩＣＰＯルートによる国際捜査協力が、大きく前進した。

一九九七年一〇月二九日の「中・米共同声明」は、「両国は、国際組織犯罪、薬物不法取引等に対処するための協力を強化する。そのため、法執行協力のための連絡事務所を設立する」と述べている。

中国政府は、過去十数年の間に、二国間または多国間の犯罪人引渡条約、刑事司法共助条約等を積極的に締結して来た。

このように莫教授の講演を通じて組織犯罪の制圧に対する中国の国際的および国内的取組みは、

日本のそれよりも積極的かつ厳しいものであることが理解された。

日本では、最近、香港系の「爆窃団」や福建省系の「蛇頭」のほかに、上海系の「流氓」と呼ばれるマフィアの進出が目立つようになった。こうした犯罪事情を背景にして、莫教授は、組織犯罪制圧のために中日両国が条約・協定の締結を初めとして、相互に可能な限り広範囲な協力を推進することを希望した。

（判例時報一六九三号、二〇〇〇年）

5　韓国の司法事情

❖ 刑事政策研究院

一九九五年九月一七日から一週間、韓国に滞在した。実は、これが私にとっては初めての韓国訪問である。この訪問は、ソウル地検の李萬熙検事が「ぜひ一度、韓国に来てください」と再三にわたり招請するので、それに応えたものである。

李検事は、犯罪人引渡し、特に日米犯罪人引渡条約の研究をしており、その関係で私に資料のことなどにつき、たびたび熱心な相談をし、来日の折には、拙宅まで来られた。

李氏は、『美・日犯罪人引渡条約に関する研究』と題する、活字にして約六〇〇〇頁の論文により、昨年、高麗大学から法学博士の学位を授与された。

この学位論文に加筆した『犯罪人引渡と国際法』(一九九五年、高麗大学出版部)を出版した。この書(約九八〇頁)は、日本の学術書にすれば約六六〇頁に及ぶ大著である。

韓国の学術書は、漢字とハングル文字とを併用して書かれているので、およそどういう内容のものか、理解することができる。それにしても、多忙な実務に就きながらこのような学術書を著すこと、しかもその定価が非常に安いこと（三万ウォン。約二、三〇〇〇円）には、驚嘆のほかはない。

さて、私は九月一八日、刑事政策研究院（Korean Institute of Criminology = K.I.C.）で、「シェンゲン条約と国際刑事司法協力」という題で、約四〇人の研究員に講演をした。

この講演のテーマは、先方の希望によるものである。研究院の教官らは、拙稿「海外刑法だより」の「シェンゲン条約」と「シェンゲン条約と国際刑事司法協力」を読んでいて、「森下先生が来られるなら、世界で一番新しい国際刑事司法協力の動向について講演をお願いしたい」ということになったようである。

通訳をしてくださったのは、韓国外国語大学校通訳大学院の研究員の金恩恵夫人。金夫人は、国際会議通訳をしておられる美人で、日本語がとても上手である。

刑事政策研究院は、一九八八年の「刑事政策研究院法」に基づいて、一九八九年に設立された。研究院の経費はすべて国でまかなわれ、院長・教官らはみな検察官であり、研究員には国から俸給が支給される。国立ではないが、実質的には国立に準ずる研究機関のようである。

研究員は、たいてい大学院で法律、社会学、心理学、教育学等の修士号を得た者であって、大学教員の職に就くこともあるが、ずっとこの研究院で研究を続けることができる。

研究院は、毎年、いくつものテーマにつき、チーム・ワークで研究を進めている。一九九五年には、経済犯罪、非行少年の処遇、犯罪学の方法論、そして特に国際刑事司法協力を研究テーマとしている。

図書室は、研究院の歴史が浅いせいかまだ充実していないが、外国語の図書としては、ドイツ、美国（米国の意）と日本のものが大部分である。宮沢浩一教授から寄贈された多数の本と私が寄贈した一三冊の著書も、書架に並んでいる。

聞くところによると、韓国ではドイツ法の影響が強く、ドイツに留学する者が多い。それ以外では、米国と日本に留学する者が次いでいる由。日本に留学する人たちにとっては、「韓国の法制は日本の法制を受け継いだものであるので、日本の実情を知っておく必要がある」との考えが強いそうである。

韓国では、犯罪の国際化に対処するため国際刑法の研究の必要性が痛感されている。しかし、国際刑法の研究をする人がいないこと、特にドイツ語と英語以外のヨーロッパ語を読むことのできる人がほとんどいないのが、悩みの種だそうである。そのせいか、講演のあと、院長らは、「森下先生が書かれた国際刑法研究第一巻から第六巻までを始め、多くの論文を一所懸命、読んでいます」と語った。

刑事政策研究院は、広いキャンパスをもち、緑の樹々に囲まれ、眺望の良い地に新築されたりっぱな建物であった。「こんな所で研究できたら幸せだナ」と思ったことである。

九月一八日の午後、法務部（わが国の法務省にあたる）検察第四課を訪れた。ここは、わが国の法務省刑事局国際課に相当する課である。この課に所属する若い検事は、国際刑事司法共助の研究のため、一年間、コロンビア大学に留学していた由。

第四課長鄭東基部長検事は、「韓国と日本は隣同士であるので、犯罪人引渡し、狭義の刑事司法共助などを積極的に進めたい」と語った。

私は、「略式の犯罪人引渡しの制度を導入するほか、手続を簡素化するため、韓国も日本も国内法を改正する必要がある。特に、東アジアの諸国の間で、刑事司法協力を推進するため、情報の交換、立法の調査、多国間取決めをする必要がある」と言った。課長と話をしてみて、まず日本がイニシアティヴを取るべきだ、と感じたことであった。

韓国では、九月二〇日付けで検事総長、検事長ら最高幹部の人事異動が行われることになっていた。課長は、「局長が森下先生にごあいさつできなくて申し訳ありません。これは、局長からの贈物です」と言って、王の墓から出たという王冠（金色の王冠にひすいの勾玉をあしらったもの）のミニチュアをくださった。

司法研修院

九月一九日、司法研修院を訪問。ここは、日本の司法研修所に相応する。司法試験に合格した者が二年間の修習（実務修習を含む）を経て、法曹となる。法曹一元主義が採用されている点でも、わが国の制度と同じである。今年の司法試験の最終合格者は、九月末に発表された。約三〇〇人（うち、女子三一人）合格ということである。

賈在桓院長から、司法試験について、興味のある話をいくつも伺った。

(1)　韓国でも司法試験は、最難関の国家試験であって、その合格率は、近時、二％程度である由。そのため、ソウルには司法試験の予備校があるそうだ。

(2)　最終合格者は、一九七八年には一〇〇人であった。その後、合格者の数は増加して、一九八二年以降、毎年三〇〇人合格の線が維持されてきた。三〇〇人のうち、裁判官になる者は七〇～八〇人、検察官になる者は六〇～七〇人、残り約一五〇人が弁護士になる。

(3)　三〇〇人の合格者を大学別に見ると、五〇％は国立ソウル大学であり、高麗大学が三〇～四〇人、延世大学が二五～三〇人を占めている。ソウル、高麗、延世のいわば御三家で約七割を占めていると聞いて、驚いた。

院長の話では、以前はソウル大学の学生・卒業生で司法試験に合格した者が全体の九〇％以上を占めていたが、この独占率は、年ごとに低下して、現在、五〇％になった由。このことは、後日、高麗大学と延世大学の教授から聞いたところと一致している。

(4)　ところで、もっと驚くことがある。韓国では、法曹人口を増加せよとの社会的要求が強いので、来年以降、一〇〇人ずつ合格者を増やし、西暦二〇〇〇年には、一、〇〇〇人にする予定だそうである。そのため、別の場所に司法研修院の建物を新築することになっている。

法曹人口を増加せよという要求がなされる理由は、(1)犯罪や訴訟の増加に対応するため、裁判官と検察官の定員を増やす必要がある、(2)国選弁護は、全刑事事件の一〇ないし一五％程度であり、その他は私選弁護に頼らざるをえないが、私選弁護人の報酬が高すぎる、という批判があることである。

(5)　一九九五年五月末日現在、韓国の裁判官は一、二六二人、検察官は一、〇六〇人、弁護士は三、〇〇一人である。ちなみに、韓国の人口は、一九九四年六月現在、四、四四〇万人である。

❖ 法務部と検察庁

韓国の司法制度は、日本のそれに類似している。

一九八〇年一〇月の改正憲法は、三権分立の原則を貫いている。

司法権は、裁判官で構成される法院に属する（憲一〇二条一項）。法院は、最高法院である大法院及び各級法院で組織される（同条二項）。

法務部には、長官・次官の下に企画管理室（Office of Planning & Management）と法務室（Office of Legal Affaires）と並んで、刑事局、社会保護・保護局、矯導局（矯正局）および入管局がある。このほか、法務研修院（日本の法務総合研究所に相応する）があり、毎年、犯罪白書を刊行している。

検察庁は、大検察庁（最高検）、高等検察庁（五庁）、地方検察庁（一二庁）および地方検察庁支庁（三九庁）とから成る。これらは、それぞれ大法院（最高裁）、高等法院、地方法院および地方法院支庁に対応して置かれている。

九月二一日の午後、私は、法廷見学をした後、大検察庁を訪れた。大検察庁は、今年八月下旬に竣工したばかりの、一六階建の堂々たる偉容を誇る建物である。ゆったりとした広い敷地の中で、緑の樹立ちに囲まれた環境はすばらしく、うらやましいばかりである。

大検察庁の隣には、大法院の、これまた広い敷地に偉容を誇る建物がほぼ完成している。一九九五年一一月に竣工式が挙行される予定とのことである。

大検察庁といい、大法院といい、経済発展をなし遂げた韓国が国家の威信を内外に示す意気込みで建てたもの、と見受けられた。大検察庁と大法院とに相呼応するかのごとく、道路をへだてて、ソウル地裁の新しい建物とソウル地検の新しい建物が、ともに堂々として建っている。

ソウル市内は、まん中を流れる川をはさんで北側は旧市街とのことであるが、南側は、八車線・一〇車線の道路が縦横に走り、司法・法務・検察関係の新庁舎が、すばらしい環境の中に建設されている。

大検察庁では、非常な歓迎を受けた。というのは、私が一三冊の著書を寄贈したためのようである。日本語の達者な若い検事は、資料室や図書室に次いで、コンピューター・システムの教室を入念に案内してくれた。

今、これらのコンピューターは、試行中であるが、いずれは全国の検察庁をつないで、資料、統計等をここで整理したり、情報を提供することになる由である。

大検察庁では、総務部長の朴仁秀検事長に会った。朴部長は、「本来なら検事総長が先生にお眼にかかるはずでしたが、昨日、新任されたばかりで、多忙なスケジュールに追われているので……」と言って、ハングル語で「検察」と書いた大きいメダルを記念にくださった。

（判例時報一五四二号、一九九五年）

6　韓国再訪の旅

❁ 高麗大学と憲法裁判所と

一九九七年一一月一七日から四泊五日の予定で、妻を併って韓国訪問の旅に出掛けた。

今回の訪韓の目的は、ソウルで、一一月二〇日に憲法裁判所の鄭京植裁判官の還暦（韓国では「華甲」という）記念論文集の奉呈式が行われるので、執筆者の一人としてそれに参席するためであった。

一九九六年六月、ソウル高検の李萬熙検事から電話がかかってきて、「大学の先輩である鄭京植憲法裁判官の華甲紀念論文集の編集委員として、森下先生にも論文の寄稿をお願いしたい。できれば、犯罪人引渡しに関する論文を書いてください」という依頼があった。

李検事は、実務のかたわら犯罪人引渡法に関する大著を刊行し、二年前、高麗大学から法学博士の学位を授与された篤学の士である。私は、旧知の李検事の頼みを快く受けて、「犯罪人引渡しに関する伝統的諸原則の再検討」と題する論文を書き、韓国に送った。そのようないきさつで、韓国を再び訪れることとなった。

一一月一七日、成田空港から釜山（プサン）空港に着き、そこから又来観光（株）釜山事務所朴氏の案内で、ボンゴ（bongo）という車で一路、慶州に向かい、そこで一泊。朴氏は、数年間、日本の支店に勤務したことがある由で、達者な日本語で、いろいろ韓国の事情を話してくださった。それによれば、釜山は、人口四〇〇万を擁する韓国第二の都市で、ますます港湾設備を拡大し、発展の一路をたどっている。

慶州は、日本の京都・奈良に比すべき由緒ある文化財（寺院が多い）が多数存在する景勝の地である。千五百年前の創建にかかる仏国寺と多数の古墳が存在する美しい古墳公園を訪れた。せめて二泊して、慶州周辺の古寺を巡礼すればよかった。心を残しつつ、大邱に向かい、そこから特急列車でソウルに着いた。

一一月一九日、午前一〇時から高麗大学法科大学で、約二〇〇人の学生に「オウム真理教の犯罪と裁判」と題する講演を、咸仁善助教授（行政法）の通訳で二時間にわたってした。講演の内容は、学生らにとって興味深いものであったようだ。

講演のあと、学生から質問が、次から次へと出た。さすが、名門高麗大学の学生は、秀才と才媛ぞろいのせいか、講演を熱心に聴き、良い質問をする。

法科大学長の金白秀教授（刑法）によると、法科大学（日本の法学部にあたる）の入学定員は、一学年二九〇名であって、この定員は厳格に守られている。明日（一一月二〇日）、司法試験の最終合格者の発表があるが、昨年五〇〇名の全合格者中、二〇％に当たる一〇〇名が、高麗大学の学生・卒業生であった。今年は最終合格者が六〇〇名に増えることになっているので、高麗大学の関係では二〇％に当たる一二〇名の合格者が出るものと期待している。こういうお話であった。

この日の午後、憲法裁判所を訪れた。四年前に建てられた憲法裁判所の建物は、ゆったりとした敷地に、憲法裁判所の権威を象徴するかのごとき偉容を示すものである。

憲法裁判所では、まず、憲法研究官（わが国の最高裁調査官に相応するようである）である金学根検事（ソウル高検）に会った。金研究官は、憲法裁判所を案内してくださり、巧みな日本語で、鄭京植裁判官との会見の通訳もしてくださった。

鄭裁判官を裁判官室に訪ねた。鄭裁判官は、とうてい還暦とは思えないほど若々しい感じのする人で、もとは検事長であったそうだ。刑事訴訟法に関する論文を数多く書いており、その業績によって法学博士の学位を授与されている。

鄭裁判官は、一九八〇年以降、民族賞、保国勲章天授章、国民勲章冬栢章、黄條勤政勲章を授与されている。鄭裁判官は、森下先生夫妻が華甲紀念論文集の奉呈式に参席するためわざわざ日本から来てくださったと言って、そのことを心から喜び、同氏の故郷である慶尚北道高霊郡の高霊窯の、気品のある茶器一式を贈ってくださった。

憲法裁判所の裁判官は、九名である。現在の金容俊長官は、大法官（わが国の最高裁判事にあたる）の出身で、俊英のほまれ高い人だそうである。憲法裁判官の裁判官室は、広くて、「憲法の番人」にふさわしい威厳を感じさせるりっぱなものである。それに隣接する秘書室も広い。

憲法研究官室は、独立の個室であって、そこにはずらりと内外の図書・文献が並んでいる。研究官は、この部屋で、裁判官から命ぜられた事項の研究・調査をして、裁判官の判断に資するための報告書を作成するそうである。

憲法裁判所の庭には、「白松」と呼ばれる、韓国でも珍しい松があった。この白松は、根元からあたかも寄り添う夫婦のように二股に分かれており、高さは、一五メートルに近い。幹の部分は、ちょうど白樺の樹皮が白いのと同様に白い樹皮で覆われている。「白松」は、おめでたい樹として珍重されているようだ。

❁ 大法院、華甲紀念論文集

一一月二〇日、延世大学と梨花女子大学を訪問した後、大法院（わが国の最高裁判所にあたる）を訪れた。

大法院は、大検察庁（わが国の最高検察庁にあたる）の隣に、大検察庁と同様、広い敷地に司法の最高権威の殿堂として建っている。二年前の九月に私が大検察庁を訪れた折には、大法院の建築はほぼ完成しており、二か月後の竣工式を待つばかりになっていた。

大法院では、図書館長康鳳洙氏に会い、大法院の構成、人事などについて話を聞き、その後、院内を参観した。図書館は、(1)韓国語の法令集、判決録、図書文献などを収蔵する部門と(2)外国の図書文献等を収蔵する部分とに分かれていた。

後者の部門には、英、米、独、仏、オーストリア等の図書文献と共に、日本の図書・雑誌等が収められている。私の著書も二十数冊、棚に並んでいた。

この日、夕方六時半から、市内の中心部にあるプレス・センターの二〇階で、「清菴鄭京植博士華甲紀念論文集奉呈式」が、司法関係者、大学関係者、高麗大学同窓生ら約三〇〇人の参席の下に、盛大に行われた。

「清菴」というのは、鄭博士の雅号だそうである。鄭博士は、現在、憲法裁判官ではあるが、憲法裁判官だから華甲紀念論文集が刊行されるのではなく、実務で活躍するかたわら、大学で講義したり、りっぱな著書・論文を続々と公にした業績のゆえに、それを賛えて紀念論文集が贈られることになった由である。「華甲」の甲は、いうまでもなく、えと（干支）で数えて甲子の歳などというときの「甲」を意味する。

論文集は、二巻から成る。第一巻は、『法と人間の尊厳』と題する六五〇頁に及ぶ大著であって、法哲学、憲法・行政法、刑事法、国際法の部から成り、三六の論文を収めている。そのうち、英語の論文が二つ、日本語の森下論文（これには、韓国語の要約が付いている）が一つある。

第二巻は、『法と幸福の追及』と題する四二五頁の本であって、民・商法、労働法と公共政策、知的所有権、自然科学、随筆の五部から成り、二五の論文（そのうち、三つは英語論文）を収める。

これら六一篇の論文は、実に多彩で、広い分野に及んでいる。そこには、最新の課題を扱った論文が、多数収められている。例えば、「韓国の汚職防止及び捜査の制度」、「外国公務員の汚職処罰に関する一九九七年のＯＥＣＤ勧告」、「国際環境保護責任と刑罰権行使」などが、それである。

汚職犯罪の防止と処罰は、韓国にとっては、元・前大統領らが断罪された事件の重要性にかんがみ、最重要課題の一つとされている。そして、ＯＥＣＤの勧告は、――日本では問題意識が薄いように思われるが――韓国では、重要な国際的課題として重く受けとめられているのである。

鄭博士の華甲紀念論文集第一巻・第二巻ともそれぞれが二千部も刊行されたと聞いて、驚いた。韓国の人口は、日本の約三分の一だからである。

この論文集の奉呈式は、日本では考えられないほど盛大なものであって、私には大きな驚きであった。会場に着くと、入口の受付の左右に高さ二米余、幅一米余の見事な生花の大きな花飾りが、いくつも並んでいる。会場内の正面には同様の花飾りが、壇の左右に計八つも並んでいる。

この豪華な大花飾りは、韓国の知人から聞いたところによると、一つが三〇〇万ウォン（日本円で約三三万円）もするそうだ。その贈り主の名前を見ると、憲法裁判所長官、検察総長、法務部長官（わが国の法務大臣）、全国銀行聯合会会長など、実に錚錚たるものである。

奉呈式が始まるや、多くの報道関係者のフラッシュが続いた。専門のカメラマンが、終始、写真をとり、ビデオに収めていた。

憲法裁判所長官ら数人が、お祝いのあいさつを述べた。そのあと、式場正面の左右に座っている司法界の高官（高等法院長、検事長）ら一〇人ほどが、来賓として参席者に紹介されたが、その折、私と妻は、日本からはるばる参席したというので全員に特別に紹介され、満場の拍手を受けた。

鄭博士は、そのあいさつの中で、「日本から森下先生に来ていただき、光栄です」と述べた。いささか面映ゆい気がしたが、このような機会に韓国の人びとと親しくなれることは、私にとってもうれしいことであった。

鄭博士の夫人（尹英順さん）は、淡いピンク色のチョゴリを着ておられた。その美しいチョゴリが、上品な夫人を一層引き立てていた。私の妻は、金学根憲法研究官に通訳をお願いして、尹夫人と語り合った。夫人は、一男四女の母である由。五人の子を育てるのは大変ご苦労であったであろうに、夫人は家庭を守り、りっぱに内助の功を果たされた。私と妻は、仲むつまじい鄭ご夫妻と知合いになれた喜びを感謝しつつ、ご夫妻と再会を期して、別れの握手をした。


（判例時報一六二〇号、一九九八年）

7　韓国の憲法裁判所

一九九七年一一月に韓国の憲法裁判所を訪問した際、金学根憲法研究官から憲法裁判所に関する有益な資料をいただいた。その中には、憲法裁判所法（一九八八年法律四〇一七号）の最新の改正（一九九五年八月四日、法律四九六三号）を含む英訳条文などが含まれている。

❖ 憲法裁判所の管掌事項

韓国の憲法裁判所は、一九八七年一〇月二九日に全面改正された現行憲法（一九八八年二月二五日施行）の第六章「憲法裁判所」（一一一条〜一一三条）にその根拠をもっている。

この憲法の規定に基づき一九八八年八月五日に制定・公布された憲法裁判所法（同年九月一日施行）に従い、同年九月一五日に憲法裁判所が創設された。

憲法裁判所の管掌（管轄）事項は、次のとおりである（憲一一一条一項）[1]。①通常裁判所（ordinary courts）の提請（請求 request）による法律の合憲性の審判、②弾劾の審判、③政党の解散審判、④国家機関相互間、国家機関と地方自治体との間および地方自治体相互間の権限争議に関する審判、

⑤法律が定める憲法訴願（constitutional petitions）に関する審判

上記の管掌事項以外は、大法院（最高裁）と各級法院（裁判所）の管轄に属する。すなわち、一般司法権または命令・規則・処分が憲法または法律に違反するか否かが裁判の前提となる場合の審査は、大法院と各級法院に属する。

憲法裁判所は、抽象的違憲審査権をもっておらず、具体的事件についてのみ憲法裁判を行う。

ここで、憲法裁判所への事件の係属がどのようにしてなされるかが、問題であるように思われる。この点につき、金研究官の回答は、次のとおりである。

㈠　法律の違憲審査

法律の違憲審査は憲法裁判所においてのみできるので、法院は、いずれの段階でも職権により、または当事者の申請によって法律の違憲与否（合憲性の審査）を憲法裁判所に対して提訴することができる。法院が当事者の申請を棄却した場合には、当事者は、憲法裁判所へ憲法訴願を提起することができる。

大法院に対する上告理由書には法律の違憲与否（合憲性の審査）を主張することはできないので、憲法裁判所への違憲提訴を大法院に申請すべきである。この違憲提訴は、第一審に訴訟係属した時から大法院判決の前までにすることができる。

憲法裁判所は、違憲提訴がなされた場合、これを審判する。事件自体が法院から憲法裁判所に移送されることはない。

(二)　基本権の侵害に係る憲法訴願

公権力の行使または不行使によって憲法上保障された基本権を侵害された者は、法院の裁判を除いては、憲法裁判所へ憲法訴願の審判を請求することができる。ただし、他の法律において救済手続がある場合には、そのすべての手続を経た後でなければ請求することができない。

公権力の行使には立法作用（立法による基本権の直接侵害、立法不作為による基本権の侵害を含む）、検察官の不起訴処分等をも包含する。現在、法院の裁判を憲法訴願の対象から除いた憲法裁判所法六八条一項[2]が憲法違反であると主張する事件が、憲法裁判所に係属中である。

(三)　大法院との権限配分

憲法裁判所は、憲法判断のみを行う。法令違反については、大法院において最終的に判断する。そのほか、命令、規則又は処分が憲法または法律に違反するかどうかが裁判の前提となる場合には、大法院は、これを最終的に審査する権限をもつ。

憲法裁判所は、法官（裁判官）の資格をもつ九人で構成される（憲法一一一条二項）。法官の資格をもたない学者が憲法裁判官に任命されることはない。

憲法裁判官は、大統領によって任命される（憲一一一条二項）。九人のうち、三人は、国会で選出される者を、また、他の三人は、大法院長が指名する者を任命する（同条三項）。

憲法裁判所長官は、憲法裁判官の中から、国会の同意を得て、大統領が任命する（同条四項）。憲法裁判官の任期は、六年である。ただし、法律の定めるところに従い、連任（再任）することができる（憲一一二条一項）。

憲法裁判所が法律の憲法違反、弾劾、政党の解散又は憲法訴願受理の判決をするには、少なくとも六人の裁判官の意見が一致することを要する（憲一一三条一項）。

（1）　ここにいう弾劾は、①大統領、総理大臣、大臣、②憲法裁判所裁判官、裁判官等のほか、法律で定める公務員の弾劾である（憲法裁判所法四八条）。

（2）　**第六八条第一項**「公権力の行使又は不行使により、憲法上保障された基本権が侵害されたと主張する者は、法院の裁判を除いて、憲法訴願の手続に従い、憲法裁判所に救済を求める訴願をすることができる。ただし、その救済手続が他の法律に規定されているときは、それらの手続を経た後でなければ、憲法訴願を請求することができない。」

❀　憲法裁判所の事件数と処理内訳

創立（一九八八年九月一五日）から一九九六年一二月三一日までの間に、憲法裁判所が扱った事件数は、第1表のとおりである。

また、一九九六年末現在における審判事件統計は、第2表のとおりである。

第2表の審判事件統計から見れば、憲法裁判所の事件処理を通して、憲法は単なる看板法ではなく、実際に規範力をもつ実定法としての姿を確実に備えるようになったばかりでなく、民事・刑事などの裁判過程においても、合法性にとどまらず、正当性の問題まで裁判所が配慮しなければならないという転機をもたらした。

特に、従来の権利救済型憲法訴願（憲法裁判所法六八条一項の憲法訴願）において、基本権の救済が図られるようになった(3)。このことは、注目すべきであろう。

では、違憲判決の効力は、どうなるか。憲法裁判所法四七条（裁判の効力）が、これについて規定する。

憲法裁判所がした法律の違憲判決は、法院、国家機関及び地方自治体を羈束する（同条一項）。違憲であると決定された法律又はその条項は、その判決があった日から効力を失う。ただし、刑罰に関する法律又はその条項は、遡及してその効力を失う（同条二項）。

違憲であると決定された法律又はその条項に基づいてなされた有罪判決に対しては、再審を請求することができる

第１表　憲法裁判本案事件総括統計

（1988. 9. 1～1996. 12. 31）

事件区分	接　受	処　理	未　済
合　　計	3,242	2,750	492
違憲法律	326	299	27
権限争議	5	2	3
憲法訴願Ⅰ	2,482	2,178	304
憲法訴願Ⅱ	429	271	158

（注）ここで、「憲法訴願Ⅰ」とは、憲法裁判所法 68 条 1 項の訴願（本文参照）を指し、「憲法訴願Ⅱ」とは、憲法裁判所法 68 条 2 項の訴願を指す。

（同条三項）。この再審については、刑事訴訟法の規定が適用される（同条四項）。

違憲と決定された法律自体に対しては、国会は、これを廃止するために法改正を行わなくてもよいが、必要な場合には、憲法裁判所の決定内容に従って改正する。ただし、憲法不合致であると判決された場合には、国会は、憲法裁判所の決定内容に従って法律を改正しなければならない。仮に、決定において定められた期間が経過したときは、その法律は、効力を失う。

一部違憲の判決がなされた場合には、違憲であると判示された部分は、効力を失う。国会は、必要な場合、憲法裁判所の決定内容に従って違憲の部分を改正する。このような場合、国会は、比較的速やかに改正している。

次に、違憲判決の代表的事例を掲げる。

⑴　旧国会議員選挙法三三条の寄託金規定は、その額数がはなはだ多すぎて、平等権、参政権、公務担任権を侵害し、政党推薦候補者と無所属候補者との間で寄託金の差が二倍になることは、憲法四一条の選挙の原則および平等規定に違反する、とした判決（一九八九・九・八言渡し）

⑵　特定犯罪加重処罰等に関する法律五条の三第二項一号（車両運転者が遺棄致死後、逃走する場合）は、殺人罪と比較して刑が重く、刑罰体系上、正当性と均衡を失し、人間の尊厳と価値、平等の原則、過剰立法禁止の原則に反する、とした判決（一九九二・四・二八言渡し）

⑶　映画法一二条一項・二項、一三条一項中、公演倫理委員会による審議に関する規定は、憲法

二一条二項が定める検閲禁止の原則に反する、とした判決（一九九六・一〇・四言渡し）

(4)　同姓同本不婚の原則を定めた民法八〇九条一項は、憲法上の人間の尊厳と価値、幸福追及権、平等の原則に違反する、とした憲法不合致判決（一九九七・七・一六言渡し）

このほか、興味のある決定を挙げる。

(5)　配偶者のある者が姦通したとき、姦通者（および相姦者）を二年以下の懲役に処する刑法二四一条一項は、人間の本質的かつ内在的な価値である幸福および価値の追及権を保障する憲法九条の規定に違反するかが争われた事件につき、憲法裁判所は、六対三の多数決で姦通罪の規定の合憲性を認めた。

多数意見は、次のようにいう。姦通罪は性的自由に対する個人の権利を制限することを意図するものであるが、個人の権利は、制限なく絶対的に保護さ

第２表　審判事件統計

（1996. 12. 31. 現在）

処理										
決定										取下
違憲	憲法不合致	一部違憲	限定違憲	限定合意	引用	合憲	棄却	却下	その他	
62	19	10	13	9	47	288	706	1362	2	232
36	5	4	3	7		133		15		96
								1		1
9	2	4			47		706	1288	1	121
17	12	2	10	2		155		58	1	14

れるものではない。ましてや、姦通罪は姦通者の性別いかんを問わず処罰するのであるから、平等保護の原則に反しない（一九九〇・九・一〇言渡し）。

　少数意見のうち、二人は、姦通罪は罰金を法定刑に含めていない点で過剰処罰の原則に反するとし、他の一人は、姦通罪はプライヴァシーという基本的権利を侵害する点で憲法違反であるとした。

（3）　姜京根「韓国憲法裁判所9周年の効力と展望(上)」法律文化八巻一二号（一九九七年一二月）二五頁

処理区分	接受		
		合計	
			計
合計	3242	2750	2518
違憲法律	326	299	203
権限争議	5	2	1
憲法訴願Ⅰ	2482	2178	2057
憲法訴願Ⅱ	429	271	257

（判例時報一六二四号、一九九八年）

8　韓国の大法院と司法事情

❖ 法院の組織、法官の任命と定年

二〇〇〇年九月二四日、韓国を訪れた。今回の訪問は、ソウル高等検察庁の李萬熙上席検事の招きによるものである。李検事は、犯罪人引渡法の研究で法学博士の学位を授与された篤学の士である（本書一九七頁を見よ）。

九月二六日、大法院（わが国の最高裁判所にあたる）を訪問した。一九九七年に韓国を再訪した折には憲法裁判所のことを学んだ（本書二一二頁以下参照）ので、今回は、大法院について勉強したいと思ったからである。

大法院の建物（一九九五年秋、竣工）は、すばらしい環境、広い敷地の中に、司法の殿堂としての偉容をもっている。

大法院では、調査審議官の金容祥判事と趙顯日判事から話を伺った。そのほか、李検事から提供された資料を基にして、若干の事柄を綴ってみる。

一九八七年二月に金大中氏が大統領に就任して以降、同年一〇月二九日に憲法の一部改正が行われたのを初め、法院組織法（わが国の裁判所法にあたる）、刑法および刑事訴訟法等の一部改正が、相次いで行われている。以下に引用する条文は、二〇〇〇年九月の現行法の規定である。

法院（裁判所）は、大法院、高等法院、特許法院、地方法院、家庭法院および行政法院の六つのカテゴリーに分類される（法院組織法三条一項）。

高等法院（五つある）は、地方法院、家庭法院または行政法院でなされた裁判についての控訴審である。

特許法院は、九八年三月一日にソウルに設けられたもので、韓国知的所有権庁（ＫＩＰＯ）がした審決についての控訴審である。

地方法院（本庁一三）と家庭法院（本庁一）とは、合計四三の支部をもつ。家庭法院（ソウルにのみ設けられている）は、家事事件と少年非行事件について管轄権をもつ。

地方法院は、第一審ではあるが、同法院の単独法官のした判決および簡易法院のした判決に対する控訴審でもある。

行政法院は、九八年三月、ソウルに設置された。ソウル以外の地方法院は、その管轄区域に行政法院が設けられるまでは、行政事件についても管轄権をもつ。

さて、大法院は、高等法院および特許法院のした裁判並びに地方法院が控訴審としていた裁判についての上告を審理する終審の法院である。

法官（裁判官）の定員と現員は、二〇〇〇年七月一日現在、第1表のとおりである。

第1表で見るように、大法院は、院長及び一三人の大法官で構成される（組織法四条二項）。

大法院長は、国会の同意を得て大統領が任命する（憲一〇四条一項）。大法官は、大法院長の提議により国会の同意を得て、大統領が任命する（同条二項）。大法院長及び大法官以外の法官は、大法院法官会議の同意を得て、大法院長が任命する（同条三項）。

ここでは、憲法の一部改正により、

第1表　法官の人数

（2000年7月1日現在）

法　院	地　位	定員	現員
大法院	院長	1	1
	法官	13	13
	調査法官	59	51
高等法院★	院長	6	6
	部長判事★★	97	80
	判事	190	138
地方法院★★★	院長	15	15
	部長判事	305	242
	判事	1,052	890
計		1,738	1,436

（注）★　特許法院を含めて計上
★★　部長判事は、合議体の裁判長
★★★　家庭法院と行政法院を含めて計上

二項と三項で「……の同意を得て」という文言が追加されている。

大法院には、それぞれ三名の大法官から成る四つの部（小法廷）が置かれる。

大法廷を見学すると、法官席には、一三の椅子が並んでいるが、その両端が少し空いている。案内の審議官によれば、「南北統一が実現したときに大法官が増員されることを予想しているため」だそうである。

大法院長の定年は七〇歳、大法官の定年は六五歳で、それ以外の法官の定年は、六三歳である。一般の法官の任期は一〇年であるが、大部分の法官は、再任されている。

大法院長および大法官の出身分野（前歴）は、どうか。現在、一人が検察官出身、一人が弁護士出身で、それ以外はすべて裁判官出身とのこと。韓国には、裁判官、検察官および弁護士・学者による出身別の枠のようなものは、慣例的にも存在しない。そのため、例えば、弁護士出身の大法官が三人いたこともあり、ゼロだったこともある。

大法院長の任期は六年であって、再任されることはない（憲一〇五条一項）。大法官の任期は六年であるが、再任は可能である（憲一〇五条二項）。これらの任期は、かつては五年とされていたが、憲法改正により六年に延長された。

❁ 裵大法官、法官の事件負担

大法院を訪れた日の午後六時すぎ、李検事に同道してもらい、大法官裵淇源（Bae Ki Won）氏に法官室でお眼にかかった。

裵大法官（二〇〇〇年七月一一日就任）は、午後六時近くまで大法官会議に出席していてお疲れのところ、気持ち良く私を迎えてくださった。大法官は、裁判官を一五年勤めた後、大邱市で弁護士の登録をし、大邱地方弁護士会長を勤めたことのある経歴の人である。弁護士としての経歴が長いので、上記のように弁護士出身の大法官と見られている。

裵大法官は、次のように語った。「大法官の仕事は、激職です。毎日、記録を自宅に持ち帰って遅い時刻まで読み、土、日曜も五時間ほど記録読みに追われています。現在、上告理由をもっと制限することが、検討されています。」聞くところによると、大法官になって良かったと思うのは、就任の当日だけで、翌日からは地獄のような（?）ハードな仕事に追われる。現に、在任中に病にたおれ、不帰の客となった大法官がいるそうである。

裵大法官は、私が広島大学名誉教授であるというので、懐かしそうに次のように言った。

「大邱弁護士会は、三年前に広島弁護士会と姉妹弁護士会の縁結びをし、毎年、交互に訪問して、研究と親睦に努めています。弁護士会長に電話しておきますから、ぜひ大邱弁護士会を訪問してください」

次に掲げる第2表は、韓国の法院で処理された事件数を、法官一人当たりにつき計上したものである。

これによると、大法院では大法官一人につき、年間一、二四三件（一九九九年）が係属し、地方法院では、法官一人につき一万一、二二四件が係属していることになる。

第2表は、法官一人当たりの件数であるので、これを大法院全体で見れば、一九九九年には一万六、一六九件の上告事件等が係属していることになる。

なぜ、このように多数の事件が大法院に係属するのか。それは、一方では、上告理由がきびしく制限されてい

第2表　法官の事件負担数

（法官1人当たりの件数）

年＼法院	大法院	高等法院	地方法院
1990	639.9（13）	163.4（151）	630.1　（782）
1991	837.1（13）	190.0（151）	660.2　（802）
1992	953.0（13）	180.0（164）	703.5　（832）
1993	1,057.0（13）	176.4（163）	763.4　（840）
1994	969.5（13）	161.0（166）	748.8　（885）
1995	921.9（13）	151.3（172）	808.9　（921）
1996	952.9（13）	156.4（174）	841.3　（985）
1997	980.4（13）	165.7（183）	879.6（1,047）
1998	1,122.6（13）	143.3（180）	1,207.6（1,038）
1999	1,243.8（13）	160.6（162）	1,122.4（1,043）
平均	918	162	817

（注）　カッコ内の数字は、法官の数を示す。

ないこと（刑訴三八三条四号参照。一九六三年一二月改正）、他方では、韓国の国民には和解・調停等によるよりも訴訟、告訴・告発によって紛争解決を図ろうとする気風の強いことが、挙げられるであろう。

二〇〇一年現在、韓国の人口は、約四、五〇〇万人であり、弁護士の数は、正会員四、二三〇人、準会員四六八人（計四、六九八人）である。国民の間に訴訟、告訴・告発で紛争解決を図ろうとする気風があることは、弁護士にとって、収入源が増えるのでありがたいことかも知れない。

ところで、司法試験の合格率は、一九四九年から九五年までの平均で、二・一六％である。合格者は、一九九九年には約七〇〇人であったが、二〇〇〇年には八〇〇人の予定であり、逐年、増やして一、〇〇〇人にする予定とのことである。しかしながら、合格者の増加がもたらした弁護士数の増加は、最近、大きな問題を生んでいるようである。それは、弁護士の質の低下と並んで多数の悪徳弁護士の出現である。

李検事（司法研修所の教官をしたこともある）によれば、司法試験の年間合格者が約三〇〇人となったころから、合格者の質の低下が問題となっていたが、最近では、質の低下が著しいので合格者数を減少すべきだという意見が出されている。

弁護士の数が増えたのに、国選弁護の報酬が安い（一件につき基本的には邦貨約一万二千円）ので、弁護士は、民事訴訟や告訴・告発事件を多く引き受けて、薄利多忙で走り回わる傾向にあるとか。

それはまだしも、弁護士倫理違反どころか、法令違反の行為をする弁護士も少なくない由である。という次第で、韓国では、司法試験の年間合格者が千人になったら、以後、合格者の数を減らすことが検討されている由である。

ところで、李検事から興味深い「直接更正手続」の話を聞いた。これは、告訴・告発した者が地検検察官のした不起訴処分に対して高検に抗告をした場合、高検検察官が再捜査をして抗告に理由があると認めるとき、直接、地裁に事件を起訴する制度である。検察事件事務規則九一条（一九九八年七月二日、法務四六三号）により新設されたこの制度は、かなり運用されている由である。

この場合、地裁に事件を起訴する高検検察官は、地検検察官の資格を兼ねることになり、これに対応して高検公判部の検察官が、地検検察官の資格で地裁の公判に立ち会うことになる。抗告を受理した高検検察官が地検に再捜査を指示することもある。指示された事件の約四割が起訴されている由である。

このように、韓国では高検の権限が強い。直接更正手続によって高検が起訴すると、そのことが新聞等で報道されて大きな反響を呼ぶことがある。

（判例時報一七三六号、二〇〇一年）

9　韓国の独立記念館と海印寺

❀ 独立記念館

二〇〇〇年九月二五日に高麗大学で、また、二六日に延世大学で講演し、その翌日、独立記念館を訪れた。

独立記念館を訪れることは、かねてからの私の願いであった。記念館は、首都ソウルの南約八〇キロの、忠清南道天安市木川面黒城山の麓にある。ソウルから八車線の高速道路を車で南下すること一時間余りで、記念館に着く。その敷地は、約四〇〇万平方メートル（約一二〇万坪）という驚くほど広い。緑したたる丘陵地の景色の良い敷地に、六五棟（約五五、六三〇平米）の建物が建っている。

この地は、韓国独立運動の拠点の一つであったため、特にそれを記念して選ばれたそうである。案内書によれば、独立記念館は、「自由と独立を守り通した韓民族の歴史・文化と、特に、困難克服史、及び日本帝国主義の侵略に対抗した独立運動、そして、国家発展に関する資料を収集、展示、研究することにより、国民の強固な民族精神を打ち立て、人類平和に貢献することを目的とする」ものである。

一九四五年に韓国が独立を回復した後、一九七四年に民族博物館建設計画が浮上し、進められた。そのころ、日本の教科書における韓国歴史の歪曲事件がきっかけとなり、一九八二年八月、独立記念館建設の発起大会が開かれた。一九八六年には独立記念館法（法律三八二〇号）が制定され、翌八七年八月一五日の独立記念日に、独立記念館は開館した。

記念館の敷地には、なんと約四万七千坪にも及ぶ広い駐車場がある。そこへ、続々とバスや乗用車がやってくる。観光客を乗せたバスもあれば、学校の生徒・児童らを乗せたバス、その他、韓国各地からの見学者らを乗せたバスが、陸続として到着する。恐らく、生徒・児童らは、記念館を訪れることにより、民族の自主・独立のために闘った苦難の歴史を学ぶのであろう。

記念館には、「キヨレー（民族）の家」（一二、三〇八平米）を初めとして、六棟から成る展示館（合計約一万九千平米）のほか、円型劇場などがある。

圧巻は、展示館である。そこには、独立のために祖先が戦った時代と場所、そこに展開された戦闘の様子、迫害に堪える義士たちの苦悶の姿などが、パノラマや模型によって実に生き生きと展示されていた。

第一展示館（民族伝統館）には、先史時代から朝鮮後期までの韓民族の文化遺産と困難克服に関連した資料などが展示されている。

第二展示館（近代民族運動館）には、一八六〇年代から一九一〇年の「韓日併合」の名の下に主権を失うまでの、近代民族運動と救国運動にかかわる資料が展示されている。

第三展示館は、日帝侵略館と呼ばれている。「日帝」とは、日本帝国主義のことである。ここは、われわれ日本人として必見の場所である。

朝鮮は、日清戦争（一八九四―九五）と日露戦争（一九〇四―〇五）を通じて、日本の「保護国」となり、一九一〇年八月、日韓併合条約により日本の植民地に転落し、その支配下に置かれるようになった。朝鮮における日本の植民地政策は、資源の収奪と朝鮮人民に対する抑圧と搾取を内容としていた。そのような植民地政策に反抗して、一九一九年三月一日、朝鮮全土に独立運動（三・一運動）が拡がった。独立運動の指導者や参加者に対しては、容赦なく過酷な拷問と処刑が行われた。

第三展示館には、このような日帝の侵略と蛮行の実像が、実物大のマネキンなどによって拷問室と処刑場の有り様を示すものとして展示されている。それらの有り様は、目撃者・体験者らの告白、その他の記録にもとづいて忠実に復元されたものである。中でも、身動きもできぬほど狭いタテ型の箱（わが国で切支丹に対する拷問に用いられた三尺牢よりも、格段にひどい）の中に立ったまま縛り上げられた者の姿、さらに、火あぶりなどして拷問する様子を再現したマネキンによる拷問部屋の様子は、見るだけでも心臓が止まりそうな衝撃的なものである。

かつて日本では、切支丹に対する容赦なき拷問が行われたが、それは、あくまでも棄教を迫るものであった。だが、朝鮮でくり広げられた、独立運動者らに対する言語を絶する拷問と処刑は、憎しみに満ちた非人間的なものであった。話には聞いていたが、かつて日本の官憲がこれほどまでに想像を絶する拷問と処刑を行っていたとは、知らなかった。

拷問場面の説明文には、「われわれは、日帝の蛮行を赦すことはできるが、忘れることはできない」と書かれている。この言葉を深く胸に刻み込んで、私は、こみ上げる涙を押えながら、展示館を出た。

今日、韓国を訪れる日本人は、多数に上っている。それらの人たちがソウルから高速バスを利用するなどして独立記念館を訪れることを、希望したい。日本が過去に犯した誤ちを率直に認めるところから、日韓両国間の本当の友愛と信頼が生まれる、と思うからである。

❖ 海印寺

独立記念館の見学を終えて、高速道路を車で走ること三時間余りで、韓国の三大寺刹の一つに数えられる海印寺に着いた。

海印寺は、韓国華厳宗の根本道場であり、また、韓国人の信仰の総和である八萬大蔵経に仕える寺刹として、民衆の精神的な拠り所であり、知慧の灯火となっている。

海印寺は、秀麗明眉な伽倻国立公園の中心部の麓近くに、美しい緑の樹木に囲まれ、いわゆる行舟形局（大海に船が出帆している模様を意味する）の姿をとどめる地に、西暦八〇二年（新羅哀荘王三年）に王や王后の援助によって創建された。

一九九五年一二月、海印寺は、世界遺産として指定された。年間一〇〇万人を超える観光客が訪れる。日本からの観光客も、大邱市からバスなどを利用して訪れる。

海印寺という名称は、華厳宗の根本経典である華厳経の中にある「海印三昧」に由来している。「海印三昧」は、あるがままの世界を限りなく深く、広い大海に比喩して、荒い波濤、すなわち、衆生の煩悩妄想が止まるとき、宇宙のいろいろな真の姿がそのまま水の中（海）に照る（印）境地を指す。こうした如実な世界は、まさに仏の悟りを開く姿であり、衆生の本来の姿であって、これが海印三昧の教えである、と言われる。

海印寺には、高麗八萬大蔵経（国宝三二号）といわれる八万一、三四〇枚もの木板が、今も蔵経閣に収められている。この木板の存在こそが、海印寺の名を天下に広め、信仰の拠り所としての証しになっている。大蔵経というのは、「仏様のあらゆるお言葉が体系的に集大成された経典」だからである。

大蔵経は、高麗時代に二回にわたって国家事業として刊行された。一〇一一年に始まった大蔵経作りは七七年の歳月をかけて完成したが、一二三二年、蒙古軍の兵禍によって焼失した。再び一二三六年から本格的な大蔵経刊行が開始され、一六年後に完成した。

心を打たれるのは、経板作りにおよそ一〇年を要する工程を経ていることである。経板に使われた木は、島嶼地方で伐木した白樺と朴の木であって、それをそのまま海の中に三年間漬けた後、切り、再び塩水で蒸して日陰で乾かすこと三年、さらに仕上げに三年余を要した。経板が曲らず、ひび割れもせず、朽ることのないよう、細心で万端の準備がなされた。

こうして準備された経板は、再び鉋で精巧に整えた後、まず筆で経文を書き、その文字を一つ一つ板刻する手順を踏んで仕上げられた。経文を書く約三〇人の僧たちは、文字を一字ずつ書く時、その都度、礼拝したといわれる。精魂を込めて書き、彫り上げられた五、二〇〇万字を超える欧陽詢体の繊細・精巧な文字は、あたかも全部を一人が書いたかのように一定している。こうして、一文字の誤字も脱字もない完璧な蔵経が作り上げられた。

大蔵経を作る頃の高麗王朝は、数回にわたる外国勢の侵入のために、混乱に陥っていた。そうした時代的な状況の中で、王・貴族・百姓が国家を救おうとする意図で作ったのが、まさに八萬大蔵経である。その八萬大蔵経は、今も蔵経閣の中で、暑気・寒気・湿気に損われることのないよう、細心の注意をもって保存されている。海印寺を訪れる人は、蔵経閣の中をのぞき見ることによって、深い感動を覚える。

私は、その蔵経の一つである「般若波羅密多心経」（いわゆる般若心経）の板木刷りを一枚買い、それに記念の印を押してもらった。この般若心経の板木刷には、「唐　三蔵法師玄奘　譯」という文字が入っている。

海印寺は、一、二〇〇年の法燈を受け継いで、今も息づいている。その美しい伽藍を眺めるだけでも、心は満たされる。

海印寺を訪れた翌日、韓国中東部の商工業の中心都市大邱にある大邱地方弁護士会を訪れた。これは、大法官裵淇源氏が任官するまで会員であったことから、わざわざ同弁護士会に電話してくださったからである。

大邱弁護士会は、三年前、広島弁護士会と姉妹弁護士の縁結びを交わし、交互に訪問する形で、毎年、交流を続けている。という訳で、弁護士会長ら数人の役員が、広島にゆかりのある森下先生歓迎会を開いてくださった。二〇〇〇年一一月三日には、広島弁護士会の約三〇人の会員が大邱に来て、韓国と日本の破産・倒産制度の研究会を開く予定、とのことであった。

韓国では、いわゆるＩＭＦ（国際通貨基金）寒波（一九九七年一二月）によって惹き起こされた企業倒産の余波が、今なお残っており、司法界も産業界もその処理に追われている由である。

大邱弁護士会を訪問した後、大邱補導所（刑務所）を参観した。

およそ三〇年前に建てられたというこの刑務所は、建物も諸設備も古く、過剰拘禁気味であった。どの国でも、地方の刑事施設は、改築が遅れている。日本でも、二〇年、三〇年前はそうであったのだから、その意味で、大邱補導所の運営の困難さを理解することができた。

所内には、一〇名の死刑確定者がいた。所長は、「以前には、かなり死刑の執行がありましたが、金大中大統領の就任（一九九八年二月）以降、ここでは一件も死刑の執行がありません」と語った。この言葉を聞いて、私は、静かな心の喜びを感じた。

後日、調べたところ、韓国の「法務年鑑二〇〇〇」によれば、一九九八年以降、韓国全体で死刑の執行は一件もない。

（判例時報一七三九号、二〇〇一年）

10　台湾紀行

❀ 故宮博物院、トリプル選挙

一九九八年一一月二八日、中華民国（台湾）を訪ねた。広島大学大学院に留学し、修士号を取った教え子の許啓義君が「先生、一度、台湾に来てください」と数年越しで、熱心に言ってくれる厚意に応えたものである。

許君は、数年前から法務部（わが国の法務省にあたる）保護局の課長である。許君が法案作成の責任者となった犯罪被害者補償法は、昨年の秋、施行された。

台北に着いた夜、元の教え子や日本の大学に留学した経験を持ち、現在、法務部、大学、警察などで中堅幹部として活躍中の一〇人ほどが集まって、歓迎会を開いてくれた。皆、日本語が達者なので、外国にいるような気がしなかった。

その中の一人、江玉女さんは、現在、警察庁の国際課で一二人の部下を率いて国際犯罪事件に取り組んでいる。彼女は、言った。「今や、最大の課題は、国際犯罪にどのように取り組むかです。

森下先生の国際刑法研究に関する著作全七巻は、全部、読んでいます。中でも『国際刑事司法共助の研究』と『国際刑事司法共助の理論』は、座右に置いて、徹底的に研究しています」と。

翌日、国立故宮博物院を訪れた。この博物院は、台北の外双溪に位置し、山に寄り添うように築かれている。その外観は、伝統的中国宮殿造りで、青々とした美しい眺めの山々に囲まれた中に典雅なたたずまいを見せている。

博物院の収蔵品は、五千年来の諸王朝を含む宮廷の旧蔵物であり、一九四八年、中国から台湾の台北に移転されたものである。その数量は、七〇万点近くにのぼっている。蔵品中、最も完備している陶磁器、書画、青銅器を初めとして、玉器、漆器、七宝焼等の収蔵もかなり多く、世界有数の逸品ばかりである。

博物院では八か国語によるガイドの用意がある由だが、私は、美術史・民俗学に造詣の深い案内係氏から日本語で有益な解説を聞くことができた。故宮博物院を訪れて見たいという永年の夢がかなえられて、私の心は満たされた。

ところで、この博物院の門前にまで、ものすごい数の旗やのぼりを持った選挙の運動員が押し寄せて来ている。市内に出ると、道路の両側、さては中央分離帯に、色さまざまの旗やのぼりが林立している。一二月五日（土）に立法院議員、台北市長、台北市会議員のトリプル選挙が行われることになっているので、立候補者とその運動員らは、最後の追い込みとばかり、選挙カーや街頭行進等により、街中、ものすごい選挙運動を展開しているのだ。

聞くところによると、選挙運動のやり方につき、あまり法的規制がないらしい。そのせいか、旗・のぼりの数も大きさも、制限を受けないらしい。大きいビルから大きな看板（約たて八メートル、よこ三メートル）が吊されているものもあり、横断歩道橋に巨大な横断幕を張っているものがある。

一番、眼を惹いたのは、女性の立候補者の多いこと、しかも美人の立候補者の多いことである。候補者名を書いた旗・のぼり・看板等には、三分の一ないし四分の一に、立候補者の写真が大きく写っている。女性の候補者は、みな、美人ぞろいである。弁護士、法学碩士（修士）などの職業、肩書も書かれてある。推薦人たちが、こうした美人を候補者としてかつぎ出すのであろうか。

許君の話では、「台湾女性は、男性よりも優秀で、やる気がある」とのことである。そう言えば、私の歓迎会に集まった一〇人のうち、ほとんどの者の夫人が官庁、法的機関等で働いており、夫よりも有名な夫人が少なくない、とのことである。

それらの働く女性は、二人ないし三人の子供の母だそうである。台湾では、子育てを終わった四〇代、五〇代の婦人が、昼の間、子守りなどの仕事をしてくれるとのこと。

それでも、特殊合計出生率（一人の女性が生涯に生む子どもの数の平均）は一・八だそうである。経済的に豊かになった台湾ではあるが、豊かな社会にほぼ共通して見られる少子化の傾向が、うか

がえるようである。(1)
ついでながら、今年の司法試験(合格率は六%)の合格者中、女性は四割に達した。現在、裁判官と検察官のうち三割は女性が占めている由であるが、いずれ、この女性比率は四割に達するかもしれない。司法試験の女性合格者は、なぜ多いか。「女性は、勉強熱心で、優秀だ。男は、大学卒業と同時に二年間、兵役に服する。軍隊から帰ってから勉強しても、すぐには合格できない」という人がいた。

(1) 台湾の特殊合計出生率は、二〇一〇年には〇・九であったが、二〇一一年には一・〇六五であった。

中央警察大学と法務部

一二月一日、午前中に台北監獄を参観し、午後、許君の母校である中央警察大学を訪れた。謝瑞智学長に会うと、学長は、私を心から歓迎してくださった。謝学長は、ウィーン大学法学博士の学位をもつ人で、国立師範大学で憲法と刑事政策の教授をしていて、一九九七年七月、警察大学の学長に就任した。かつて明治大学と早稲田大学に留学したことのある謝学長は、上手な日本語で次のように語った。

「私は、二〇年前から森下先生の刑事政策の著書・論文を読んで、それをしばしば引用して刑事政策の本を書きました。そのような訳で、かねてから森下先生にお眼にかかりたいと念じていたところ、本日、森下先生とお話をすることができて、本当にうれしいです」

思いがけない謝学長の言葉、そして学究らしい真摯な態度に、私は心を打たれた。学者と学者の間には、国を異にしても心の通い合うものがある。

一九三六年に創立され、一九五七年に大学に昇格した中央警察大学は、広くて美しいキャンパスをもち、現在、一三の学部と六つの大学院を擁する大きな規模をもつ大学になっている。学部としては、法律学部、刑事警察学部、交通学部、消防学部、情報管理学部、鑑識科学学部、犯罪防止学部、外事警察学部、国境警察学部などがある。消防学部は、近く消防大学として独立するそうだ。

この大学の学生は、将来、それぞれの分野のエリートとして活躍する人材となることが期待されているので、きびしい選抜試験で選ばれるそうだ。法律学部について見れば、入学定員は、一学年一五名ほどとのこと。その代わり、学費も（大学内にある）寮の生活費も、すべて国費でまかなわれる。

午後二時半から一時間半余り、法律学部の学生、大学院生、教官、卒業生（法務部等で活躍している）ら、約一〇〇名を前にして、「日本の刑事立法と刑事政策の新動向」と題する講演を——許君の通訳付きで——した。

講演に引き続いて、質疑応答の時間を設けたところ、次から次へとするどい質問が出た。例えば、①一九七四年の改正刑法草案に対する大きな反対理由が保安処分の新設に向けられたことは、理解しがたい。②なぜ、刑法適用法を近時の国際犯罪に対処しうるように改正しないか。③新しい国越犯罪を防止するため、どのように国内法を整備しているか。④犯罪被害者や証人を保護する立法と態勢をどのように進めているか、など。

私の講演に加筆したものが、中央警察大学の研究雑誌「法学論集」の最近号（一九九九年三月刊）に掲載されるそうである。

大学のあちこちを参観した。地下の射撃場では、数人の学生が、教官の指導を受けてピストルの射撃練習をしていた。

案内役の教官や教え子たちが、「先生、射撃をやりませんか」と熱心に勧める。私は、「一度もしたことがないから」と固辞したが、一同がしきりに勧めるので、「それでは……」と撃つことにした。二五メートル先の標的に狙いを定めて、一発、撃った。思ったよりも、大きな音がした。

標的（真ん中の部分が黒で、周辺が白の正方形の紙）を見ると、弾痕がついていない。指導の教官が「もう一発、撃て」というので、一発、撃った。やはり、標的に弾痕はついていない。「二発とも外れだったか」と、情けない思いがした。教官が、「もう一発」「もう一発」というので、合計、四発、撃った。標的を近づけて見ると、黒色の部分の九点、八点、七点、七点にほぼ集中して弾痕がある。一同が、「生まれて初めての経験にしては、すばらしい成績です。森下先生には、射撃の才能があります。もっと練習すれば、次のオリンピックに出れるかも……」と言った。

帰国の日（一二月二日）の午前、法務部を訪れて城仲模部長に会い、三〇分余り、日本語で話し合った。

城法務部部長（日本の法務大臣にあたる）は、かつて早稲田大学で斉藤金作教授、東大で団藤・平野両教授に就いて刑事法の研究をした後、ウィーン大学で行政法の研究をして博士号を取得し、さらに米国のウィスコンシン大学で研究を続け、帰国後、国立中興大学で行政法の教授を務めた。その後、憲法法院の大法官を経て、一九九八年七月、法務部部長に就任した。

このような経歴をもち、俊英のほまれ高い城部長は、法務部の内外で厚い信望を寄せられている。城部長は、私が数年前、著書二〇冊を法務部に寄贈したせいもあってか、心から歓迎してくださった。そして、「台湾の犯罪と刑務所人口を減らすために、良いお知恵があれば御教示ください」と言った。

城部長の真摯な学者的態度に打たれて、私は、次のように言った。

「社会内処遇を推進する必要があるように思われます。実は、日本でも戦後の混乱期に全行刑施設の被収容者は一〇万人に達し、収容率は（定員に対し）二〇〇%でした。私が一九四九年、大阪刑務所（定員二、五〇〇人）に志願囚として入った当時、大阪刑務所も受刑者が四、八〇〇人を超える、ひどい過剰拘禁でした。その志願囚の記録である拙著『若き志願囚』をお読みください」

私が学生時代に著した『若き志願囚』（矯正協会、一九八〇年刊）に署名して贈呈すると、城部長は、大喜びして謝辞を述べると共に、志願囚生活のことをいろいろ尋ねた上、「貴重な本から勉強させていただきます」と言った。そして、城部長は、記念の品として、台湾名産の「交趾陶」という色彩豊かな芸術品の置物を土産としてくださった。

法務部長との会見を終えると、刑事局付の若手検事六人（うち、三人は女性）が「森下先生と意見交換をしたい」というので、一時間近く話し合った。

その席上、「日本の起訴猶予制度と被害者の権利保護との関係は、どうなっているか」、「日本の刑事訴訟法は、被害者や証人の権利保護のため、どのような方策を講じているか」、「加害者＝被害者和解プログラムは、法の下の平等を保障する憲法に違反するのではないか」など、するどい質問が、相次いで出された。

（判例時報一六六九号、一九九九年）

第三部　ハワイと中南米

1　ハワイの昔と今

❁ モロカイ島の聖者

「愛する皆さん、私は、あなた方と同じ仲間になりました」

一八八五年のある日のミサで、ダミアン神父は、ライ（ハンセン氏病）を病む信者たちにこう言って、自分もライに感染したことを告げた。ハワイ群島の一つ、モロカイ（Molokai）島のライ病者隔離地区に建てられた教会堂でのことである。

ベルギーで一八四〇年に生まれたダミアン（Damien de Veuster）は、長ずるに及んで召命を感じて司祭となった。彼は、一八七三年、悲惨を極めたモロカイ島のライ病者を救済するため、モロカイ島に渡った。

ライ病（それは、死よりも恐ろしい）は、もともとハワイ群島には存在しなかったのであるが、一八世紀の末ごろ、外国船員によって持ち込まれたらしい。一八六三年には、ライ病がハワイで急速に蔓延《まんえん》しつつあることが指摘され、二年後、ライ患者隔離法が制定された。

その隔離地に選ばれたのが、モロカイ島（ホノルルのあるオァフ島のすぐ南の島）の北岸に突出する小さな半島のカラワオ地区である。そこは、三方を海に囲まれ、一方は断崖絶壁に遮られていた。一八六四年から、患者の「隔離地」への移送が始まった。その数はしだいに増えたが、ハワイ政府は、移送された患者の生活、治療等の世話をほとんどしなかった。

隔離地は、さながらこの世の生き地獄と化した。絶望と悲惨に打ちのめされた患者らは、盗み、賭博、けんか、果ては殺傷沙汰の明け暮れの日を過ごし、介抱されることもなく死んで行った。

この状況を改善するため、一人でも神父または修道女がモロカイ島に住み、身をぎせいにして患者たちのために働くことが要望された。これに応じたのが、若きダミアン神父であった。

「生ける墓場」という別名のあるモロカイ島でダミアン神父が見たものは、まさに生き地獄であった。そこには、目のあるべき所に膿《うみ》の穴のある病人、鼻のあるべき所にただの節穴のある病人、指のない病人らが、うめき苦しんでいる姿があった。

神父は、連日、ほとんど休む時間もないほど働いた。病人の膿をぬぐい、傷口を洗い、ほう帯を取り替え、……そして、毎日のように棺桶を作り、死者を葬った。彼が作った棺桶の数は、二千に達した。

セツルメント（隔離地）には、常時、ほぼ八〇〇人の患者がいた。ハワイの司教は、ダミアン神父の求めに応じて援助資金を集め、建築資材、衣類などを送った。神父は、六つの教会を建て、学校、療養所を発足させた。毎日、ミサを立て、教理を教え、告解を聴くのは、もとより司祭の本来の務めであった。

若きダミアン神父が単身モロカイ島に渡った一八七三年、ノルウェイの青年医師アルマウル・ハンセンは、ライ病原体の発見を公表した。ライ病（今日では、ハンセン氏病と呼ばれている）は、伝染病であることが判明した。

ダミアン神父の働きによって、かつての生き地獄は、不幸・薄命な病者が信仰に生きて、天国へ旅立つ祈りの島と化した。それは、若き司祭の信仰とぎせいの賜物であった。ダミアン神父は、ハワイの光栄であり誇りであるとして人びとから讃えられ、彼の働きは全世界に知られた。

しかし、彼は、モロカイ島に来て二、三年足らずのうちにライ菌に侵された。一八七六年には、ライ病の最初の兆候が出た。腕と背にカサカサの斑点が生じ、その後、斑点は、黄色く変じ大きくなった。一八八一年に至り、足に激痛を感じ始め、八三年初め、左足の片面は全く知覚が衰えた。八五年のある晩、彼は、過って素足に熱湯をかけたが、少しも火傷《やけど》を感じなかった。その後、ほどなくして来島したドイツ人医師は、診察の結果、神父がライに侵されていることを確認した。

こうして、冒頭に書いたように、ダミアン神父は、ライ患者の仲間入りしたことを彼の愛する信者たちに告げた。

「ダミアン神父、ライに感染す！」のニュースは、諸外国に伝わり、欧米諸国の人びとに大きな衝撃を与えた。やがて、神父の事業を助けるべく、三人の神父と三人の修道女が、モロカイ島に着いた。多くの国の人びとが、救援の資金や物資を送ってきた。

一八八九年四月一五日、聖週間の月曜日の朝、ダミアン神父は、顔に微笑を浮かべながらその魂を天に返し、主のみ許《もと》で永遠の眠りについた。岩をかむ潮騒《しおさい》と、すすり泣きの声を地に残して――。

弔鐘は、世界中に鳴りひびいた。イギリスは、「ダミアン研究所」を設けるとともに、インドその他の英領におけるライの実情を調査し、委員会を設けてその対策を実施した。ベルギーの古都ルーヴァンは、広場に救ライの使徒ダミアン神父の銅像を建てた。神父が帰天したその年、日本では、パリ外国宣教会の神父が、初めてライ療養所を静岡県の御殿場に建設した。

一九三六年五月、ダミアン神父の遺骸を乗せた軍艦が、祖国ベルギーのアントワープ港に到着した。柩《ひつぎ》は、ベルギー国王をはじめ、彼の遺徳を慕う多数の人びとによって迎えられた。遺骸は、永遠にセント・アントニウスベルクの墓地に葬られ、故国の土に還った。

私は、一九八七年一月、ハワイ大学と広島大学との学術交流の一環として、一週間、ハワイに滞在した。その間にモロカイ島にあるダミアン神父の遺跡を訪れたい、と思った。しかし、ハワイ諸島のうち、モロカイ島だけは、ツアーもないらしく、特別の飛行機か船を利用するより仕方ないとのこと。

ホノルルのワイキキの浜に面して建つ聖アウグスチノ聖堂の北側に、ダミアン博物館（Damien Museum）がある。そこには、救ライの使徒を偲《しの》ぶかずかずの遺品、写真などが陳列されている。

ハワイ大学ロー・スクール

ハワイ大学（University of Hawaii at Manoa）は、ホノルル市内の緑に包まれた広いキャンパスをもち、約二五、〇〇〇人の学生を擁している。その中のロー・スクール（William S. Richardson School of Law）は、一九七三年の創立である。

ホノルル到着後、すぐこのスクールを訪れたところ、交換教授のナンダ（Ved P. Nanda）教授（Denver 大学）に会うことができた。教授は、バッシオーニ（M. Cherif Bassiouni）教授とともに国際刑法の本の編著者として国際的に高名である。いつか彼に会いたいと念じていたので、この奇遇は、私にとって大きな喜びであった。

一月二七日の夕方、市内の広々とした敷地内のクラブで、連邦最高裁のスティヴンス（Stevens）判事の講演会があった。一五〇人ぐらいの司法関係者や法学者が、これに出席した。私と妻も、刑法のバーケー（John L. Barkai）教授に誘われて、出席した。講演のあと、盛んに質問が出され、判事との間に質疑応答がくり展げられた。判事は、しきりにジョークを飛ばして、出席者を笑わせた。

講演会のあと、レセプションがあった。私と妻は、スティヴンス判事と語り、ハワイ州知事夫妻といっしょに写真をとったりした。レセプションは、多くの人たちと気軽に語り合えるので、実に楽しいものであった。

一月三〇日、ロー・スクールの「太平洋・アジア法学生協会」（PALSSO = Pacific and Asian Legal Studies Student Organization）の主催で、私の「アジアにおける犯罪の国際化」（Internationalization of criminality in Asia）と題する講演があった。講演に先立ち、ハワイ娘が私の首にカーネーションのレイ（首にかける花輪）を掛け、ほおにキスをしてくれた。

約四〇分の講演を終えると、次から次へと質問が出た。そのうち、若干のものを紹介する。

その一。日本の法曹、特に弁護士の数は人口比においても余りにも少ないが、それでもって国民の側からする法律相談や訴訟の弁護の依頼などに応ずることができるか。

この質問は、全米で弁護士の数が六〇万人にも達する米国としては、当然のことであったであろう。ちなみに、ハワイ大学のロー・スクール（三年制）に在籍する学生は、約二五〇人。ハワイ州における弁護士試験の合格率は、六二％であって、他の州のそれに比べてかなり高い。

その二。日本の治安は良好で犯罪率は低いというが、警察が強大な権限を持ち過ぎているのではないか。警察が強大になると、治安維持の名目の下に国民の人権を侵害するおそれがあるのではないか。

その三。日本にテロ対策立法はあるか。日本のテロ実情は、どうか。

私としては、アジアにおける麻薬犯罪とその対策、日本における暴力団の問題などにつき質問が出るかと予期していたのであるが、時間の都合のゆえか、これについての質問は出なかった。別の見方をすれば、ハワイの人びと、特に法律関係者は、日本の「ヤクザ」のハワイ進出のことを良く知っているのである。

講演が終わると、「日本では、臓器移植の問題は、どうなっていますか」と、巧みな日本語で話しかけてきた人がいる。日本に一〇年住んでいたというベッカー（Carl Becker）助教授である。

彼といろいろ話したのであるが、その中で、一つ気になることがある。彼は、次のように語った。日本の映画が、ハワイのテレビでたくさん上映されている。その中には、例えば、『暁にほえろ』というのがあり、その映画では、警察署で、警官らが犯罪容疑者に対し、ひどい拷問をしている。そういうことは、米国では考えられない。日本の当局は、あのような映画の上映をなぜ禁止しないのか。米国の人びとは、映画『暁にほえろ』などを見て、「日本では、あのような人権侵害が行われている。日本は、経済大国かも知れないが、人権尊重の点では、ひどく遅れている国だ」と思っている、と。

これにつき、私は、「日本の映画やテレビ・ドラマは、わざと拷問場面を作り出し、それをクライマックスにする傾向がある。表現の自由の問題があるので、そのような映画等を法律で禁止することは困難だ」と答えた。しかし、ベッカー助教授は、納得せず、「上述（その二）のような質問が出たのは、日本における人権擁護につき米国人が疑念を抱いているためだ」と語った。

ハワイ大学のロー・スクールには、日系二世の助教授（民法）もいるし、そのほか、来日・滞日の経験をもつ教授は少なくない。ハワイの米国人弁護士の中にも、日本に数年住んでいたと言って達者な日本語を話す人がいる。住民の四分の一が日系人であるハワイ州では、日本への親近感は格別大きい。

それにもかかわらず、日本の本当の姿を米国人に理解してもらうことは、なかなかむずかしい。今後とも、人と文化の交流が地道に続けられる必要があるように思われる。

（判例時報一二五五号、一九八八年）

2　中南米のモデル刑法典

❖ 中南米の刑法事情

中南米は、ラテン・アメリカ（Latin America）と呼ばれている。この呼び方は、南アメリカ、中央アメリカ、メキシコおよびカリブ海の西インド諸島を含む地域的総称である。わが国では、アメリカ合衆国のことを「アメリカ」と言うことがしばしばであるが、これは、もとより正しくない。「アメリカ」には、北米、中米および南米が含まれているからである。アメリカ合衆国とカナダを含む北米は、アングロ・アメリカと呼ばれ、これに対応して中南米は、ラテン・アメリカと呼ばれている。

中南米と一口に言っても、広大な地域に一八か国が存在し、政治・経済面ではもとより、社会・文化面でも、その歴史的事情を反映して、さまざまな特色をもっている。私にとって興味があるのは、(1)高原の先住民族が、相当高度の文明社会を形成していたこと（インカ帝国のインカ文明）、(2)白人、インディオ、ニグロなど複雑な混血者が、人口の大半を占めること、(3)ラテン系文化とインディオ固有文化との複合がいちじるしいことである。

中南米に共通する特徴は、⑴ブラジルでポルトガル語が国語とされているのを除いて、スペイン語が国語とされていること、⑵宗教的には各国ともカトリック教徒が多く、国民の大部分を占めており、教会の影響力が相当大きいこと、である。スペイン語とポルトガル語とは、ラテン語の一方言であるという事情もあって、相通じる点が多く存在する。カトリック教（ローマ・カトリック）による結び付きの強さは、わが国では理解できないであろう。

このようにして、中南米では、その地理的隣接性と相まって、社会・文化面における共通性は、近時、いっそう促進されつつあるように見える。このことは、法律面では、どうであろうか。

一九二八年の**ブスタマンテ法典**（Código Bustamante）は、国際的に有名である。この法典は、同年二月、キューバの首都ハバナで締結された国際私法条約に付属する国際私法法典（Código de Derecho Internacional Privado）である。同法典は、序編に次いで、第一巻「国際民法」、第二巻「国際商法」、第三巻「国際刑法」および第四巻「国際訴訟法」から成り、その条文数は四三七に及ぶ大法典である。なお、このうち第三巻および第四巻については、森下による全訳が、広島法学五巻二号（一九八一年）に掲載されている。

一九三三年には、ウルグァイの首都モンテビデオ（Montevideo）で、いわゆるモンテビデオ犯罪人引渡条約が、米国を含む北中南米二〇か国の間で締結されている。

刑法の領域では、中南米諸国は、ヨーロッパ大陸諸国の刑法の影響を受けてきた。それを分類すれば、次のとおりである。

(1)　スペイン刑法の影響を受けた国　……チリ、ホンデュラス、パラグァイ、ニカラグァ、グァテマラ。なお、一八五〇年のペルー刑法

(2)　イタリア刑法の影響を受けた国　……アルゼンチン、一九三六年のコロンビア刑法、キューバ、メキシコ、パナマ、ベネズエラ、ウルグァイ

(3)　その他の国から影響を受けた国　……エクアドルはベルギー刑法から、一九二四年のペルー刑法はスイス刑法から、サント・ドミンゴはフランス刑法から影響を受けた。

(4)　数国、特にドイツから影響を受けた国　……ボリビア、ブラジル、コスタ・リカ、エル・サルバドル

これをその刑法の基本学説の立場から考察すると、次のように五種類に分けられる。

(1)　古典学派を基礎とするもの　……チリ、エクアドル、ホンデュラス、サント・ドミンゴ、パラグァイ、パナマ、ベネズエラ

(2)　実証学派の影響下にあるもの　……一九三六年のコロンビア刑法、キューバ、メキシコ

(3)　古典学派と実証学派との影響下にあるもの　……アルゼンチン

⑷　刑事政策的色彩の強いもの　……一九四〇年のブラジル刑法、ウルグァイ
⑸　近代的刑法理論を基礎とするもの　……ボリビア、一九六九年のブラジル刑法、エル・サルバドル、グァテマラ、一九八〇年のコロンビア刑法

ここに概観しただけでも、中南米諸国の刑法は、多くのヨーロッパの国ぐにから影響を受けており、その基本的立場も――刑法典の制定された当時の法思想や歴史的事情を反映してか――多彩であることがわかる。

もともと、中南米には、固有の刑法学派もなければ、伝統的な刑法思想というものもなかった。スペインがかつて中南米を政治的に支配した結果、スペイン刑法の影響を強く受けた国のあることは、理解することができる。

イタリアの一八八九年刑法（いわゆるザナルデリ刑法典）の影響を受けたのは、パナマ刑法、一九二一年のアルゼンチン刑法である。その後、イタリアではフェルリ（Ferri）らを代表とする実証学派が登場したが、その強い影響を受けたのは、一九三一年のメキシコ刑法、一九三六年のコロンビア刑法、同年のキューバ社会防衛法である。一九七九年のキューバ新刑法は、社会主義法の基本に従うとしつつも、犯罪を危険性の徴表と見る立場を承継している。

❖ 中南米のモデル刑法典

地理的に隣接する中南米で、それぞれの国の歴史的・政治的事情はあるにせよ、こうも多様多彩な刑法典が存在することは、犯罪人引渡し、刑事司法共助などを促進するためには、望ましいことではない。できるものなら、ある程度共通した刑法典を制定しようではないか。そのためには、モデル（模範）となる刑法典を作成する必要がある。——こう考えて、その仕事を提唱し、推進したのが、チリの刑事科学研究所長ノヴォア・モンレアル（Eduardo Novoa Monreal）教授である。

一九六三年一一月、チリのサンチアゴで、モデル法典作成のための第一回会合が開かれた。この作業は、中南米の経済的・文化的・政治的結合を促進することを目ざす立場から、統一的な刑法体系の輪廓を明確にすることに努めながら、他方では、特に刑法各則で各国の特色を尊重する方針を採った。

一九七一年、**「ラテン・アメリカのためのモデル刑法典」**（Código penal tipo para Latinoamerica）の総則が発表され（一一二か条から成る）、これは、一九七三年、チリのサンチアゴで公刊された[1]。

このモデル刑法典は、早くも諸国の立法作業に大きな影響を与えた。一九六九年のブラジル刑法、一九七二年のコスタ・リカ刑法とグァテマラ刑法、一九七四年のニカラグァ刑法および一九八〇年のコロンビア刑法が、モデル法典の線に沿って制定されたのである。その他の国でも、新刑法制定のための草案作りが進められている模様である。

だが、他方では、中南米の中には、一九七三年以降、政情不安定な国、非常な経済危機に見舞われている国などがあり、それらの国では、モデル刑法典の基本原則から後退する傾向が見られる。たとえば、モデル法典は死刑を廃止しているのに、若干の国で死刑がかなり適用されているのが、それである。

一九六三年、サンチアゴにおけるモデル刑法典作成のための第一回会合で、一〇項目から成る「基本原則宣言」がなされた。その第一から第四までは、罪刑法定主義に関するものである。第五以下は、次のとおりである。

第五「刑法は、いかなる差別もなしに、すべての人に平等に適用される。」

第六「責任（culpabilidad）がなければ、刑罰はない。刑法からすべての形式の客観的責任を排除しなければならない。」

第七「刑事責任は、厳格に個人的である。保安処分は、刑法の定める要件を具備する者についてのみ、これを適用することができる。」

第八「何人も、事前に定められた法律の手続により、かつ、正規に構成された権限のある裁判所で裁判されるのでなければ、刑を言い渡されることはない。自由な防御は、適正な手続の不可欠の条件である。いかなる場合にも、特別裁判所による裁判は認められない。」

第九「確定裁判を受けた者は、同一の行為につき再び裁判されることはない。」

第一〇「刑事訴追を受けた者は、有罪の言渡しがあるまでは無罪と推定される。」

このように、刑事手続に関する諸原則の含まれていることが、特徴的である。

モデル法典における違法性、責任能力、故意、過失、錯誤に関する諸規定は、ドイツ法の影響をも受けているように見受けられる。共犯では、共同正犯、教唆犯および幇助犯を一応区別しながら、いずれも正犯の刑で処断することにしている（三三条―三五条）。

モデル法典は、刑の体系に関しては、主刑として自由刑と罰金を規定し、付加刑として絶対的な人の資格制限と特定の権利・資格の制限とを規定する（四二条、四九条―五四条）。自由刑の最高は、二五年である（四三条）。無期刑はない。罰金は、日数罰金であって、その最高は、五〇〇日である（四五条）。

モデル法典は、刑罰と並んで保安処分を規定している。この二元主義の立場は、中南米では多くの国で採用されている。たとえば、ペルーの一九二四年刑法、ウルグァイの一九三三年刑法、ブラジルの一九四〇年刑法と一九六九年刑法、コスタ・リカの一九七〇年刑法、ボリビア、グァテマラおよびエル・サルバドルの各一九七三年刑法、ニカラグァの一九七四年刑法、キューバの一九七九年刑法、コロンビアの一九三六年刑法と一九八〇年刑法が、それである。

このうち、キューバ刑法のみが、イタリア実証学派にならって前犯罪的保安処分を規定している。

モデル法典の規定する保安処分は、治療処分、労作処分および観察処分の三種類である（五七条）。治療処分は、責任無能力者、限定責任能力者等に対し、特別施設または適当な区画において必要な治療をほどこすものであって、その期間は不定期とされる。処分の解除は、裁判官が決定する（五八条）。

労作処分は、農業コロニー、労働所などに収容して労働させ、教育をほどこす処分であって、収容の最高期間は一五年（五七条、五九条）である。

観察処分は、自由制限処分であって、(a)居住制限、(b)一定の場所への立入禁止、(c)監督機関への出頭義務、(d)飲酒にふけることの禁止、(e)麻薬等の使用禁止を内容とし、その最高期間は、一〇年である（五七条、五九条）。

（1）　これの紹介として、Bustos Ramirez & Valenzuela Bejas, Le système pénal des pays de l'Amérique latin, 1983, Paris. がある。

（判例時報一一五九号、一九八六年）

3　中南米の盗賊（上）

❁ ペルーの山賊

一九八八年七月、日本の新聞の片すみに、「ペルーでバス転落　三〇人死亡」という小さい記事が載っていた。

それによれば、首都リマ東方三〇キロの山岳地帯で、満員の乗り合いバスが谷底に転落し、三〇人が死亡、数十人が負傷した。そして、生存者が明らかにしたところによると、事故の直後に山賊が現れ、警察が到着するまでの間に、死傷者からスーツ・ケースや時計、現金などを奪って逃げたという。

この記事中、山賊たちが事故の直後に現れ、死傷者から財物を奪って逃げたという箇所が、注目される。山賊たちが負傷者の救助に全力を尽くしたというのであれば、「あっぱれ、山賊」として美談にもなろう。だが、ペルーの山賊には、義賊の面影はないようである。

実は、一昨年の夏、私は、ペルーから休暇で日本滞在中の加藤正美神父（ペルー生まれの二世）

に東京でお眼にかかった。加藤神父の滞日の主目的は、ペルーの郊外に設けている、親に捨てられた子どもたちの養護施設「エマヌエルの家」の維持経営資金など、寄付金を集めることであった。

神父から最近のペルーの事情を伺ったところによると、物資の欠乏はひどくなり、物価は異常な上昇を示し、失業者は増える一方で、治安は、ますます悪化している。あるドイツ人神父は、ドイツの人たちから寄付してもらった新車を運転して地方に行ったところ、武装した盗賊団に襲われ、車と持ち物とを全部、奪われたそうである。

カトリックの国では、神父や修道女は、生涯、独身を守り、すべてを神に捧げて、人びと、特に貧しい人たちのために働くので、別格の尊敬を受けている。かのドイツ人神父は、恐らく、ミサを立てるとか、臨終の病人に終油の秘跡を授けるとか、乳児に洗礼を授けるために、車を走らせていたのであろう。その神父から車ごとごっそり財物を強奪するというのであるから、盗賊たちは、まさに地獄に堕ちるべき輩である。

一九一〇年ごろから比較的最近まで、米国のハリウッドでは、中南米の盗賊もの映画やテレビが数多く作られた。そこには、盗賊が登場する。映画ともなれば、あれやこれやのストーリーによって、過去の実像とは異なる盗賊物語さえ登場するらしい。

だが、ペルーの盗賊は、一方では、ゲリラ盗賊（guerrilla-bandidos）であり、他方では、「飢え死するよりは……」と悪の道を選んだ盗賊であるようだ。労働者の約三分の二が半ば失業状態であり、年率一〇〇％に達する物価上昇ともなれば、山岳地帯だけではなく、街の中にも盗賊が横行することになる。

一九八七年の春には東京銀行リマ支店長がゲリラに銃撃され、秋には「ペルー日産」が、武装した一団の極左ゲリラに襲撃された。

一か月に一〇〇人ものテロのぎせい者が出るペルーに見切りをつけ、昨年六月、東京銀行は、リマ支店を閉鎖し、ペルーから撤退することにした。深刻化する経済危機の主たる原因は、主要輸出品である原油の輸出収入が激減したためである。このような事態に直面して、ペルーの外資系企業は、撤退するかどうかの岐路に立たされているようだ。

深刻な経済危機に見舞われているのは、ペルーのみならず、ブラジル、アルゼンチン、メキシコなど多数にのぼる。それらの国では最近、治安の乱れがひどい、と伝えられている。

このような折も折、"Bandidos"（盗賊たち）と題する本（Richard W. Slatta, don）を入手した。どうも、私は、マフィアだとか盗賊だとかに興味がある。

この本で、バンディード（bandido）（英語では bandit）とは、集団で財物または生活物資を奪取する連中を指す。そこには、一九世紀と二〇世紀におけるメキシコ、ブラジル、キューバ、ベネズエラ、コロンビア、ボリビアとアルゼンチンの七か国の盗賊につき、歴史的・犯罪学的な考察をした一二の論文が収められている。残念ながら、ペルーの盗賊に関する論文はない。

中南米における盗賊の体系的研究は、一九五九年にホブスボームが著書『初期の反逆者たち』(Eric J. Hobsbawm, Primitive Rebels: Studies in Archaic Forms of Social Movement in the Nineteenth and Twentieth Centuries, Manchester, 1959) で、社会的盗賊 (social bandit) を含めて反逆者たちの検討を試みたことから始まった。

ここで「**社会的盗賊**」というのは、政治的盗賊 (political bandit) やゲリラ・盗賊 (guerrilla-bandit) とは異なり、いわば百姓一揆のリーダー格たちのように、社会的・経済的要因から「百姓アウト・ロー」(peasant outlaws) となった者を指すようである。

❖ メキシコの盗賊たち

盗賊と言っても、その犯行の態様、生きざまは、時代により、国または地域 (たとえば、アンデス山脈地帯か農村地帯か) により、さまざまである。上記の文献の中から興味を呼びそうな箇所の若干を紹介しよう。

メキシコは、マヤ文明やアステカ文明で知られているように、つとに高度の文明をもった国であった。だが、アステカ帝国は、一五二一年、スペイン人コルテス (Fernand Cortez) によって滅亡させられた。以来、メキシコは、波乱に富んだ政治的変遷をたどった。

一八二一年にメキシコ独立が実現したとはいうものの、一八一八年のフランスによる内政干渉、米国との間のメキシコ戦争（一八四六―四七年）とその敗戦を経験した。その後、一八六二年には英・仏・スペイン三国による内政干渉があり、一九一一年には内乱が始まった。こうした植民地時代からの長い歴史の背後で、盗賊たちや盗賊団が、かなり重要な役割を演じている。

メキシコ人の中には、今日でもこれらの時代の盗賊を尊敬している者がある由である。まことに、「ある者にとってのアウト・ローは、他の者にとっては英雄であるかもしれない。」(An outlaw to one may be a hero to another.)

盗賊たちの活動は、つねに彼らの生きた時代を反映している。

もともと、一九世紀ごろ、メキシコの盗賊は、紳士的であったようだ。中には、「これも生活のためだから、赦してくれ」と、被害者に赦しを求める盗賊もあった。しかし、獲物が少ないときは、凶暴になり、旅人の下着まではぎ取った。

盗賊のうち、勢力をもつ者は、地方のエリート（豪族？）と取引きをした。この取引きというのは、恐らく盗賊団に一定のカネを払えば、旅の安全を保証するとか警固をするというものであったであろう。政府は、盗賊たちを国の警察官として雇った。治安の維持と警備の役をやらせたのであろう。

一八一〇年ごろから、スペイン人の圧政を転覆しようとする独立闘争が始まると、盗賊団の勢力は拡大した。ゲリラ側と盗賊団は、接近・混合し、「ゲリラ・盗賊」(guerrilla-bandits) と呼ばれるようになった。商人たちは、通行の安全を確保するために、このゲリラ・盗賊を雇うようになり、盗賊らは、金持ちになった。

一八二一年から一八七五年までの間に、メキシコでは八〇〇回もの叛乱が起こった。軍隊による略奪、村の謀反、盗賊行為、カースト（社会階層）の戦いがあちこちで起こったために、騒乱状態が続いた。この事態を制圧する最も有力な組織は、盗賊団と軍隊であった。両者は、しばしば手をにぎり、盗品をさばいて、互いに利益を得た。

一八五五年から地主勢力の失政に反抗する改革時代が始まり、一八五七年から六七年までの打ち続く騒乱状態の中で、大小各種の盗賊団が生まれた。その中には、“La Carambada”（束髪の女）と呼ばれる男装した女の単独強盗もいた。彼女は、強盗した後、片手でピストルを被害者に向けながら、もう一方の手で胸を明けて「これをよく見なさい」と言った。彼女は、乳房を見せたのであろうか。

この女盗賊は、有名になったようである。彼女のことは、メキシコの盗賊を扱った学術論文の中に記述されている。

騒乱の続くメキシコには、護衛つき乗合馬車というのがあったが、この護衛たちは、しばしば盗賊と手を組んでいた。護衛たちの中には、護衛料金を旅人からもらうと、ドロンをして姿を消す者もいた。

ヴェラクルス（Veracruz）地方では、最初に出会った強盗に安全通行料を払えば、その後の旅行の安全を保証してもらえるという制度があった。

この時期に最も有名な盗賊は、モレーロス地方のプラテアードス（Plateados）と呼ばれる脱走兵であった。彼らは、千人にも上ったようであるが、一八六一年の終りまでにモレーロス地方の広い範囲の商取引を麻痺させた。財貨は、彼らの意思にもとづいてのみ移動可能であった。官憲――その中には、盗賊と相通じていた者もいた――は、彼らを訴追しようとせず、仮に訴追したとしても報復を恐れて釈放した。

フランスの内政干渉時代、大統領フアレス（Benito Juarez）は、プラテアードスに恩赦を与え、彼らの大部分を共和国のゲリラに編入した。しかし、盗賊たちの多くは、給料が良いとの理由でフランス側に加担した。その後、フランス側の形勢が悪くなると、盗賊らは政府側に転向した。フランスとの戦いが勝利に終わると、大統領は、盗賊たちを地方警察隊の要員とした。このようにして、盗賊たちは、Rurales（「転向組」というような意味）と呼ばれるメキシコの有名な地方警察隊の中核となった。

盗賊の中には、いろいろな者がいた。アリアーガ（jesús Arriaga）は、「教養のある盗賊」と呼ばれたように教養があり、エレガントで親切な顔をしていた。彼は、決して被害者を殺さなかった。四〇歳の時、逮捕され、投獄されたが、三たび脱獄している。そのうち一回は、二〇〇人の兵士が刑務所を警備していたのだが――。

これに対し、最も悪質と言われたチャヴェス（José Inés Chávez Garcia）は、一九一五年から一八年まで Michoncán、その他の地方で勢力をふるった。彼とその部下は、略奪を行った村で娘たちを強姦した。そのため、強姦は、彼ら盗賊団のトレード・マークとなった。チャヴェスは、一九一八年、ついに捕えられて処刑された。

全般的には、一八八四年から一九一一年まで続いたディアス（Porfilio Diaz）の独裁時代に、様相は一変し、勢力のある盗賊団は消え失せた。

（判例時報一二九三号、一九八九年）

4　中南米の盗賊（下）

❖ ブラジルのロビン・フッド

ロビン・フッド（Robin Hood）というのは、イギリスの伝説的な義賊の名前である。

一二世紀の末ごろ、シャーウッドの森に弓の名人ロビン・フッドを首領とする義賊団がいた。彼らは、貴族や聖職者を襲って金銀を巻き上げて、これを貧乏人に与えた。彼らは、さらに、腹黒いノッティンガム郡長たちを倒し、獅師王リチャードを助けて奮闘する。

こういった事跡を謳《うた》った民謡が、のち多くの人びとの手で小説化・戯曲化され、スコットの歴史小説『アイバンホー』やテニスンの詩劇などに扱われた。児童読物としては、アメリカのバイルの『ロビン・フッド　愉快な冒険』が名高い。

さて、一九世紀の終りから二〇世紀の初めにかけて、ブラジルの北東部に、「ブラジルのロビン・フッド」（Brazilian Robin Hood）と呼ばれる有名な義賊がいた。彼の名は、アントニオ・シルヴィーノ（Antonio Silvino）である。彼については、いくつも伝記風の本が出版されていたり、そのほか、特に一九六〇年代になってから映画や歌によってドラマ化されており、彼は、英雄的アウト・ローとして国民の間に知れ渡っているようである。

シルヴィーノは、一八七五年、ブラジル東北部（地図で見ると、大西洋に突き出ている地方）のパライバ（Paraiba）州に生まれ、その隣りのペルナンブーコ（Pernambuco）州の Afogados de Ingazeira で育った。ここは、地方特有の一家相互間の対立のひどい地域であった。彼の両親は、土地と一二人の奴隷をもつかなり裕福な農家であった。彼の父は、敵から恐れられていた剛勇の人であったが、一八九七年、敵対するいとこによって殺された。

シルヴィーノは、父の仇を討つことを誓い、この時から盗賊の道に入った。以来、彼の盗賊歴は、一九一四年の終りごろ彼が裏切りによって捕えられるまで約一八年間、続くことになる。背が高く、ハンサムで剛健な身体をもち、しかも射撃の名手であった彼は、盗賊団の首領として活躍し、ブラジル東北部における最も尊敬される盗賊となった。

彼の行状や活動は、それに関する残された記録が少ないので正確なことは知りえないが、大体、次のようなものである。

彼の率いる盗賊団は、六人から八人程度のものであったらしく、盗賊活動は、四つの州にまたがる約一〇万平方キロの地域（人口は約一〇〇万人）に及んだ。そこは、Paraiba 州と Pernambuco 州との境界線に平行して流れる豊かな谷をまたぐ山岳地帯である。

この地域で、シルヴィーノは、不正義（権力者）をやっつけ、金持ち、特に商人から財貨を盗み、それを貧乏人に与えた。自己防衛または復讐のためにしか、人を殺さなかった。そのため、彼は、多くのブラジルの著述家によって「高貴な強盗」(noble robber) ロビン・フッド、「善良な泥棒」(good thief) などと呼ばれている。

彼の活躍した時代は、政府側の組織や力は弱く、警察力も不十分であった。警察は、シルヴィーノをあまり探索しなかった。それは、警察の装備がお粗末であるのみならず、警官にわずかの給料しか支給しなかった（盗賊の方が、収入が良かった）からのようである。

シルヴィーノの盗賊団が金持ちから奪った財貨はそれほど多くはなく、したがって、貧乏人に恵んだカネや物資もさほど多いものではなかったらしい。というのは、その地域の富の再配分をすることが盗賊団の主目的ではなかったからである。しかし、貧乏人たちは、彼を尊敬し、必要な生活物資を提供し、かつ官憲の追跡をくらますようにした。このように陰ながら彼を支援するネットワークが四つの州にまたがって存続したので、シルヴィーノは、約一八年にわたる盗賊活動を続けることができた。

シルヴィーノの盗賊団は、上命下服の関係で組織されていた。規律に違反した者は、きびしく罰せられ、時には盗賊団から追放された。他方、勇敢な行動は、ほめられた。仲間が殺されたときその復讐をするのは仲間の義務だと、彼らは考えていた。

さて、一九一四年に捕えられて投獄されたシルヴィーノは、獄中で聖書を読み、小鳥を飼い、そして収入を得るために鳥かごを編んだ。一九三七年、大統領ヴァルガス（Getúlio Vargas）は、彼に恩赦を与え、政府の役人のポストに就くよう勧めた。が、シルヴィーノは、これを断り、晩年を過ごすために郷里に帰った。一九四四年、彼は、貧困のうちに死んだ。彼の死を報ずる簡単な記事が、新聞の片隅に載った。

ブラジルでは、一八七〇年から一九二八年ごろまでの約六〇年間は、東北地方で盗賊（cangaceiros）がはびこった時代であった。シルヴィーノの率いる盗賊団以外にも盗賊はいたようで、彼らは、強盗、略奪、身代金目的の誘拐などを行った。中でも、残虐で悪名高きランピアン（Lampião）は有名である。これら盗賊団の活動は、一九二〇年代初めをピークとして、一九二八年ごろには実際に終りを迎えたようである。その理由としては、綿の生産量の増大、商業活動の上昇、鉄道の敷設、政府権力の充実などが挙げられる。

ブラジルの盗賊（cangaço）は、ブラジルの学者のみならず、外国の学者をも魅惑する研究テーマとされている。外国の学者の中では、イギリスのマルキスト歴史学者ホブスボーム（Eric Hobsbawm）が有名である。

ホブスボームは、盗賊をいくつかの類型に分け、その中でいわゆる義賊ともいうべきものを「社会的盗賊」（social banditry）と呼んだ。彼によれば、「社会的盗賊」は、貧農の出身であって、権力者や金持ちを襲って財貨を強奪し、それを貧民に分け与える正義の士である。

しかし、彼の見解は、余りにも理想的パターンを画いていて、事実から離れた義賊像を強調したものと、今日では批判されている。

❁ アンデス山岳地方の盗賊

アンデス山脈は、南米大陸の西側をたてに走り、全長七二〇〇キロにも及んでいる。その中には、六千メートル、七千メートルの最高峰をもつ山も含まれている。飛行機の窓から眺めると、赤道付近でも海抜五千メートル級の山々には万年雪が紺碧の空に映えている。その雄大な景観は、まことに筆舌に尽くしがたい。

そのアンデスの山岳地方は、今日では、コロンビア共和国をはじめとする麻薬（ヘロイン、コカイン）の栽培と粗製の地として知られている。

かつては、このアンデス地帯全体は、盗賊の横行する地として知られていた。盗賊の行為は、家畜の略奪、公道での追いはぎ、農場の襲撃など、多くの形態に及んでいた。

二〇世紀に入ってから、これら盗賊についての研究が相次いで公刊された。例えば、ヴァラリャーノス（José Varallanos）の『ペルーにおける盗賊』（Bandoleros en el Peru, 1937, Lima）は、ペルーの盗賊の間で見られる類型的差異を体系的に分析した最初の著作といわれている。ここでは、山岳地方、平地、海岸地方と異なるにつれて産業形態、住民の生活組織も異なっているので、盗賊行為にも違いがあることが分析されている由である。

アンデス地方には、かつてはインディオたちが住んでいたが、スペインによる征服以後、何百年という時の経過のうちに混血者（mestizo）が増え、彼らが、アンデス地方の多くの町や村で支配的勢力となっていった。そして、アンデスの混血者地帯の住民は、強い共同体組織を維持していた。しかし、ここでは、盗賊が横行し、最も凶暴な方法で財貨を略奪した。住民たちは、盗賊に対抗するための広範囲な組織を形成することはできなかったようである。

これに対し、主としてインディオたちが生活していた地域もある。そこでの盗賊は、家畜を略奪する程度であった。ということは、盗るべき財貨が余りなかったことを意味するであろう。この地域では、反乱が、全く当たり前のようにくり返され、それが社会的抗議の典型的形態であった。

アンデス地方の盗賊の実情を伝えるものに、ボリビア共和国のトミナ（Tomina）郡の盗賊の記録がある。一九〇〇年の人口調査で、トミナの人口二万八一七四人中、混血者は半分を越す程度であり、白人は三分の一、インディオは一六％であったが、混血者が、勢力をもっていたらしい。トミナは、二〇世紀初頭、たびたび盗賊に襲われ、このことは最も深刻な政治的・社会的問題となった。

一九一四年、トミナ郡の警察総監は、二〇人からなる警察隊を組織して盗賊討伐をさせた。しかし、盗賊団のほうが優勢な武器をもっていたので、警察隊は、退却を余儀なくされた。警察側は、他の方法で再攻撃を試みたが、二人を除くすべての警察隊員は、優勢な武器をもつ盗賊団と戦うことを欲せず、田舎に逃げ帰ってしまった。

それでも警察側はあきらめず、よその町から七人の警官の応援を得て、再度、討伐に出かけた。ところが、盗賊たちは、事前に知らせを受けていたのか、山の中に逃げ込んでしまい、その後、よその裕福な町を襲撃して、二九頭の家畜、一五〇頭の羊、二五頭の山羊を含む財貨を強奪した。

これらの盗賊は、ほとんどが一番低い階層の農民であった。彼らの大部分は、盗賊だけをしていたのではなく、どこかにわずかの土地を所有している者または日雇い労働者であった。

トミナ郡では、しばしば女性が盗賊団に参加した。彼女らは、襲撃に加わり、むち打ちや殺害にさえ加わった。むち打ちというのは、被害者をしばり上げ、「金品の隠し場所を言え」と言って、むち打ちをしたようである。たいていの場合、この女たちは、男の盗賊たちの姉妹、妻または恋人であった。

盗賊たちの中ではインディオは、ごくわずかであって、それ以外の盗賊は、すべて混血者または白人であった。インディオたちは、むしろ被害者となることが多かった。ピストルなどで武装した数人の盗賊が、あるインディオの家を襲い、娘を強姦し、家人を殺害し、金貨を強奪した事例が報告されている。

トミナ郡の盗賊の中には、ロビン・フッドと言われるような義賊は、一人もいなかった。彼らは、地主、商人らの金持ちのみならず、貧乏人をも襲撃した。金持ちを襲うことが多かったのではあるが、金持ちは護衛を置いて応戦することもあるので、盗賊にとっては、反撃される危険性が高かった。

これに対し、インディオが多いヤンパレス（Yamparaez）郡では、盗賊の規模ははるかに小さいもので、武器の使用はまれであった。この地方の農民たちは、盗賊に対抗して生活を守る方法として刑事裁判制度を利用した。

このように、隣り合う二つの地方で自己防衛のための方策について多くの相違が見られることは、興味深い。

（判例時報一二九六号、一九八九年）

5　アルゼンチンの刑事司法

❖ アスタ・ラ・マニャーナ

ラテン・アメリカの大国アルゼンチンは、かつてはスペインの植民地であった。一八一〇年、アルゼンチンの人びとは、彼らの手による独自の政府を熱望して総督を失脚させ、五月二五日、連合政府を樹立した。ついで、一八一六年七月九日、サン・マルティン将軍によって独立の基礎を固めたアルゼンチンは、ペルー、ボリビア、チリの独立を支援するとともに、スペイン王の支配から脱却する独立宣言を行った。

この独立記念日を記念して、首都ブエノスアイレスの中央を南北に貫く幅一四四メートルの大通り（世界中で一番幅の広い道路）は、「七月九日通り」と名づけられている。

ブエノス・アイレスは、近代的なその街並みから、南米のパリとも呼ばれている。事実、街を歩いていても、その雰囲気は、ヨーロッパの街角とあまり変わらない。それもそのはずで、人口の九〇％強がスペイン系・イタリア系を中心とするヨーロッパ人種だ。目抜きの商店街には、フランスのクリスチャン・ディオール、セリーヌなどの一流高級品店が、店を構えている。

由来、ラテン系の国民は、楽天的・開放的だ。人間がのんびりしていて、少々だらしない所がある。たとえば、役所などで書類の作成を申請すると、「アスタ・ラ・マニャーナ」(hasta la mañana)(あすまでに〔作っておきます〕)と言われる。翌日、書類をもらいに行くと、また、「アスタ・ラ・マニャーナ」と言われる。「あす」(マニャーナ)が、一週間、一〇日、二週間にもなる。――このように、しばしば言われている。

なにしろ、日本から出したクリスマス・カードが、翌年四月ごろ配達されることがある(日本大使館員の体験談)という国である。この国で、時間がきちっと守られているのは、ただ一つ。それは、カトリック教会のミサの開始時間だけである。

一九八六年は、日本人移民第一号の牧野金蔵氏がアルゼンチンに渡って、ちょうど百年になる。それを記念して、在亜日本人会は、盛大な記念行事をした。日系人のカトリック信者は、一〇月二六日、南米随一の巡礼地であるルハン(Lujan)――ブエノス・アイレスから約七〇キロにある――のバジリカ(大聖堂)に巡礼をした。現在、日系人は、約五万人いるといわれる。今では、二世、三世の日系人が活躍しており、彼らは、アルゼンチン社会に融け込み、広く国民から信頼されている。アルゼンチン国民が日本に格別の好意を寄せるのは、こうした所にもその理由があろう。

私は、一九八六年一〇月、ブエノス・アイレスで開かれた第一一回国際社会防衛会議に出席した五日目の夜、清水渓子修道女に招かれて、そのマンションに伺った。日系人一二人が集まって来て、夜更けまで日本のことを話したり、アルゼンチンの様子などを語り合ったりした。この一二人の中には、日本語を話すことのできない二世が数人いた。これらの人たちと食事をしながら語り合った中で、印象に残ることが二つある。

その一。アルゼンチンの国民大衆は、「日本人は、りっぱな国民だ」と感心しているそうである。というのは、日本では、元総理大臣田中角栄が米国ロッキード社から五億円を収賄したことを「けしからん」といって、大騒ぎし、訴追しているからだ。あのような賄賂をもらうことは、どこの国の総理や大臣もしていることだ。格別、けしからんと言うほどでもなく、ましてや、田中は、ロッキード社から五億円もらって外貨をかせいだのだ。ほめられてもよいものを、日本では、田中角栄は、裁判にかけられている。本当に、日本人は、りっぱな国民だ。――このように言っているそうである。

とはいえ、これは、ミーハー族とも言うべき国民大衆の考えであるらしい。しかし、アルゼンチンにも具眼の士はいる。彼らは、次のように言う。「田中角栄は、地位を利用してリベートをせしめたのである。そのリベート分は、ロッキード社が売り込んだ航空機の代価に含まれている。だから、田中は、外貨を稼いだのではない」

その二。アルゼンチン人は、約束の時間に三〇分ぐらい遅れるのは、当たり前。そのゆえであろうか、タクシーに電話して、「〇〇時に来てくれ」と頼むと、運転手は、ちゃんと心得ている。日本人からの電話の場合には、所定の時刻の一〇分前に所定の場所に着く。ドイツ人からの電話の場合には、所定の時刻どおりに着く。が、アルゼンチン人からの電話の場合には、所定の時刻から三〇分遅れて着く。

これが、日系人から聞いた話である。なるほど、そうかも知れない。国際会議の最終日である一一月一日は、二つの刑務所見学の日であった。その前日、会議の事務局で尋ねると、「午前九時までに会議場前に集合してください」という。

当日、八時五〇分に会議場前に行くと、だれも来ていない。聞き間違いであったか、と首をひねっていると、九時にアルゼンチン紳士が一人やってきた。やはり、〝九時集合〟と聞いたという。九時一五分ごろに、ドイツの教授が来て、それからボツボツと集まりだした。九時半には五〇人ほど集まり、九時四五分に二台のバスが出発。

ちなみに、九時にバス（国家警察のバス）が二台来て、九時半ごろには、六台のバスが勢ぞろいした。が、参加者が約六〇人なので、四台のバスは帰ってしまった。前日までに見学参加の申込みを受け付けることをしないから、このように非計画的なことになる。

ブエノス・アイレス郊外にある二つの比較的新しい刑務所二つを見学したが、刑務所の運営も、見学のやり方も、アルゼンチン式だと感じた。

刑務所に行く途中、ブエノス・アイレスの郊外にたくさんの掘立て小屋があるのを見た。田舎のほうから職を求めて首都圏に来た貧民が、次から次へと掘立て小屋を建てて、そこに住み着いているのだ。日本では見られない光景だ。

アルゼンチン刑法

第一一回国際社会防衛会議の会場には、出版社が中南米諸国の刑事法や刑事学関係の本を販売に来ていた。それを見ると、刑法や刑事訴訟法に関する部厚い教科書や注釈書が刊行されている。わが国にそれが知られなかったのは、遠い国に関するスペイン語の文献であるからであろう。私は、若干の書物を購入した。

アルゼンチンの最初の刑法典は、一八八六年一二月七日に公布され、翌年三月一日に施行された。一八九〇年以降、改正作業が続けられ、一九二一年一〇月二九日に新刑法典が制定され、翌年四月二九日に施行された。これが、現行のアルゼンチン刑法典である。

とはいうものの、同法典は、施行後、数十回も一部改正されたようである。考えてみれば、アルゼンチンは、最近でも激動の歴史を綴っている。一九八二年には、かのフォークランド紛争の敗北があり、八三年一二月、軍政から七年半ぶりに民政移管となった。軍政時代には、一万五千人以上の行方不明者を出した左翼弾圧が行われた。その行き過ぎた人権弾圧に対する批判は、当然、民政移管の後、刑事法の改革へとつながったはずである。

国際会議の折に購入したアルゼンチン刑法典（Código penal de la Nación Argentina）は、一九八四年一二月二一日のデクレート（decreto）（政令?）三九九二号で整備され、八五年三月一九日の官報で公布されたものである。その中から特徴的な若干の点を拾い出してみよう。

まず、刑の体系では、死刑は規定されていない。刑としては、懲役（reclusión）、拘禁刑（prisión）、罰金および資格制限（inhabilitación）の四種類がある。懲役と拘禁刑（両者の適訳を思いつかないので、仮りにそう訳しておく）は、ともに無期と有期に分かれ、定役に服する。その限りで、両者を区別する実益はない。ただ、名目的には、両者間を区別する実益があるのかも知れない。

罰金の額は、新通貨であるアウストラルで、法定刑において規定されている。

仮釈放は、無期刑については二〇年、有期刑についてはその三分の二を経過した後に、これを許すことができる（一三条）。しかし、累犯者については、仮釈放は認められない（一四条）。この点は、きびしいなァという感じをいだかせる。

刑の執行猶予は、初犯者が三年以下の拘禁刑の言渡しを受ける場合に認められるが、罰金と資格制限については認められない（二六条）。

第五章「犯罪の不成立」（imputabilidad）で注目すべきは、責任無能力の行為者につき、裁判所が施設収容を命ずることとした点である。すなわち、裁判所は、⑴精神の障害により責任無能力とされた者を、検察官および鑑定人の意見を聴いて精神病院への収容を命ずることができ、また、(2)その他の理由による責任無能力の場合には、危険性の消滅が証明されるまで行為者を適当な施設に収容することを命ずる（三四条）。

この規定が設けられたゆえであろうか、保安処分を規定していた第三六条から第三九条までは、削除されている。

第二編「罪」（De los delitos）で注目すべきは、個人的法益に対する罪が先に規定され、ついで、社会的法益に対する罪および国家的法益に対する罪が規定されていることである。

第二編は、人身に対する罪（第一章）に始まり、名誉に対する罪（第二章）、貞潔に対する罪（第三章）、市民的身分に対する罪（第四章）、自由に対する罪（第五章）、財産に対する罪（第六章）と続いている。

第一章では、殺人は、特別の定めのある場合を除いて、八年以上二五年以下の懲役または拘禁刑に処せられる（七九条）。尊属、卑属または配偶者を殺した者は、無期の懲役または拘禁刑に処せられる（八〇条）。

決闘罪（duelo）というのが規定されている。それによれば、二人以上の介添人の立会いの下に決闘をした者は、(1)相手方に傷を与えず、または軽い傷を負わせた場合には、一月以上六月以下の拘禁刑に処せられ（九七条一号）、相手方を死亡させ、または重傷を与えた場合には、一年以上四年以下の拘禁刑に処せられる（同条二号）。介添人の立会いなしに決闘し、相手を殺した者は、殺人の刑に処せられ、傷害した者は、傷害の罪に処せられ、傷害しなかった者は、一月以上一年以下の拘禁刑に処せられる（九八条）。

不同意堕胎は、三年以上一〇年以下の懲役または拘禁刑に処せられ、致死の場合には一五年にまで至ることができる（八五条一号）。また、同意堕胎は、一年以上四年以下の懲役または拘禁刑に処せられ、致死の場合には六年にまで至ることができる（同条二号）。

第三章では、姦通の罪（第一節）が規定されている。それによれば、⑴姦通をした妻、⑵その相手の男、⑶めかけ（妾）を囲った夫、および⑷夫のめかけは、一月以上一年以下の拘禁刑に処せられる（一一八条）。ということは、めかけを囲うのでなければ、夫は、他の女と関係を結んでも罰せられないことになる。

第六章では、単純窃盗（他人の動産を不法に窃取した者）は、一月以上二年以下の拘禁刑に（一六二条）、加重窃盗は、一年以上六年以下の拘禁刑に処せられる（一六三条）。強盗は、一月以上六年以下の拘禁刑に（一六四条）、加重強盗は、五年以上一五年以下の懲役または拘禁刑に処せられる（一六六条）。

（判例時報一二三〇号、一九八七年）

5　ブラジルの新刑法

❖ 新生ブラジル

ブラジルは、中南米諸国の中で日本に最も縁の深い国である。一九〇八年に日系移民の入植が始まって以来、今や二世、三世らを含めて八〇万人を超える日系人の活躍を現出するに至った。一九八五年、私がパリに行く飛行機で、隣に坐ったブラジル夫人は、「勤勉な日系農民のおかげで、ブラジルでは、おいしいメロンが三〇〇円で食べられます。日本では、そのメロンが十倍以上の値段です」と語った。ブラジルの人びとが日系人に寄せる親愛の情を伺い知ることができた。

南米第一の大国ブラジルの人口は、一億三、五〇〇万人。そのブラジルが、軍政から「新共和国」（Nova República）に生まれ変わって、早くも二年。民政移管の大統領選挙をおおった熱気は、そのままサルネイ新大統領に引き継がれ、新生ブラジルは、目ざめたライオンのように、中南米のリーダーとして着実に地歩を固めつつある。

一九八六年二月末には、同国史上、画期的な新経済政策「クルザード計画」（この名前は、新通貨の呼称に由来する）を導入し、年率三〇〇パーセントに近かったインフレ撲滅に成功した。

この〝計画〟は、⑴通貨「クルゼイロ」を廃し、千クルゼイロを新通貨一クルザードとする、⑵物価凍結、賃金抑制、⑶物価上昇に合わせた賃金・金利・為替を調整してきた「コレソン・モネタリア」（通貨価値修正）制度の廃止など、インフレ抑制策を骨子としたものである。

しかし、この政策は一時成功したかに見えたが、価格を凍結した食料品や日用品の欠乏は、日増しに深刻になっている。物価は、じりじりと高騰してゆく。

そのような深刻な経済情勢を反映してか、「ブラジルの治安は、最も悪い。よそ（他所）者が街を歩いていると、家の中に連れ込まれて、ごっそりはぎ盗られる」という話である。これは、一九八六年一一月末、アルゼンチンのブエノス・アイレスで、佐々木神父から聞いたところである。

佐々木神父は、久しく日系移民の担当司祭をつとめ、中南米諸国を何度も巡っておられ、スペイン語、ポルトガル語（ブラジルの国語）も達者である。その神父が、「ブラジルの田舎の治安は良いが、サンパウロなどの都会に行くには覚悟が必要」と言うのだから、察しはつく。

ブラジルは、中南米の中では、いささか異なる生い立ちをもっている。一五〇〇年、ポルトガル人ペドロ・アルバレス・カブラルが、偶然に北東部を発見して上陸し、ポルトガル領を宣言した。そのため、ブラジルは、新大陸唯一のポルトガル領となった。

一八二二年、ブラジルは、独立を宣言した。中南米で最初の刑法典であるブラジル王国刑法典

（Código Criminal do Império）は、一八三一年一月七日に公布された。これは、一八一〇年のフランス刑法と一八一九年のナポリ刑法の影響を受けたものであった。

一九三四年憲法によって第二共和制が成立するや、一九四〇年、いわゆるアルカンタラ（Código Alcantara Machdo）刑法典が制定された。この刑法典は、特にドイツ刑法の影響を受けたものであって、刑事政策的色彩の濃いものであった。この刑法典については、すでに一九六四年、司法省に改正委員会が設けられた。

この委員会の作成した草案を基礎にして、一九六九年一〇月二一日、新刑法典が公布されるに至り、この法典は、翌年一月一日に施行された。しかし、一九六九年刑法典もまた、その後、数次にわたる一部改正をほどこされている。一九八一年には、改正刑法草案が作成された。

一九八四年七月一一日法律七、二〇九号により、新しい刑法典が公布された。新刑法典は、一九八五年一月一三日に施行された。新刑法は、一九四〇年刑法を大幅に改正したものであるが、その基本構造は、同じものである。

第一一回国際社会防衛会議に、ブラジルのゴイアス（Goiás）大学のバルボーサ（Licínio Leal Barbosa）教授は、「ブラジルの新刑法典　主要な改革点」（Le nouveau Code Pénal du Brésil. Les Principales Innovations）と題する七四頁の冊子を資料として提出した。これを参考にして、ブラジルの新刑法の主要な改革点をお伝えしたい。

❀ 新刑法典の主要な改革点

(一)　刑の体系

刑の体系では、大きな改革がなされた。一九四〇年刑法では、主刑と付加刑に大別され、さらに主刑は、重懲役、軽懲役および罰金に分かれていた（二八条）。新法は、これに代えて、自由刑、権利制限刑及び罰金の三種類とした（三二条）。死刑は、規定されていない。

「自由刑」といっても、これには伝統的な重懲役（réclusion）と軽懲役（détention）とが含まれている。ただし、実質的には、かなり内容の異なるものとなっている。新しい重懲役は、閉鎖処遇、半開放処遇または開放処遇によって執行すべきものとされ、新しい軽懲役は、半開放または開放処遇によって執行すべきものとされる。「閉鎖処遇」とは、重戒護または中戒護の施設における処遇をいう（三三条一項）。

新法は、閉鎖処遇から半開放処遇を経て開放処遇に至る「累進制」を推奨している。刑期四年以上八年未満の初犯者については半開放施設で刑を執行することができる。また、四年以下の初犯者については開放施設で刑を執行することができる（三三条二項）。

注目すべきは、新法が「被収容者は、自由の剝奪によって侵害されないすべての権利を保有する。」と規定したことである（三八条）。

権利制限刑とは、(1)社会奉仕作業、(2)権利の一時的制限、および(3)週末拘禁を指す。これらの刑は、旧法の付加刑と密接な関係をもっているが、一定の要件の下に自由刑に代替しうる点で、付加刑とは大きく異なっている。すなわち、(a)一年未満の自由刑または過失犯の場合に、(b)累犯者でない犯人に対し、(c)諸般の事情に照らして代替で充分であるときに、この代替が可能である（四四条）。これは、新法における重要な改革点の一つである。

社会奉仕作業は、土・日曜、祝日などに、一週につき八時間以内、社会福祉施設、病院、学校などで無報酬の作業をさせることを内容としている（四六条）。

週末拘禁は、土・日曜日に、一日につき五時間、ハーフウェイ・ハウスその他適当な施設に滞在することを義務づける権利制限刑である（四八条）。

罰金については、日数罰金制（それは、すでに一九六九年に導入されていた）が採用されている（四四条〜五一条）。日数罰金は、一〇日以上三六〇日以下とされる。日額（一日の罰金額）は、犯人の一か月の収入の三〇分の一を下ってはならず、五倍を超えてはならない（四九条一項）。

(二)　執行猶予と仮釈放

刑の執行猶予制度は、一九七七年法により改革されたところから、さらに前進をとげた。たとえば、過失犯につき言い渡された前刑は、執行猶予の言渡しの妨げとならず（七七条）、七〇歳以上の者については、四年以下の自由刑についても執行猶予を言い渡すことができる（七七条）。

執行猶予の言渡しを受けた者は、最初の一年間、社会奉仕作業をし、または週末拘禁に服しなければならない。

仮釈放は、(a)故意犯の累犯者に関しないときは、刑の三分の一経過後、(b)故意犯の累犯者に関するときは、二分の一経過後に、これを許すことができる（八三条）。

(三) 保安処分

保安処分に関する諸規定については、大きな改革がほどこされた。

一九四〇年刑法および六九年刑法は、いずれも「保安処分」に関する一章を設けていた。ところが、八四年の新刑法は、八一年草案の考えに従って、「保安処分」に関する章を削除した。しかし、保安処分の制度そのものを廃止したのではない。

保安処分の制度は、責任能力に関する規定と結びついている。新刑法第三章は、四〇年刑法における「責任」（résponsabilité）に代えて、「帰責可能性」（imputabilité pénale）の語を用いている。責任無能力者（二六条）は、精神病院または適当な施設への収容を命ぜられる（九七条一項）。この収容処分は、軽懲役にあたる罪については、通院治療をもって代替されることがある（九七条一項後段）。

この収容処分の最短期間は、一年以上三年以下の間で、裁判所がこれを定める。その最短期間の終了時に、裁判所は、医師の報告書に基づいて、一年ごとに収容期間を更新することができる（九七条二項）。他方、治癒のために必要であるときは、通院治療処分を精神病院または適当な施設への収容処分に変更することができる（九七条四項）。

限定責任能力者（二六条）については、特別の治療が必要であるとき、一年以上三年以下の最短期間、精神病院もしくは適当な施設への収容処分または通院治療処分という保安処分をもって刑に代えることができる（九八条）。一九四〇年刑法の下では、刑および保安処分を併科していたのであるが、新法では代替主義が採用された。これは、大きな改革である。ここにいう代替主義は、代替執行主義を意味するもののように思われる。

以上で概観したところからすれば、ブラジル刑法は、刑罰と保安処分の二元主義を採りながら、両者のそれぞれにおいて弾力的・個別的な処遇方法を実施しようとしているように見える。

㈣　刑法適用法

刑法適用法の分野でも、「犯行地」(locus delicti) について遍在主義 (principe de la justice universelle) を採る旨の明文の規定を置いた（六条）ほか、拡大属地主義の規定を置いた（五条）。五条によれば、ブラジルの船舶および航空機は、その所在地いかんを問わず、ブラジルの領域とみなされるのであるが、さらに、ブラジルの領域内にいる外国の船舶・航空機または領空を航行中の外国航空機も、ブラジルの領域とみなされる。

㈤　犯罪論に関する諸規定

犯罪論に関する諸規定の中にも、改正された点が少なくない。たとえば、不作為犯における作為義務の発生根拠を列挙したこと（一三条）、事後悔悟（repentir postérieur）の犯罪者に対する特別処遇または刑の減軽（三分の一から三分の二まで）を規定したこと、結果的加重犯の場合には、重い結果について少なくとも過失を必要とする旨を明文で規定したこと（一九条）、構成要件的錯誤については、「犯罪構成要件についての錯誤は、故意を排除する。ただし、過失犯が罰せられている場合には過失犯として罰することを妨げない」旨の規定を置いたこと（二〇条）などが、それである。

（あとがき）

ブラジルの人口は、二〇一二年、一億九、八七〇万人であった。

なお、森下「ブラジルの汚職防止法制」同・諸外国の汚職防止法制（二〇一三年、成文堂）三三五頁以下には、ブラジルについて有益な情報が提供されている。

（判例時報一二四二号、一九八七年）

6　ブラジルの憲法、刑法、犯罪人引渡し（上）

❁　憲法五条（自国民の不引渡し）

(一)　憲法が規定する自国民の不引渡し

二〇〇六年と二〇〇七年の二年間にわたり、わが国のマスコミは、こぞってブラジルの刑事に関する法制のことを報道した。

というのは、静岡県で強盗殺人、殺人、業務上過失致死・ひき逃げの罪を犯したブラジル人がブラジルに逃亡してノホホンと暮らしているので、彼らを日本で裁くためブラジルとの間の犯罪人引渡条約を速やかに締結するよう国に要望する運動を、遺族らが起こしたからである。

遺族らは、約五万人の署名を集めて、要望書を外務大臣に手渡した。その様子は、テレビなどで報道された。だが、外務省筋の言い分は、ブラジル憲法で自国民の引渡しは禁止されているので、（たとえ条約を締結しても）犯人の引渡しはありえない、ということのようである（実は、これは外務省の言い逃れである）。

ブラジルは、日本政府からの要請を受けて、日本側から提供された証拠に基づいて、自国法を適用して被疑者を起訴した。このことは、「ブラジルが代理処罰主義を適用した」とわが国で大々的に報道された。

わが国で代理処罰主義について最初に論文を発表した（一九八五年）のは、筆者である。実は、「代理処罰主義」と呼ばれるものには、三種類がある。[1]

ブラジルが日本から逃げ帰った自国民を訴追したのは、固有の意味の代理処罰主義（純代理処罰主義）とは異なるものである。正確に言えば、能動的属人主義（principle of active personality）にもとづく訴追である。ただし、これは、広義における代理処罰主義の一形態といわれている。

ここで、**ブラジル憲法**（Constituição da República Federativa do Brasil）を一瞥しよう。

一九八八年一〇月五日に公布された現行憲法は、七章二五〇か条から成る。その第二章「基本的権利及び保障」には、刑事法と関係の深い多数の規定が収められている。形式面では、一つの条文に実に多数の条項が含まれていることが、特徴的である。

第二章第一節「個人及び団体の権利及び義務」は、第五条だけの一か条から成る。この第五条は、なんと七八項から成るもので、その条項は、ポケット版六法で六ページにも及んでいる。そのうちの一部を紹介しよう。

第三九項は罪刑法定主義を、第四〇項は刑罰法規の不遡及を規定する。

第四七項は、死刑、無期刑、強制労働、追放及び残虐刑の禁止を規定する。死刑と共に無期刑を廃止する国は、中南米に多い。これは、中南米が平和な民主主義の国であることを物語るか。

中南米では、麻薬マフィアや組織犯罪集団と警察側との銃撃戦は、珍しいことではない。例えば、ブラジルでは、二〇〇一年、二四の刑務所でマフィアが陣頭指揮をとる一斉暴動が勃発し、三千人が人質に取られ、多数の死者が出た。二〇〇六年には、サンパウロで麻薬密売組織が警察署を一斉襲撃し、刑務所暴動が発生した。

銃撃戦では、警察官らは「どうせ、犯人らは死刑になることはないのだから……」とて、犯人を射殺することがある、と言われる。これは、裁判なき処刑である。

さて、憲法五条五一項は、犯罪行為後に帰化した者（naturalizado）〔いわゆる新国民〕と麻薬犯罪の犯人とを除いて、「いかなるブラジル人も引き渡されない。」（nenhum brasileiro será extraditado）と規定している。

もともと、自国民不引渡しの原則は、外国の裁判に対する不信感に根ざした歴史的産物であって、理論的正当性をもつものではない。英米法系の国では、この原則は採用されていない。

㈡　犯罪人引渡法

自国民不引渡しの原則については、相互主義の見地からする問題点がある。ブラジルの犯罪人引渡法(2)七六条は、次のとおり規定する。

第七六条　犯罪人引渡しは、請求国が条約に基づくとき又はブラジルに相互性（reciprocidade）を約束するときに認めることができる。

相互主義を根拠にするならば、例えば、日本国民Aがブラジルでブラジル人を殺して日本に逃げ帰ったとき、日本は、自国民であるAの引渡しを拒むことができる。仮に、能動的属人主義にもとづいて当該犯人を起訴しても、正当防衛の主張が認められて無罪の判決が下ることもありうる。

さらに、問題がある。日本国民Bがブラジルで交通事故により人を死亡させた後、帰国した場合、日本刑法は過失致死（刑二一〇条）と業務過失致死（刑二一一条）については適用されないので（刑三条）、Bは、日本で裁判を受けることはない。

このように考えれば、自国民不引渡しの原則には矛盾と問題点のあることが理解される。[3]

（1）森下「刑法適用法における代理処罰主義」同『国際刑法の潮流』国際刑法研究第四巻（一九八五年、成文堂）二一七頁以下。

（2）ブラジルの一九八〇年八月一九日法第六・八一五号の「外国人法」第九章が犯罪人引渡法となっている。

（3）森下「自国民不引渡しの原則」同『犯罪人引渡法の理論』（一九九三年、成文堂）一五九頁以下、一七八頁以下を見よ。

❀ 刑法七条（国外犯）

㈠ 国際法の優位

憲法で自国民の引渡しを禁止する国は、少なくない。しかし、その憲法の規定は、絶対的なものではない。引渡条約の中に「自国民の引渡しを拒むことができる」旨の文言（裁量的引渡しの規定）を盛り込めば、問題は解決する。例えば、イタリア憲法二六条一項は、「自国民の引渡しは、国際条約で明示的に定める場合に限り、認めることができる。」と規定する。また、ドイツ基本法は、一六条二項で自国民の原則的不引渡しを規定しているが、(4)二五条で「国際法の一般的諸原則は、連邦法の構成部分である。」と規定することにより、条約で自国民の引渡しを規定すれば、条約が国内法に優位することを認めている。

このように「国際法の優位」は、国際法の一般原則となっている。

日本の外務省が「ブラジル憲法で自国民の不引渡しが規定されているので……」という言い訳は、要するに、これまで犯罪人引渡条約の締結につきなんらの熱意を示さなかった日本政府の怠慢をカムフラージュするものに外ならない。

さて、ブラジル刑法典に眼を転じよう。

ブラジルは、一五〇〇年にポルトガル領となったが、一八二二年に独立した。最初の刑法典は、一八三一年に公布された。それは、一八一〇年のフランス刑法の影響を受けたものであった。

一九三四年憲法によって第二共和制が成立するや、一九四〇年、ドイツ刑法の影響を受けた新刑法典（いわゆるアルカンタラ法典 Código Alcantara Machado）が公布された。ところが、一九六四年に軍がクーデターで政権を奪取し、一九六九年に刑法典（四〇七か条から成る）を制定した。この新刑法典は、軍政下の一九六九年憲法の影響を受けたものであったが、一九七八年一〇月一一日法によって廃止され、一九四〇年刑法が復活した。

一九八四年七月一一日法律七・二〇九号は、一九四〇年刑法の総則全部に大きな改革をほどこした（一九八五年一月一三日施行）。私は、かつて「ブラジルの新刑法」と題する小稿を発表した（本書二八七頁以下）。それは、ブラジルのバルボーサ（Leal Barbosa）教授が『ブラジルの新刑法典　主要な改革点』と題するフランス語の小冊子を一九八六年に公刊したものを紹介したものであった。

二〇〇七年春、私は、ブラジルの最新刊『刑法典及び憲法典』（Código Penal e Constituição Federal, Editora Saraiva, 2007）を入手することができた。日系二世の石川エツオ外国法弁護士（浜松市在住）から贈られたものである。この書には、憲法のほか、刑法、少年法、行刑法、組織犯罪取締法、外国人法、被害者及び証人保護法など、多くの関連刑事法規が収録されている。

ブラジルの国語であるポルトガル語は、ケルト語、ギリシア語、アラビア語等が混入したラテン語の一方言であって、解読するには骨が折れる。

(二) ブラジル現行刑法の特色

以下、犯罪人引渡しの問題を念頭に置きながら現行ブラジル刑法典の特色を概観する。

注目すべきは、第七条の規定である。

第七条（国外犯）〔長いので、要点のみ〕

Ⅰ a　大統領の生命・身体に対する罪

b　国有財産、公的信用等に対する罪

d　ブラジル国民又はブラジル居住者によるジェノサイドの罪

Ⅱ a　条約・協定によりブラジルが処罰義務を負う罪

b　ブラジル国民が犯した罪

c　ブラジル国外にある航空機、船舶内で犯された罪

§1　Ⅰ項の場合には、外国で無罪又は有罪の判決を受けたときでも、行為者はブラジル法で罰せられる。

§2　Ⅱ項の場合には、次の要件を充たすときにブラジル法を適用する。

a　行為者が国内に入ったとき。

b　その行為が行われた国でも可罰的であるとき。

c　その罪がブラジル法により犯罪人引渡しが可能であるとき。

d　行為者が外国で無罪とされ、又は刑の執行を終えたものでないとき。

e　行為者が外国で恩赦を受けず、又はその他の理由でより利益な法に従って可罰性を消滅されることもなかったとき。

§3　外国人がブラジル国外でブラジル国民に対して犯した罪についても、前号（§2）に定める要件に従って、ブラジル法を適用する。

前述の規定によれば、能動的属人主義および受動的属人主義が罪種も刑の重さも限定されることなく採用されていることになる。これは、立法例に照らして実に特徴的なことである。日本刑法三条（国民の国外犯）および第三条の二（国民以外の者の国外犯）と比較すれば、ブラジル刑法の特徴が浮かび上がるであろう。このようにブラジルが国外犯の処罰について積極的姿勢を採るのであれば、外国との間で犯罪人引渡条約の締結について熱心であるべきはずである。

（4）　ドイツは基本法第一六条を改正して、国際刑事裁判所およびEU構成国に自国民を引き渡すことができるとした。

（判例時報一九八〇号、二〇〇七年）

7　ブラジルの憲法、刑法、犯罪人引渡し（下）

❖ 生命・身体に対する罪

憲法五条四七項で死刑が廃止されているので、刑罰の種類としては、自由刑（penas privativas de liberdade）、権利制限刑（penas restritivas de direitos）及び罰金（multa）の三種類のみが規定されている（刑三二条）。

自由刑は、重懲役（reclusão）と軽懲役（detenção）に分かれる。重懲役は、閉鎖処遇、半開放処遇又は開放処遇によって執行すべきものとされ、軽懲役は、半開放又は開放処遇によって執行すべきものとされる。そして、閉鎖処遇から半開放処遇を経て開放処遇に至る「累進制」が推奨されている（三三条）。

ところで、憲法は無期刑を禁止しているので（憲五条四七項）、自由刑の最高限が問題になる。刑法は、三〇年をもって最高限として規定している（七五条）。

一九七三年に公刊された「中南米モデル刑法典」（Código penal tipo para Latinoamerica）は、死刑と無期刑を廃止している。ブラジルは、このモデル刑法典を範としたものであろう。しかし、この法典は「模範」を示したものにすぎないので、中南米の立法例には、死刑や無期刑を規定したものがある(1)。

権利制限刑とは、社会奉仕作業（prestação de serviço à comunidade ou a entendades públicas）、権利の一時的制限及び週末拘禁を指す（四三条）。これらの刑は、一定の要件の下で自由刑に代替される（四四条）。この点は、注目される。

罰金は、一〇日以上三六〇日以下の日数罰金（dias-multa）である（四九条）。

刑の執行猶予は、二年以下の自由刑につき二年以上四年以下の期間、可能である（七七条）。仮釈放は、(a)故意犯の累犯者に関しないときは、刑の三分の一を経過した後に、(b)故意犯の累犯者に関するときは、二分の一を経過した後に、これを許すことができる（八三条）。

犯罪成立要件に関する規定は、大陸法系の国とほぼ同様である。

注目すべきは、二七条（一八歳未満の者）の規定である。一八歳未満の者は、刑事責任を問われない。ただし、特別法である少年及び青年法（Estatuto da Criança e do Adolescente）（一九九〇年法律八・〇六九号）により、保護処分（medidas de proteção）に処せられることがある。なお、一八歳以上二一歳未満の者は「青年」（adolescente）として、法律に明文規定のある場合には、例外的にこの法律が適用される（第二条）。

これまで概観したところからすれば、ブラジルは、先進的な犯罪者処遇の法体系を採用しているように見える。果たして、そうであろうか。

新聞報道によれば、近時、ブラジルでは、刑務所暴動や刑務所からの集団逃走が相次いでいる。例えば、一九九九年六月、サンパウロ州の拘置所正門から三五〇人が集団逃走し、同年一一月、銃で武装した数人のグループが刑務所を襲撃し、受刑者百人余が逃走した。二〇〇一年二月、サンパウロ州の二四の刑務所で、受刑者約二万人が携帯電話で連絡を取り合い、一斉に反乱を起こして約三千人を人質に取り、施設を占拠した。二〇〇六年五月、サンパウロで麻薬密売組織による警察署への襲撃があり、五〇以上の刑務所で暴動が起き、刑務官ら二七〇人が人質になり、六〇人以上の死者が出ている（以上、朝日新聞による）。

ブラジルの刑務所では、麻薬密売組織の幹部が刑務官を買収したり、脅迫したりして携帯電話などを入手し、暴動を計画・指揮しているのである。

さて、各則のうち、興味のありそうな犯罪規定を紹介しよう。

第一章第一節「生命に対する罪」

第一二一条は、三種類の homicídio を規定する。

単純殺人（homicídio simples）……六年以上二〇年以下の重懲役。激情にかられて、又は被害者の挑発により犯行に出た場合などには、刑を六分の一ないし三分の一減軽する（一項）。

加重殺人（homicidio qualificado）……一二年以上三〇年以下の重懲役。これには①報酬を得る目的などで、②低劣な動機から、③毒物、火、爆発物等を用いて、④裏切り、待伏せ、騙しの手段を用いて、⑤他罪の実行を確保し、隠蔽するなどの目的で犯した殺人の、五つの類型がある（二項）。

過失致死（homicidio culposo）……一年以上三年以下の重懲役（三項）。業務上又は技術上の規則の不遵守により死を惹き起こしたときは、刑を三分の一加重する。

一四歳未満又は六〇歳以上の者に対する殺人は、刑を三分の一加重する。

第一二二条（自殺の教唆、幇助）……相手が死亡したとき、二年以上六年以下の重懲役。自殺未遂によって重大な身体傷害を生じたとき、一年以上三年以下の重懲役。自殺教唆・幇助が①利己的動機でなされたとき、②被害者が未成年であるとき、又は抵抗力が減少していたときは、刑を二倍にする。

第二節「身体傷害の罪」　これには、五つの類型が規定されている（一二九条）。

(a)　一般傷害……三月以上一年以下の軽懲役

(b)　加重傷害……三〇日以上の労働不能を生じさせるなどしたとき、一年以上五年以下の重懲役

恒久的労働不能、妊娠中絶を惹き起こしたときは、二年以上八年以下の重懲役

(c)　傷害致死……四年以上一二年以下の重懲役

(d)　過失傷害……二月以上一年以下の軽懲役

(e)　家庭内暴力（Violencia doméstica）……尊属、卑属、兄弟姉妹、配偶者、同居人等を傷害した者は、三月以上三年以下の軽懲役。加重事情があるときは、刑を三分の一加重。

（1）　Bustos Ramirez & Valenzuela Bejas, Le système pénal des pays de l'Amérique latine, 1983, Pédone, pp. 145–146.

❖ 財産に対する罪、その他

第二章「財産に対する罪」第一節「窃盗」では、第一五五条で三種類の窃盗（Furto）が規定されている。

（単純）窃盗……自己又は他人のために動産を盗んだ者は、一年以上四年以下の重懲役及び罰金。夜間窃盗は、刑を三分の一加重するが（一項）、初犯者、少額窃盗の場合には減軽される（二項）。

加重窃盗（Furto qualificado）……盗品を損壊したとき、背信的手段で、合かぎを使用して、又は二人以上で犯したとき、二年以上八年以下の重懲役及び罰金（四項）。

共有物窃盗（Furto de coisa comum）……共有物、共同相続物等をなんらかの相当な理由により盗んだ者は、六月以上二年以下の軽懲役又は罰金（一五六条）。

第二節「強盗及び恐喝」では、四種類の罪につき、細分化された類型の構成要件と刑が規定されている。

第一五七条（強盗 Roubo）
人に対する重大な脅迫を用いて、又は人を抵抗不能に陥れて動産を強取した者は、四年以上一〇年以下の重懲役および罰金
加重強盗は、武器を用いて暴行・脅迫をしたとき（二項一号）、二人以上が共同したとき（二項二号）などに成立する。刑は、三分の一から二分の一加重される（二項）。
強盗致傷（三項前段）……被害者に重大な傷害を生じさせたとき、七年以上一五年以下の重懲役及び罰金
強盗致死（三項後段）……被害者を死に致したとき、二〇年以上三〇年以下の重懲役
第一五八条（恐喝 Extrasão）……四年以上一〇年以下の重懲役及び罰金。二人以上で、又は武器を用いたときは、加重恐喝として刑を三分の一以上二分の一まで加重する（一項）。
注目すべきは、恐喝致傷罪、恐喝致死罪が規定されていることである。暴力を用いて恐喝を行い、被害者に重大な傷害を与えたとき（恐喝致傷）、被害者を死に致したとき（恐喝致死）が、それである。刑は、強盗致傷・強盗致死の場合と同様である（二項）。
第一五九条（監禁による恐喝）
身代金等を得る目的で監禁した者は、八年以上一五年以下の重懲役。監禁が二四時間以上に及んだとき、一八歳未満の者もしくは六〇歳以上の者に対して行われたとき、又は集団によって行われ

たときは、一二年以上二〇年以下の重懲役（一項）

被害者に重大な傷害を生じさせたときは、一六年以上二四年以下の重懲役（二項）

人を死に致したときは、二四年以上三〇年以下の重懲役（三項）

この条文は、中南米で多発している拉致罪を想定して規定されたものであろう。

以上、殺人、加重殺人、強盗、強盗致死傷等の罪についての紹介は、実は、日本で罪を犯して母国に逃げ帰ったブラジル人に対し、ブラジルが能動的属人主義（刑七条Ⅱｂ号）の規定を適用して国内裁判所で裁判を行う場合について、ブラジルの刑罰法規を知りたいと思う人になんらかの参考になれば、と考えて書いたものである。

わが国には、逃亡犯罪人の引渡しが行われない場合において、被疑者の国籍国が能動的属人主義（いわゆる代理処罰主義）に基づいて自国法を適用して裁判を行うとき、その国内裁判所が公正かつ厳正な裁判をするであろうと考える者がいるようである。しかし、このような考えは、一般に甘いのではなかろうか。日本で罪を犯して母国に逃亡したブラジル人は、現在、九〇人に達している。そのうち、訴追されたのは、新聞報道によれば、わずか三件か四件である。

時効の問題は別としても、国外で罪を犯した者を属人主義に基づいて国内裁判所で裁く場合に大きな問題となるのは、第一に証拠の収集および証拠の評価であろう。

現に、日本で罪を犯して南米の母国に逃亡した犯人に対する裁判で、無罪の判決が宣告された事例が報道されている。無罪の理由は、被疑者が日本の警察で取調べを受けた際、自分の理解可能な言語で事情聴取されなかった、というものである。この無罪理由には、一理がある。一九六六年の国際自由権規約一四条三項a号に規定する最小限保障に違反するからである。しかし、事案によっては、無罪の理由とされた事実認定につき疑問がある場合も存在するであろう。その場合には、無罪判決に対抗する法的対策は、日本側にはない。

例えば、日本で交通事故に因り人を死亡させた自国民に対する裁判で、「被害者が飛び出したので、急ブレーキを踏んだが間に合わなかった」と被告人が抗弁すれば、無罪判決が下る可能性がある。日本の警察から事情聴取される前に被疑者が母国に逃亡した場合には、無罪判決の蓋然性は高いであろう。

国際的な捜査共助、刑事司法共助の強化促進が、今後の大きな課題である。

（判例時報一九八三号、二〇〇七年）

8 グアンタナモ ――法なき被収容者――

❖「法の真空地帯」の囚われ人

ここにいう「グアンタナモ」(Guantanamo)とは、キューバの南東の先端に位置する米国海軍のグアンタナモ基地内に設けられている収容所、すなわち、**グアンタナモ収容所**のことである。この収容所は、「法の真空地帯」と呼ばれている。というのは、この収容所の被収容者らは、全く法の保護の外に置かれていて、ひどい拷問や虐待を受けているからである。

本稿の標題「グアンタナモ――法なき被収容者」(Guantanamo――prisonniers sans statut)は、スイスの弁護士カラム(Richard Calame)氏が、スイスのニューシャテル(Neuchâtel)大学のボル(Pierre-Henri Bolle)教授の退官記念論文集『刑事世界』(Du Monde Pénal, 2006, Genève, Helbing & Lichtenhahn)に寄せたユニークな論文のタイトルである。

グアンタナモの被収容者らは、米国における01・9・11同時テロ以後、ブッシュ政権が錦の御旗として掲げる「テロに対する戦い」(War against terrorism)を貫徹するため、四〇か国以上からグアンタナモに送り込んだ約四〇〇名ないし五〇〇名のテロ・グループ容疑者である。

ついでながら、前記ボル教授退官記念論文集は、ヨーロッパのみならず、米国、カナダ、南米諸国から寄せられた仏、独、英、スペイン語の論文五七篇を収めた、七〇〇頁に及ぶ大阪の学術書である。私は、ボル教授とは四〇年来の誼《よし》みがあるので、「日本における再審と死刑の問題」と題するフランス語の論文をこの書に寄稿した。

さて、米国は、二〇〇一年一〇月六日以降、アフガニスタンで戦闘行為を開始し、アルカイダ（Al-Qaida）のテロ組織またはタリバン（Talibans）の武装勢力に属する疑いのある者を捕えて、グアンタナモ収容所に送り込んだ。

ここで最も問題となるのは、かの被収容者らの法的地位ないし法的性質である。米国は、タリバン勢力をアフガニスタンの公的政府とは認めていない。アルカイダ勢力についても、同様である。タリバンもアルカイダも、一九四九年のジュネーヴ諸条約の当事国には当たらない。それゆえ、タリバンもアルカイダも、ジュネーヴ第三条約〔捕虜待遇条約〕の意味における「捕虜」（prisoners of war, prisonniers de guerre）の地位を有しない。

ジュネーヴ第三条約四条は、「捕虜」となる者として、「紛争当事国の軍隊の構成員」を初めとして延々と列挙し（A項）、かつ、「捕虜として待遇すべき者」につき詳細な規定を設けている（B項）。だが、9・11テロは、国際武力衝突には該らない。また、国家しかジュネーヴ諸条約の当事国とはなりえない。さりながら、ジュネーヴ諸条約が適用されないとしても、国際人道法は、武力衝突が事実上存在するときは、つねに有効に適用されるべきはずである。(1)

ブッシュ政権は、グアンタナモの被収容者は「不法な（敵対）戦闘員」(combattants ennemis illégaux)であって、「捕虜」の地位を有しない、と主張した。しかし、カルム弁護士によれば、二〇〇一年一〇月当時、アフガニスタン政府は（米国を含む）大多数の国によって承認されていたので、タリバンは、アフガニスタンの軍隊であって、捕虜の地位を有する。(2) いかなる場合にも、ある国の一方的宣言によって戦闘員が集団的に捕虜の地位を奪われることはありえない。

これに対し、アルカイダの地位を決定することは、かなり困難である。アルカイダは、ジュネーヴ諸条約の当事国ではないので、「捕虜」の地位を認められない。この点に関する限り、米政府の主張は正しい。しかし、彼らは、ジュネーヴ第四条約〔文民保護条約〕にいう「文民」(civil)の地位を有する。(3)

それゆえ、二〇〇一年一〇月から二〇〇二年六月までの間にアフガニスタンで拘束されてグアンタナモに移送されたアルカイダその他の者は、ジュネーヴ第四条約に違反した取扱いを受けていることになる。

（1）　Calame, Guantanamo —— prisonniers sans statut. dans: Du Monde Pénal. Mélanges en honneur de Pierre-Henri Bolle, 2006, p. 695.

(2) Calame, supra note 1, pp. 696-697.
(3) Calame, supra note 1, p. 700.

❁ 米国裁判所の判決

グアンタナモの被収容者については、米国の裁判権は及ばないのか。カラム論文は、これにつき、二つの観点から考察している。

(一) 拘禁の合法性の審査

ジュネーヴ第三条約五条二項は、次のとおり規定する。

交戦行為を行って敵の権力内に陥った者が第四条〔捕虜の定義〕に掲げる部類の一に属するかどうかについて疑いが生じた場合には、その者は、その地位が権限のある裁判所によって決定されるまでの間、この条約の保護を享有する。

この規定により、グアンタナモの被収容者は、人身保護（*habeas corpus*）法に基づいて、自身に対する拘禁の合法性について審査を受ける憲法上の保障を米国の裁判所に求めることができる。ところが、ブッシュ政権は、米国の裁判所はグアンタナモの被収容者から提出された人権保護法に基づく訴えを審査する権限を有しない、との立場を一貫して維持していた。それは、グアンタナモ基地が一九〇三年二月二三日にキューバとの間で締結された条約による借用地であるので、米国はここに主権を行使することはなく、キューバが完全な裁判権を行使する、という理由によるものであった。

しかし、二〇〇四年六月二八日、合衆国最高裁は、ラスル事件（Rasul et al. v. Bush, no 03-334）において、グアンタナモの被収容者からなされた人権保護請求につき、「米国の裁判所は、米国法に違反して拘禁されているとの理由で人身保護法の適用を求める外国人についても、28 U.S.C. § 2241に基づき審査する権限を有する」との判決を下した。(4)

ブッシュ政権は、最高裁のラスル事件判決に即座に反応して、二〇〇四年七月、グアンタナモの被収容者の地位問題を扱う任務をもつ二つの機関を設置した。CSRT（Combatant Status Review Tribunals）およびARB（Administration Boards）が、それである。しかし、CSRTもARBも、その構成と権限において、ジュネーヴ第三条約五条二項の意味における裁判所とみなされうるものではなかった。両者の権限は、「敵の戦闘員」（enemy combatants）の身分に関する問題を検討することに限定されていたからである。

CSRTは、三人の米軍上級将校（法律家ではない）によって構成されていて、被収容者らは、私的代理人の援助を受けるだけであって、弁護人の弁護を受けることはできなかった。ARBの構成と権限も、CSRTのそれとほとんど同じであった。

二〇〇五年一月三一日、コロンビア地区（District of Colombia = D.C.）地裁は、グアンタナモ被抑留者事件（In re Guantanamo Detainees Cases）において、ＣＳＲＴの職務は憲法で認められた保障に反するものであり、グアンタナモ収容所における拘禁は違法である、と判決した[5]。さらに、この判決は、ＣＳＲＴはジュネーヴ第三条約五条の意味における裁判所に該らない、と明言した。

米国政府は、この地裁判決を不服として控訴した。

(二)　公正な手続の見地からの保障

01・9・11テロの衝撃がまだ醒めやらぬ二〇〇一年一一月一三日、ブッシュ大統領は、「テロに対する戦いにおける非民間人（non-citizens）の拘禁、取扱い及び裁判に関する軍事命令（military order）」により、グアンタナモの被収容者を裁く任務を有する「軍事委員会」（military commissions）を設置した。しかし、この委員会（わが国の新聞は、「特別の軍事法廷」と表現している）の組織と権限は、正規に設置された〝独立性をもつ裁判所〟という要請に応えるものであるかどうか、大いに疑わしいものであった。

委員会の構成員は米国の上級軍人であって、その権限は大幅に国防省に委ねられていた。その手続的保障は、米国の通常の連邦裁判所における司法手続、特に証拠に関する手続に比べて大幅に縮減されたものであった。しかも、委員会の決定に対する異議申立（抗告）の途は、すべて閉ざされていた[6]。

軍事委員会は、グアンタナモに設置された。この委員会のねらいとするのは、アルカイダ組織とその構成員並びに米国の利益に反するテロ組織に属するすべての者に係る拘禁条件および訴訟手続を制定することであった。

二〇〇四年一一月八日、D・C地区地裁は、ハムダン（Hamdan）事件につき、〝軍事委員会はジュネーヴ第三条約一〇二条（判決の言渡し）の意味における裁判所に該らないことは明白であり、かつ、同委員会で適用される手続は上記条約の条項に定める手続ではない〟旨、判決した。(7)

この地裁判決は、二〇〇五年七月一五日、コロンビア地区高裁によって破棄された。この高裁判決に対して上告がなされた。

合衆国最高裁は、二〇〇六年六月二九日、高裁判決を破棄する画期的な判決を下した。(8) 最高裁は、軍事委員会米国軍法（通常の軍事法廷に関する米国法）、ジュネーヴ諸条約、さらに上記諸条約の共通第三条に規定する基本的保障を侵害する旨、明確に判示した。

米国は、グアンタナモの被収容者は「捕虜でも犯罪者でもない。敵性戦闘員（enemy combatants）である」と位置づけて異常な形の拘禁を続け、自白強要と虐待をくり返し、国際社会から強い非難を浴びていた。

ついに、合衆国最高裁は、軍事委員会も収容所における拘禁も違法である、との毅然たる判断を下した。これにより、米国司法権の独立性と健在性が印象づけられた。

グアンタナモ収容所は、まだ閉鎖されていない。しかし、ブッシュ政権は、二〇〇七年六月、グアンタナモ収容所を閉鎖する方向で検討に入った。アフガニスタンや米国内の軍事基地などに複数の代替収容施設が作られる可能性が高くなったようである。

（4）Calame, supra note 1, p. 702 & footnote 35.
（5）Calame, supra note 1, p. 703 & footnote 39.
（6）Calame, supra note 1, p. 705 & footnote 42.
（7）Hamdan v. Rumsfeld, civil action no 04-1519. cf. Calame, supra note 1, p. 705.
（8）US Supreme Court, Hamdan v. Rumsfeld, no 05-184 of 29 June 2006. cf. Calame, supra note 1, p. 705.

（あとがき）

米国のオバマ大統領は、大統領になればグアンタナモ収容所を廃止すると公言した。しかし、代替施設がないとの理由で、グアンタナモ収容所は廃止されていない。

（判例時報一九七七号、二〇〇七年）

9　チリ刑法典

❀「わがチリよ！」

「わがチリよ！」という題の映画が、一九八九年、NHKテレビで放映された。この映画は、一九七四年から始まった、ピノチェト（Augusto Pinochet Ugarte, 1915）の率いる軍事政権下における言語に絶する人権弾圧の記録映画である。この映画は、レジスタンス運動派に属するカメラマンが絶えず身の危険を冒して取り続けた生々しい現実を記録したものである。この映画のフィルムは、国外に持ち出すことは至難事であったが奇跡的に成功する方法で、幸運にも国外に持ち出すことのできたものであった。

軍事政権は、抵抗する者を徹底的に弾圧した。何千人にも達する数の男が、次から次へと連れ去られ、以後、全く消息がない。恐らく、軍事政権下の秘密組織によって、拷問され、秘密裡に処刑されたものと推測される。

「わが夫、わが息子、わが父を返せ！　せめて、その消息を知らせよ！」

血を吐く思いの叫びが、連れ去られた男たちの妻、母、子らによって、全国的な運動となり、デモンストレーションとなって高まった。しかし、軍事政権は、これになんら応えないのみならず、弾圧を続行した。軍事政権のやることは、どの国でも共通する点があるらしい。アルゼンチンでも軍事政権下に、抵抗組は秘密裡に連行され、処刑された。「夫を返せ！　息子を返せ！」と叫ぶ女たちは、ブエノス・アイレス市内の広場に集まり、抗議運動を展開した。民主政治が訪れた今日でも、年に一度、その広場では悲しみに満ちた女たちの集会が開かれている。

さて、一九八九年一二月一四日、一九年ぶりに行われたチリ大統領選挙で、反軍政派の統一候補パトリシオ・エイルウィン氏（七一歳）が、大勝した。長い暗黒の軍政下に苦しみ続けたチリ国民は、歓呼の声を上げて、街へくり出して歌い、踊りまくった。

現行刑法典は、一八七四年一一月一二日に公布され、翌年三月一日に施行された。入手した原文は、一九八九年六月一〇日の司法省令で承認された公式版（Edición oficial. aprobada por Decreto No 599, de 10 junio de 1989, del Ministero de Justicia. Editorial Juridica de Chile, 1989）である。

チリは、南米のはるか彼方に南北四、二〇〇キロ、東西平均一八〇キロの細長い国土をもつ。一五四一年にスペインの植民地となり、一八一〇年九月に自治政府が誕生、一八一八年に独立を宣言した。独立から現行刑法の施行（一八七五年）までは、スペインの諸法律が、若干の一部改正をほどこして(1)、そのまま承け継がれていた。

一八七五年以降、新しい刑法典を制定しようとする動きがあり、一九二九年草案（いわゆるErazo-Fontecilla草案）と一九三八年草案（いわゆるSilva-Labatut草案）の後、一九四二年に全面改正をめざす新草案が作られた。しかし、全面改正は、実現されないままに終わっている。

もとより、時代の推移につれて、刑法典にも一部改正がほどこされている。重要な意味をもつのは、一九二六年の仮釈放法、一九五四年の保安処分法、一九八三年の自由刑代替処分法、一九八四年のテロ行為規制法などの特別法である。これらの法律は、刑法、刑事訴訟法などに対する重要な修正を含むものであって、前記の書物に「付属法規」として掲載されている。

現行刑法典は、第一編（総則）（一条から一〇五条まで）、第二編（重罪及び軽罪）（一〇六条から四九三条まで）及び第三編（違警罪）（四九四条から五〇一条まで）という構成になっている。内容的には、かつての宗主国スペインの一八五〇年刑法典に範を取ったものであって、古典学派の立場を基調としている。

一九八九年一二月、民主政治への改革をなし遂げたチリは、いずれ近い将来、新しい時代にふさわしい刑法典の制定に着手することであろう。

（1）例えば、一八五〇年八月、むち刑は懲役刑に代えられた。しかし、むち刑は、一八七六年に復活され、一九四九年七月、最終的に廃止された。

❖ 現行刑法の特色

現行刑法の特色というべき点を概観しよう。

「犯罪」（delito）とは、法律に特別の定めのある場合を除いて、法律で罰する故意の作為又は不作為をいう（一条）。この「犯罪」は、その重さに従って、重罪（crimen）、軽罪（simple delito）及び違警罪（falta）の、三種類に分けられる（三条）。これは、フランス刑法典における犯罪の三分類にならったものである。

罪刑法定主義は、一八条に明文をもって規定されている。

(一) 刑の体系

特色があるのは、「刑」（pena）の種類が次のように多いことである。

(1) 重罪に対する刑としては、死刑、無期懲役（presidio perpetuo）、無期禁固（reclusión perpetua）、重懲役、重禁固、無期居住指定（relegación perpetua）、無期流刑（confinamiento mayor）、重国外追放（extrañamiento mayor）、重居住指定、絶対的有期資格制限がある（二一条）。このうち、懲役は定役に服するが、禁固は定役に服さない（三二条）。流刑は、国外の特定地に強制居住させるものであり（三三条）、国外追放は、単に国外に追放するものである（三四条）。居住指定は、国内の特定地に強制居住させることを内容とする（三五条）。

(2) 軽罪に対する刑は、軽懲役、軽禁固、軽流刑、軽国外追放、軽居住指定、資格制限、運転免許の取消し・停止である（二一条）。

(3)　違警罪に対する刑は、拘留（prisión）及び運転免許の取消しである（二一条）。拘留は、一日以上六〇日以下で、定役に服さない（二五条）。

このほか、罰金（multa）が、重罪刑、軽罪刑及び違警罪刑に共通の刑として規定されている。

このように刑罰の種類が多いことは驚きであるが、条文を読んでとまどうのは、それぞれの刑罰に「最低段階」、「中段階」および「最高段階」という三つの段階が付けられていて、刑の適用上、それが意味をもつことである。そこで、刑法典にはその指示表（tabla demostrativa）と並んで（五六条）、刑の軽量の順序を示す段階表（escala）が、第一表から第五表まで掲げられている（五九条）。これは、スペイン刑法にならって客観主義の立場を貫いたためであろう。

(二)　犯罪論の領域

「犯罪の責を負う者」（personas responsables de los delitos）として、正犯（autores）、共犯（complices）及び庇護者（encubridores）の三種類が挙げられている（一四条）。

正犯とは、(1)直接又は間接に犯罪の実行に関与した者、(2)人を直接に強制し又は誘引して犯罪を実行させた者、及び(3)犯行を共謀し、犯行手段を供与し、又は犯行に加わることなく現場にいた者をいう（一五条）。

共犯とは、正犯以外で、犯行前又は犯行と同時の行為によって犯罪の実行に加担した者をいう

（一六条）。

庇護者というのは、犯人蔵匿・証拠隠滅・賍物行為の犯人の総称である。

未遂とは、重罪又は軽罪の遂行に直接向けられた行為をしたが、これを遂げるに至らない場合をいう（七条三項）。七条二項は、未遂と予備との中間に位置するものとして、失敗未遂（tentativa frustrada）とでも呼ばれる場合を規定している。すなわち、犯人が重罪又は軽罪の遂行に必要なすべての行為をしたが、犯人の意思とは無関係な事由に因り既遂に至らなかった場合である。

失敗未遂犯人および既遂犯の共犯（従犯）は、法定刑のすぐ下の段階の刑に処せられ（五一条）、未遂犯人、失敗未遂の共犯及び庇護者は、法定刑より二段階下の刑に処せられる（五二条）。このほか、細かい規定があって（五三条以下）、刑の適用基準が、段階表と結び合って定められている。

刑事責任（responsabilidad criminal）を阻却する事由として一二の事由が掲げられている（一〇条）。例えば、心神喪失（一号）、一六歳未満の者（二号）、一六歳以上一八歳未満であって、弁別能力をもって行為したことが確認されない者（三号）、正当防衛（四号）、緊急避難（七号）、法令による行為（一〇号）などが、それである。これらの事由から見れば、ここにいわゆる「刑事責任」は、可罰性を意味するであろう。

第二編（重罪及び軽罪）は、法益ごとに排列された一〇章から成る。それらの章は、国家的法益、社会的法益及び個人的法益の順に体系化されている。第二編が三八七か条から成ることは、特別構成要件が客観化・個別化されて規定されていることを物語る。

例えば、殺人の罪（第八章第一節）は、尊属殺（三九〇条）、加重殺人（三九一条一号）、普通殺人（同条二号）、けんかに因る殺人（三九二条）及び自殺幇助（三九三条）の各罪から成る。その法定刑は、尊属殺では死刑又は最高段階の重懲役（一五年を超え二〇年まで）、加重殺人では最高段階の軽懲役（三年を超え五年まで）、普通殺人では中段階の軽懲役（三年以下）となっている。

ちなみに、死刑については、一九六五年六月二日規則に基づき銃殺の方法による（一条）。銃殺隊は、刑事施設の警備隊の中からくじで決められた八人をもって構成される（八条）。射たれた死刑囚がなお生きているときは、もう一度、銃殺が命令される（一二条）。

（判例時報一三五七号、一九九〇年）

10　コーヒーと盗賊

❀ コロンビア共和国

「コーヒーと盗賊」という題は、ちょっと風変わりな映画の題であるように見えるかもしれない。実は、これは、「政治的盗賊とコロンビアのビオレンシア」(Sanchez & Meertens, Political Banditry and the Colombian Violencia) と題する学術論文[1]の中にある一節の標題である。

コロンビア――それは、アメリカ大陸発見者コロンブスの名にちなんで付けられた国名である――は、南米の北西端に位置し、太平洋とカリブ海の両方に面し、長い海岸線をもつ国である。他方、内陸部は、銀雪をいただくアンデス山脈――全長七、三〇〇キロに及ぶ世界最長の山脈――に連なっている。

わが国でコロンビアと言えば、コーヒーを想い起こす人が多いであろう。最近、コロンビアは、麻薬の強大な密輸組織によって世界中に知られている。事実、米国に密輸入されるコカインの七割ないし八割は、コロンビアの密輸組織（いわゆるコカイン・マフィア）からのものと推定されている。

コロンビアは、その面積において、わが国の約三倍。熱帯に位置するが、地形的制約から人口は高原に集中し、しかもその中心地域は、一四にも分散している。このため、国家としてのまとまりは困難で、保守党と自由党との政争が、一九世紀以降、伝統となっている。

国民のわずか四・六％にすぎない特権階級が国民所得の四〇％以上を独占しており、そのため、国民（約二、八〇〇万人）のうち約四〇％の大衆は、まだ低い生活水準に苦しんでいる。そこに、政治的盗賊（political banditry）ないしゲリラ盗賊（guerilla-bandit）の出現する基因が見い出されるであろう。内政面の特色は、一九世紀後半からの、保守党と自由党との対立である。保守党は、中央集権、カトリック教会の政治・教育への参加を主張し、自由党は、連邦制（地方分権）、宗教の干渉排除、社会政策、財政改革などをスローガンとしてきた。

一八五〇年代以降、自由党の自由主義政策は、安価な欧米製品の流入によって国の産業基盤を危うくし、ついに党内の独立派と急進派の確執は、内戦に発展した。

一八八六年、保守党が政権を奪取。しかし、第一次大戦後の世界的経済不況が、コロンビアの経済を直撃し、一九二九年には反政府暴動が起こり、一、四〇〇人の死者を出した。

一九三四年、自由党左派のアルフォンソ・ロペスが、反政府勢力を結集して大統領に当選した。彼の政策は、功を奏したが、大幅な社会構造の変化を招来した。第二次大戦後、この構造変化と米国の圧力との結果、自由党内部で左右両派の深刻な対立が生じた。

一九四六年、保守党は、自由党の内紛に乗じて政権を奪回した。労働者・農民に対する弾圧が随所で始まり、一九四八年には大統領候補ガイタン（Jorge Eliécer Gaitán）の暗殺とボゴタ（コロンビアの首都）暴動が発生し、やがて暴動は、地方都市にも波及した。耕作地破壊、工場占拠、農場の焼打ちなどが、相次いで起こった。これが、いわゆるビオレンシア（violencia）の時代である。

ビオレンシアは、英語のviolenceに相当し、言葉自体は、「暴力」を意味する。が、ここにいう**〝ビオレンシア〟**は、一九四〇年代の終りごろから一九六〇年代の初めごろまで、コロンビア全土でくり広げられた野蛮とテロの恐怖時代を意味する。ビオレンシアによって三〇万人近い人命が失われたと言われる。

ビオレンシア時代における最初の二つの政府（一九四六―五三年）に見られる最大の特徴的要因は、**政府公認のテロ行為**（official terrorism）であった。このテロ行為は、まず、都市地域で労働者階級を沈黙させ、ついで地方にまで及び、反自由主義・反共産主義の旗印の下で農民の民主的な息吹きを根絶した。この弾圧政策は、一九四八―四九年ごろに一応、功を奏したようである。

政府は、この弾圧政策を遂行・続行するために、ボヤカ（Boyacá）地方（国の中央部北東）から来た秘密警察を用いた。この秘密警察は、**〝pájaros〟**と呼ばれる殺し屋（paid assassins）のような軍外組織（paramilitary organizations）の活動によって補強させた。

これらのテロ部隊は、地主を殺害または脅迫して土地と財貨を掠奪し、農作物や家畜を奪取し、家、砂糖工場、コーヒー農場などを焼き払い、耕作農地を破壊した。弾圧される者に残された途は、餓死するか抵抗するか、であった。こうした状況の下で、いわゆる政治的盗賊が登場するに至った。

（1）　Slatta, Banditos, 1987, New York に収められている論文。

❖ コーヒーと盗賊

ビオレンシア時代には、弾圧に対抗して組織的レジスタンス（抵抗運動）を展開することは困難であった。そこで、リャノス（Llanos）地方（国の東端地方）などでゲリラの拠点が作られた。ゲリラの最大拠点は、(1)中央政府から離れていて弾圧の手が届きにくい、(2)レジスタンスに友好的であると想像される隣国ヴェネゼラに近い、(3)国内からの多数の逃亡者を受け入れて生産に参加させることのできる開放的地域である、という要件の備わった地域であった。

一九五二年の終りごろには、リャノス地方には、約二万人のゲリラ戦闘員がいたと伝えられる。このほかにも、ゲリラの重要拠点が五つ、六つ挙げられている。それらは、辺境地域以外にも存在した。このレジスタンスには、広い範囲の社会層に属する者が参加した。たとえば、国内移住者、脱走兵、小地主、古い農業指導者、脱獄犯人、貧しい農民などが、それである。

一九五〇年の初めごろには、保守党とその政府に反対するだけで、「盗賊」（bandito）というレッテルを貼られた。その後、謀反人が、武力による盗賊とみなされた。田舎地方では、これらの盗賊は、一貫して「ゲリラ」(guerillas) と呼ばれた。それゆえ、政治的盗賊とゲリラ盗賊とは、ほぼ同じ意味で用いられているようである。

政治的盗賊は、ビオレンシアの初期には、弾圧が続けられるほとんどすべての地域で発生した。中でも、政府によるテロ行為の恐怖を感じながら、みずからレジスタンス組織をもちえなかった農村地域では、政治的盗賊が勢力をもった。とりわけ、コーヒーの産地は、これら盗賊を特別に支援する、いわば聖域であった。コーヒー栽培地には、小農家が多数存在したようであるが、アシエンダ (hacienda) と呼ばれる大農場も存在した。大農場制度は、一九二〇年代の農民闘争などにより、様変わりして行った。大地主は、農場外に住み、農場の経営方式を契約方式と賃金労働に改めた。ビオレンシアは、この大農場制度に大打撃を与え、農民側の力を高めた。

地主は、殺害を恐れて農場から逃げ出し、アグレガード (agregado) と呼ばれる住み込みの農場雇人に万事を任かせ、最悪の場合でも収穫の最小限を収入として得ることができるようにした。他方、農民らは、コーヒー栽培に新しい技術を導入することにより、しだいに地位を向上させた。

農民らは、盗賊を支援する方が身のためになることを理解していた。盗賊らは、政府のテロ団による暗殺、放火、農場破壊、掠奪から守ってくれるからである。しかも、コーヒー生産地帯は、盗賊にとっては、討伐から逃れる好適な諸条件を備えていた。その地帯の道路網は、盗賊に食糧、衣類、武器弾薬などを容易に供給することを可能にした。密集したコーヒーの樹は、追跡してきた官憲から逃れるための遮蔽物の役割をした。とりわけ、コーヒーの収穫期には、季節労働者たちの中に盗賊が逃げ込むことによって、だれがお尋ね者の盗賊か分からなくなった。

しかも、盗賊の幹部らは、ほとんど小地主の息子であり、盗賊のメンバーは、たいてい日雇労働者であった。コーヒー農場で働くパートの労働者たちが盗賊と手をつなごうとしたのは、自然のことであった。パート労働者たちは、悪い雇傭条件に不満であった。

コロンビア全体で、どれくらいの人数の政治的盗賊がいたのか、彼らの生活源（または資金源）が何であったかは、明らかでない。文献によると、盗賊らは、農民が収穫した穀物を掠奪したり、収穫したコーヒーを掠奪または没収したりした。コーヒーの掠奪・没収は、盗賊らにとって典型的な資金源であった。盗賊らは、アグレガード（農場の住み込み雇人）を脅迫した。恐らく、アグレガードは、収穫したコーヒーを掠奪されるよりも提供するか、ばかげた値段で盗賊に売却した。盗賊に協力する農民というのは、多分、奪われる物をほとんど持たない貧しい農民であったであろう。

コーヒーを掠奪・没収した盗賊の背後には、悪徳商人がいた。悪徳商人は、安い値段でコーヒーを買い取ったであろう。アルゼンチン、メキシコ、ブラジルなどでは、「盗賊＝商人連合」が存在した。コロンビアの政治的盗賊は、ブラジルなどの盗賊とははっきり区別される特徴をもっていたと言われる。それゆえ、悪徳商人との間に共同体的つながりはなかったのかも知れない。

ともあれ、盗賊らの生活源は、農民の供出ないし負担であった。この状態が続くことは、農民にとって堪えがたいことであった。農民は、しだいに盗賊に背を向け始めた。これに対し、事態の複雑性を理解する準備のできていなかった盗賊側は、農民を敵対視するという、一番まずい途を選んだ。かつては盗賊らを支持していた地主らは、盗賊を敵と宣言するに至った。

一九五八年、自由党と保守党は、向こう一六年間の政治闘争を凍結する休戦協定を結んだ。両党は、国民戦線を結成し、中央と地方の政治権力を掌握した。この国民戦線の最初の政府の下で、ビオレンシアは、形の上では終止符を打った。

盗賊らは、政府の討伐と恩赦という両刀使いの政策の下で敗北を喫した。

政府は、強権で労働者・農民大衆の政治的・経済的諸要求を封殺しようとした。これに対抗して、労働争議、土地占拠、ゲリラ活動が頻発した。一九六四年ごろ、武装した農民で組織された一〇〇以上のゲリラ部隊がいた。このゲリラ部隊のことを、文献は、「新しい形の政治的盗賊」と呼んでいる。一九五八年から一九六五年ごろまで続いた政治的盗賊は、その規模において二〇世紀の自由主義諸国の中で比類ないものと言われている。


（判例時報一三二七号、一九八九年）

11　パナマの新刑法

❖　一九八二年の新刑法

パナマと言えば、パナマ運河のことが、まず思い出される。

パナマ運河（Panama Canal）の建設は、一八八一年、スエズ運河建設者のフランス人レセップス（Fendinand de Lesseps）によって着手されたが、八九年に計画挫折。一九〇五年に再開され、一九一三年に完成という歴史をもっている。一九八九年三月、ＴＢＳテレビの特別番組「世界・ふしぎ発見！」は、パナマ鉄道と運河の建設のこと、パナマの産業、歴史、文化などを放映していた。その中で、興味のあるのは、パナマ鉄道の建設にかかる裏話であった。

一八四八年に米国のカリフォルニアで金鉱が発見されるや、空前のゴールド・ラッシュが出現した。一獲千金を夢見る男たちは、パナマ鉄道を利用したが（乗車賃二五ドル）、カネのない者は、五ドル支払って、この鉄道線路の上を歩くことを許された。ジャングルの中を歩くより、線路上を歩く方が、安全で速く太平洋岸に達することができるので、利用者は、多かったらしい。そのため、鉄道会社は大もうけした、といわれる。

こういう秘話を聞くと、パナマについて興味が湧いてくる。

ところが、パナマの法制度、刑事法などについては、情報が少ない。一九八五年のフランス刑法雑誌（Revue de science criminelle et de droit pénal comparé, 1985, p. 893 et s.）に「パナマの新刑法典」と題する紹介論説が載っている。

この新刑法典の条文を入手する方法はないものかと思っていたところ、今年の初め、東京のスペイン図書輸入業者の在庫目録中にこれを発見し、さっそく購入した。パナマ大学のムニョス（Carlos E. Munoz Pope）教授編集の『パナマ共和国刑法典』（Republica de Panama. Código Penal）（一九八六年刊）が、それである。一五歳のころスペイン語を学んだ私は、スペイン語の文献を見ると、なつかしい昔の友だちに出会ったような気持ちになる。私がスペインや中南米の文化、刑事法、さらに盗賊について興味をいだくのも、同様な理由によるものと言えようか。

さて、パナマは一九〇三年にコロンビアから独立したが、独立後も一四年間、コロンビア刑法典が、パナマで施行された。最初の刑法典は、一九一六年八月公布、翌年一月一日から施行された。ついで、一九二二年一一月、新刑法典が制定された。

第二次大戦後、いくつもの改正刑法草案が作成されたが、結局、「一九七八年草案」が、一九八二年九月二二日法により新刑法典として成立した（翌年五月施行）。

新刑法典は、コスタ・リカ刑法典、キューバ刑法典および中南米模範刑法典から影響を受けている。とりわけ、一九七一年の中南米模範刑法典（本書二五九頁参照）に範を取ったところが多いように思われる。

新法典は、第一編「総則」（De. la ley penal en general）（一三〇か条）と第二編「罪」（De los delitos）（一三一条から三九一条まで）とから成る。第一編は六章に分かれ、第二編は一二章に分かれる。その中で、特徴的な規定を紹介しよう。

第一編「総則」

第一章「刑法の効力及び適用」では、まず、一条で罪刑法定主義と保安処分法定主義が規定されている（一項）。刑罰法規の違反（infractiones de la ley penal）は、犯罪（delitos）と違警罪（faltas）に分かれる。後者は、行政法典（Código Aministrativo）で規定される（二項）。二条は、適法手続による裁判、一事不再理などを規定する。

これらの規定に違反した手続は無効とされ、その違法手続に関与した裁判官・捜査官は、それから生じた損害につき、すべての場合に民事上及び刑事上の責を負う（三条）。

二三条は、次のとおり規定する。「被告人が法律により可罰的と定める行為に因り有責（culpable）と宣告されるためには、責任能力者であることを要する（一項）。反対の証拠のある場合を除いて、被告人は責任能力者と推定される（二項）」。責任能力（imputabilidad）の観念については、中南米模範刑法典にならって生物学的＝心理学的＝法学的方式が採用されている（二四条）。

一九五一年二月一九日の少年裁判所法は、「行為の時に十八歳に満たない者については、いかなる訴追も行われない」旨規定する（一三条）。これは、一八歳未満の者の刑事無責任を認めるものではない。

六六条は八種類の刑の減軽事情を規定し、六七条は一〇種類の加重事情を規定する。

累犯者、常習犯人および職業犯人については、模範刑法典にならって特別の扱いが規定されている。累犯については、外国判決も前科になること（七一条）、重警備刑務所で刑を執行しうること（五九条）などが、注目される。常習犯人に対しては保安処分が科せられ、職業犯人に対しては保安処分と刑の加重とが科せられる。

正犯とは、可罰的行為を遂行する者をいう（三八条）。共犯は、第一級の共犯（cómplices primarios）と第二級の共犯（cómplices secundarios）とに分かれる。前者は、「犯罪行為に加担し又は犯行に不可欠な援助を正犯者に提供する者」をいい（三九条）、後者は、「犯罪行為後の援助の約束をも含めて可罰的行為の遂行のためになんらかの方法で正犯者を援助する者」をいう（四〇条）。「故意に可罰的行為を実行させるべく人を教唆した者」は、教唆者（instigadores）である（四一条）。

共犯者は、その者の側で可罰的行為の実行に着手した時から可罰的とされる（四二条）。これは、共犯独立性説の立場に立つものであろうか。

刑の体系では、主刑と付加刑とに大別される。主刑は、自由刑（prisión）と日数罰金（dia-multa）とに分かれ、付加刑は、公職禁止、職業禁止、権利制限及び没収の四種類に分かれる（四六条）。

自由刑は、一個の可罰的行為につき、三〇日以上二〇年以下であって、受刑者に対し、一定の施設において「社会復帰の活動」（una acción de readaptación social）を行う（四七条）。

日数罰金は、二五日以上三六五日以下であって、その日額は、被告人の経済状態を考慮して決定されるが、労働者については日収の半分を超えてはならない（四八条）。

保安処分（medidad de seguridad）は、予防処分、教育処分及び治療処分の三種類に分かれる（一〇六条）。

予防処分（medidas preventivas）は、犯罪行為を避けることを目的とする非収容の、人的又は財産的性格をもつ処分である（一〇七条）。人的なものとしては一定地域への立入禁止、居住指定、運転免許の取消しなどがあり（一〇八条）、財産的性格をもつものとして善行保証がある（一〇九条）。

教育処分（medidas educativas）及び治療処分（medidas curativas）は、可罰的行為を避けるために本人の行状と人格を改めることを目的とする収容処分である（一一〇条）。

保安処分は、(1)行為者が責任無能力者又は限定責任能力者と宣告されたとき、(2)精神障害のゆえに刑の執行が停止されたとき、(3)常習犯人又は職業犯人に関するとき、(4)心理薬物的依存性

（dependencia psicofarmacólogica）のゆえに罪が犯されたとき、(5)その他刑法典で特に定めるときに科せられる（一一三条）。

麻薬等の自己使用は犯罪を構成しないようであるが、保安処分が義務的に科せられる（二五八条二項・二六〇条二項）。

精神障害者、麻薬中毒者及びアルコール中毒者に対する保安処分は、精神病院又は特別治療施設への収容を内容とし、常習犯人又は職業犯人に対する保安処分は、農業コロニーへの収容を内容とする（一一二条）。

保安処分の期間は、収容処分については、原則として二〇年であり、例外的に治療処分にあっては、処分言渡しの原因が続く限り処分が継続される（一一五条）。

❀ 第二編「罪」

第二編の構成は、第一章「生命及び身体に対する罪」、第二章「自由に対する罪」というように個人的法益に対する罪から始まっている。

普通殺人は、五年以上一二年以下の自由刑に処せられ（一三一条）、謀殺を含む加重殺人は、一二年以上二〇年以下の自由刑に処せられる（一三二条）。

過失致死は、六月以上二年以下の自由刑に処せられ、二人以上の致死傷は、二年以上四年以下の自由刑に処せられる（一三三条）。

自己堕胎をし、又は他人に頼んで堕胎をしてもらった婦人は、一年以上三年以下の自由刑（一四一条）。同意を得て堕胎をした者は、三年以上六年以下の自由刑（一四二条）。不同意堕胎は、四年以上八年以下の自由刑に処せられる（一四三条）。

強姦されて妊娠した場合又は婦人もしくは胎児の生命に危険をもたらす重大な理由がある場合に婦人の同意を得て行う堕胎は、不可罰とされる（一四四条）。不可罰の堕胎の認められる場合が限定されていることが、注目される。

第四章「財産に対する罪」は、窃盗、強盗、恐喝、誘拐、詐欺、横領および損壊の各罪について規定する。

他人の動産を窃取した者は、六月以上二年以下の自由刑に処せられ（一八一条）、公共の建物等にある公共の物、公共交通機関内で乗客の所持物等、自動車等を窃取した者は、二〇月以上五〇月以下の自由刑に処せられる（一八三条）。

夜間の屋内窃盗、天災地変等の際の窃盗は、加重窃盗とされ、三〇月以上六年以下の自由刑に処せられる（一八四条）。

暴行・脅迫を用いて他人の動産を強取した者は、三年以上五年以下の自由刑（一八五条）に処せられ、凶器を用いたり、人の自由に影響を及ぼす行為により強盗した者は、五年以上七年以下の自由刑に処せられる（一八六条）。

恐喝は、三年以上五年以下の自由刑（一八七条）に処せられ、身代金目的の誘拐は、五年以上七年以下の自由刑に処せられる（一八八条）。

このように、一般的に法定刑の幅が狭いことが注目される。罪によっては短期が重いと感ぜられるものもある。


（判例時報一三三〇号、一九八九年）

12　悪魔の話

❖悪魔が入った

「悪魔が（自分に）入ってきて体を動かした。気が付いたら、女の子が横たわっていた」

これは、二〇〇五年一一月、広島市内で下校中であった女児（小学一年生、七歳）Aちゃんが殺害され、遺体が段ボール箱に入った状態で空地で見つかった事件（以下「広島女児殺害事件」という）の弁護人が被疑者に接見した後、被疑者の言葉として報道関係者に語ったところである（二〇〇五年十二月三日の朝日新聞）。

この報道によって、「悪魔が入った」という言葉は、一躍、有名になった。(1)

犯人とされたのは、通学路沿いに住むペルー国籍の男ホセ（当時三三歳）である。彼は、かつてペルー国内で幼女暴行の罪で刑に処せられ、出所後、またも未遂事件を起こした。

弁護人によれば、ホセ被疑者は、ペルー国内で服役した後、再犯で当局が手配中である事実を隠すため、偽造旅券で日本に入国した。彼は、殺人、強制わいせつ致死、死体遺棄の罪で起訴された。検察当局が外務省を通じて、一九九二年にホセ被告がペルーで犯した女児暴行事件の記録を入手したところ、彼はその事件の際も「悪魔が自分の中に入ってきた」と供述していることが判明した（一二月五日の朝日新聞）。

第一審で、弁護人側は、殺人などについて被告人の責任能力を争って無罪を主張した。検察官は、死刑を求刑した。二〇〇六年七月四日、広島地裁は、無期懲役を言い渡した。

控訴審判決は、二〇〇八年一二月九日、広島高裁で言い渡された。「第一審は審理を尽くしておらず、違法」であるとして、一審判決を破棄して審理を原審に差し戻すものであった。

第一審（差戻し審）は、二〇〇九年五月に始まる裁判員裁判のモデルケースとして、争点を事前に絞り込む公判前整理手続を採用。証拠調べを初公判から五日間、計二五時間で終える集中審理を実施。だが、高裁判決は、第一審の訴訟指揮や検察側の立証活動の不備を指摘した。

裁判員裁判では、公判は連続して合計三日で終了される予定である。弁護側が争っている裁判で審理を尽くせば、三日間の公判期日では足りない場合があることは必定である。しかも、素人である裁判員が責任能力の有無・程度について適正な判断をなしうるかは、大いに疑問であろう。

特に、本件のように「悪魔が入った」という被告人の主張をどのように判断するかは、悪魔についての知識に乏しい一般の日本人にとっては、困難な課題であろう。

書店に行くと、『悪魔事典』『悪魔の事典』『世界悪魔総覧』などという本がズラリと並んでいる。

それらの本には、世界各地の悪魔がデッサン入りまたはカラーの絵入りで紹介されている。それら悪魔の数は、一千にも及ぶであろう。悪魔は、通例、恐ろしい形相をし、割れたひづめ、角、尾を持つとされており、背に付いた二つの羽で天空を飛ぶらしい。

『天使と悪魔がよくわかる本』（二〇〇六年、ＰＨＰ研究所）を読んでみると、悪魔は、西方世界の悪魔と東方世界の悪魔とに大別されるようである。多数の種類の悪魔に共通するのは、仏教、キリスト教その他の宗教において、善なる仏・神に対して、人類における悪・罪・不幸を擬人的に表象したものであることである。かつて中南米で発達したマヤ文明にあっては、日蝕と月蝕は悪魔の仕業と考えられていた。

広島女児殺害事件に関係があると思われる悪魔は、キリスト教にいわれている悪魔であろう。悪魔は、天使の中で神に背いて地獄で永遠の罰を受ける堕天使とされる。

天使（angel）の語源であるギリシア語のangelosは、「お使い」を意味する。天使は、神の恩寵を人間に伝え、人間の祈願を神に伝える働きをする。天使は、清らかさ、優しさ、慈愛、無垢、聖性などを具備したものと考えられている。

キリスト教では、天使の中で神に背いて地獄に堕ちたものが悪魔（diabolus, diable, devil, démon, daemon, Satan）とされている。そのうち、悪魔の王とされるのが、サタン（satan, satanas）である。聖書には悪魔がキリストを誘惑する場面が登場するが、そのときの悪魔は、サタンである。

サタンは、ヘブライ語で「敵」という意味であるが、キリスト教では、神に敵対する悪魔の王とされる。サタンに率いられる悪魔は、「悪」を擬人化した観念上のものであるので、実在するはずがない。

では、悪魔がホセ被告に入ってAちゃんを殺したというのは、一体、どういうことか。

（1）　久保豊年「刑事弁護人のメディア公表のあり方について」自由と正義五九巻五号三九頁。

❖ 聖書に現れた悪魔

聖書の中で「悪魔が入った」という記載があるのは、キリストの十二使徒の一人であるイスカリオトのユダ（Judas Iscariot）が主イエズス・キリストを裏切り、祭司長や長老たちにイエズスを引き渡す決心をした箇所である。

ルカ福音書二二章三節

「ところが、（使徒）十二人の一人だったイスカリオトと呼ばれるユダにサタンが入った。」

注釈書によれば、ユダにサタンが入って主イエズスを裏切る。これは、ユダが悪魔に憑《つ》かれていたという意味ではなく、悪魔の誘いに負けたということである[2]。

ユダは、この誘いに負けて、祭司長たちと番兵（神殿を守る士官）の頭の所に行って、イエズスを渡す方法について相談した（二二章の四）。

ヨハネ福音書一三章二節

「食事（最後の晩餐）の時に、悪魔は早くもイスカリオトのシモンの子ユダの心に、イエズスを渡そうとする考えを入れた。」

注釈書によれば、「考えを入れた」というのは、悪魔の働きによってユダの心に裏切りが企てられたことを意味する。(3)

ヨハネ福音書一三章二七節

「この時、パンの一片を受けてのち、悪魔がユダに入った。」

ここで、「この時」というのは、最後の晩餐においてイエズスがユダにパンを与えた時のことである。

注釈書によれば、「悪魔がユダに入った」というのは、悪魔がユダに裏切り実現の決心を固めさせたことを意味する。(4)

ユダは、イエズスを裏切り、銀貨三〇枚（奴隷一人の値）の密告料をもらった。だが、その後、イエズスが死刑判決を受けたことを知り、後悔して祭司長らの所に銀貨を返しに行ったが、受け取ってもらえなかった。彼は、銀貨を神殿に投げ捨てて去り、首をくくって死んだ。

さて、広島女児殺害事件のホセ被告が「悪魔が入った」と言ったことの意味は、前述したところから明白であろう。「悪魔が入った」とは、犯行の決意を固めたことを意味する。

悪魔は、観念上の仮空の存在であって、人の中に潜んでいる悪の心である。「悪魔が乗り移った」「悪魔に魂を奪われた」「悪魔に命ぜられて……」などというのは、すべて言い訳にすぎない。「殺せ」「火をつけろ」という天の声がしたので……という抗弁も、——「幻聴」という精神鑑定がなされた場合を除いて——完全な言い訳である。「天の声」というのは、天使の声を意味するはずであるが、天使が「殺せ」などと人間に声をかけるはずがない。

わが国には欧米人が「悪魔が入った」などと言えば、悪魔に魂を奪われたものと早合点し、「被告人には、行為当時、責任能力はなかった」と考える者がいる。

だが、欧米人は、みな敬虔なキリスト教徒だと考えるのは、とんでもない錯誤である。欧米人と言っても、宗教宗派はさまざまであるし、洗礼を受けず、教会に行かない者が増加している。外国の刑務所の中には、わが国の刑務所よりもひどい過剰拘禁が続いているものが多い。

私は、一九八六年一一月、ブエノス・アイレス（アルゼンチン）で開かれた国際会議に出席し、その帰途、ペルーに立ち寄り、数日間、滞在した。

ペルーでは、日系二世の加藤正美神父（フランシスコ会）に各地を案内していただいたり、国内事情を伺うことができて、驚きの連続であった。

加藤神父は、首都リマの郊外の砂漠の中に『エマヌエルの家』という名の児童養育院を運営している。この施設は、在ペルー日本人企業などからの寄付および五人の日本人修道女の奉仕活動によって維持されている。

驚くのは、この施設の周辺がバリアーダ（barriada）（「市外区」という意味）と呼ばれる掘立て小屋（木片、板などで囲ったもので、屋根はない）で囲まれていることである。

バリアーダの住民は、自然結合することが多く、女は、早くも十三、四歳で子どもを生む。育てる資力も能力もないので、『エマヌエルの家』に子どもの養育を頼みに来る。バリアーダの住民の多くは、盗みと麻薬で得たカネで生活しているとか。

ペルーの人口は、爆発的増加を続けている。「世界統計白書」（二〇〇八年版）によれば、一九六一年に一、〇三六万人であった人口は、二〇〇七年に二、八〇〇万人に達した。特殊合計出生率は、二・八三（二〇〇三年）であって、日本の約二・二倍である。ペルーの人口の九二％は、カトリックだといわれている。しかし、恐らく、洗礼を受けず、教会にも行かない者が少なくないと推測される。

教会に行かない者でも、日常生活の中で悪魔（diablo, demonio, Satan）という言葉は覚えている。「悪魔が入った」という表現も、「魔がさした」「悪魔にそそのかされた」などと共に、日常茶飯事のごとく用いられることがあるだろう。

『エマヌエルの家』は、高さ二メートルの塀で囲まれている。一見、異様な感じがする。これは、周辺の住民が養育院に盗みに入るのを防ぐためだそうである。

人口の爆発的増加、景気の後退、失業者増加、治安不良となれば、社会の底辺にいる人たちの罪の意識が薄れるのも、やむを得ないであろう。

このような事情をわが国の裁判官、検察官、弁護士、そして裁判員は、どの程度、知っているであろうか。

今後、責任能力の判断を含む複雑な事件が裁判員裁判によって審理されることとなった場合、審理を尽くすことと裁判の迅速化とをどのようにして両立させるかは、大きな問題である。

（2）バルバロ著・聖ルカ福音書註解・改訂二版（一九五〇年、ドン・ボスコ社）二七六頁。
（3）バルバロ著・聖ヨハネ福音書註解・改訂二版（一九五〇年、ドン・ボスコ社）二二〇頁。
（4）バルバロ著・注（3）前掲書二二七頁。

（判例時報二〇三八号、二〇〇九年）

13　インカの遺跡

❀ クスコとマチュピチュ

クスコ（Cuzco, Cusco）、――それは、今もインカ文明が息づく街である。山高帽をかぶり、カラフルなスカートを幾重にも身に着け、赤ん坊を背負ったインディオの女。ポンチョ（poncho）（かぶり毛布）を着込み、無表情で街角にたたずむ男たち。インカ時代の石だたみが続く坂道。アドベ（adobe）（日干し煉瓦）と石積みとの組み合わせ。不規則に並べられた赤い瓦と抜けるような青空。道端いっぱいに果実や野菜を並べて客を待つ寡黙なインディオたち。

このように、クスコ（現地では、Cusco という綴りが用いられている）の街では、人間、風俗、自然、動物が一体となって、西欧文明にも植民地文明にも侵食されることなく、ひたすら彼らの伝統的な生活が守られ続けている。

かつてインカ帝国の首都であったクスコは、アンデス高原の山々に囲まれた盆地の中にある。海抜は、約三、五〇〇メートル。街全体が茶色を帯び、落ち着いたたたずまいを見せている。ここを訪れると、タイム・カプセルに乗って一五世紀・一六世紀のインカ時代に戻る思いがする。

伝説によれば、一一世紀末、初代インカは、クスコ（「中心」の意）を都と定め、そこに宮殿を作り、男には農耕と建築の業を教え、女には機織りと家政を教え、インカ帝国の基礎を築いた。その後、一四代にわたるインカ王は、それぞれ自分の宮殿を造り、強大なインカ帝国を築き、その勢力範囲を拡張して行った。

しかし、一五三二年、インカ帝国は、スペイン人フランシスコ・ピサロ（Francisco Pissaro）の攻撃を受け、あえなくついえ去ってしまった。征服したスペイン人は、インカ文明の象徴である多数の土器、青銅器、金銀細工を略奪した。

クスコに行くには、リマ空港を早朝に発つ飛行機で飛ぶこと一時間。クスコ上空の気流の安定した朝のうちに着くためである。空港への送迎およびクスコの案内は、中南米最古の旅行社である金城旅行社が、責任をもって引き受けてくれる。

私は、一九八六年一一月、アルゼンチンで開かれた国際会議に出席したのち、帰国の途中、クスコを訪れた。これが、ペルー訪問の主目的である。クスコでは、二世の〝ヒロ〟君（三〇歳ぐらい）が、車で案内をつとめてくれた。サクサイワマン城塞跡、タンプー・マチャイの旧跡などを訪れる予定なのだが、早くも高山病にかかってしまい（七割の人が高山病にかかるとか）、城塞跡を巡るのが、いささか苦しい。車で、海抜三、八〇〇メートルの高原頂上まで行った。富士山よりも高い地点なのに、住民が農耕と牧畜をしている。「赤道に近いから農耕ができる。万年雪が積もるのは、海抜五千メートル以上の山々だ」と、ヒロ君は言う。

クスコの市内を見物する。インカ時代の名残りをとどめる石造りの街並みは、遊子の心をとらえてやまない。植民地時代に建てられた大聖堂や教会なども、すばらしいモニュメントである。

市内の市場は、下町の感じで、道路に店を出した商人の列、買物をする人びとで混雑している。ヒロ君は、車でここを案内しながら、「ここに一人で来ると、家の中に引っ張りこまれて、ごっそりはぎ盗られる」と言う。でも、見ると、二人一組になった警官が、パトロールしている。「警官がいても、そうなのか」と尋ねると、ヒロ君は、即座に答えた。「警官は、泥棒と同じ仲間だ。盗棒のかせぎを、警官と泥棒が山分けしている」と。

リマに帰って大石氏に尋ねてみたが、「まァ、そんなところだ。犯人は、逮捕されても、翌日、釈放される。犯人の仲間が、警察署長にそでの下を贈るからだ」という答えである。真偽のほどは知る由もないが、ペルーならありうることだ、と思われた。

翌日、世界の秘境マチュピチュ（Machu Pichu）（インディオ語で「老いた嶺」の意）に向かう。クスコから一一二キロの地点にあるマチュピチュまで、列車が一日に四回出る。朝七時発の二番列車に乗るべく駅に向かったが、運悪くストライキだという。「ついていないな」と思ったが、案内係の現地人のじいさんが、「待っていよう」と言う。結局、ストライキは三時間で解除された。

列車は、海抜三、七〇〇メートルの峠を過ぎると一気に降りて、三時間半の旅の後、マチュピチュに着く。谷合いの駅からバスで登る。そこは、海抜二、五〇〇メートル。ここでは、高山病は消え失せた。

マチュピチュは、一九一一年七月、米国エール大学のビンガム（Hiram Bingham）助教授によって発見され、続いて一九一二年と一九一五年、大がかりな発掘調査が行われ、この遺跡と彼の名は世界中に知られた。この遺跡は、スペイン人の侵略の際には発見されなかったためほぼ完全な形をとどめている。

要塞として作られたマチュピチュは、三方を断崖に囲まれ、太陽の神殿を中心に、祭典の広場、水道街、三つの窓のある神殿、日時計、拷問の広場などがあり、その周囲には、狭い土地を有効に利用して耕作していた段々畑がある。耕作量等から推定して、ここには五千人余りが生活していたと考えられている。

それにしても、文字をもたなかったインカ族が、なぜにアンデスの奥深い秘境に、かくも強大な要塞を築いたのか。彼らの生活はどうであったかと、限りない興味が湧いてくる。人びとの生活のあるところ、掟があり、違反者に対する裁きがあった。マチュピチュにも、裁きと刑の執行に用いられたとされる場所（牢獄）がある。もの好きな遊子は、繁栄を続けたインカの昔にはるかに想いを馳せるのであった。

ペルーの拷問博物館

クスコのホテルに二泊した夜、高山病のせいと思われるひどい頭痛に悩まされた。三日目の朝、クスコ空港を発ってリマに着くと、高山病の症状はなおった。

午後、最高裁統計課長のチャベス氏の案内で、リマ市内にある拷問博物館を訪れた。この博物館の正式名称は、《Museo de Sitio del Tribunal del Santo Officio de la Inquisición》であって、「宗教裁判所（跡）博物館」ということになる。宗教裁判所は、一五六九年から一八二〇年まで現在地にあった。現在地というのは、リマの中心部にある国会議事堂のある広場に面している。

ペルーは、一五三五年からスペインの支配下に置かれ、一八二一年の独立まで植民地として搾取と迫害を受けた。宗教裁判所は、植民地時代の産物である。この裁判所の地下が、拷問博物館となっているのである（入場無料、日曜日は休館）。

日本を発つ前、団藤重光先生（東大名誉教授、元最高裁判事）から「リマに行くなら、ぜひ拷問博物館を訪れなさい」と言われた。団藤先生は、一九七六年にベネズエラのカラカスで開かれた第九回国際社会防衛会議に出席した後、ペルーを訪問されたのである。

拷問博物館に一歩足を踏み入れるや、思わず、「あッ」と声を上げるところであった。そこには、等身大に作られた蠟《ろう》人形で、罪人が拷問道具によって手足を焼かれる状況、天井に吊し上げられ、拷問具で攻められて地獄の苦しみを受ける有様、役人が罪人を「大」の字に寝かせて手足を拷問具で引き伸ばし、自白をせよと迫まる様子などが、再現されている。これほど残虐で、迫真の拷問場面を再現した拷問部屋は他にないであろう。

ペルーは、拷問博物館を後世に伝える大切なモニュメント（記念物）として保存しているように見える。あの博物館は、再びあのようにいまわしい時代を招来しないために国民に訴える最高の教材であるからだ。というのは、あの「宗教裁判所」（Tribunal del Santo Officio de la Inquisición）は、宗教的異端を審問する裁判所というよりも、植民地支配下の被抑圧・隷従民族が自由と独立を求めて展開した熾烈な闘争を反逆の行為として糾問し、断罪する裁判所の役割を果たしたようである。それゆえにこそ、反逆者に対する拷問は、苛酷を極めた。

反逆の罪に問われた者は、裁判所前の広場で公開処刑された。その処刑の様子を画いた大きな絵が、博物館を入ったところの壁にかけられている。

私は、この宗教裁判所の歴史を知りたいと思い、「スペイン語のものでよいから、なにか文献はないか」と博物館の係員に尋ねたが、「なにもありません」という返事であった。図書館に行けばあるに違いないが、博物館には用意していないということであろう。最近、わが国で、上谷博氏の「スペイン植民地支配下の原住民の抵抗の歴史についての一考察」という論文が発表された（「南欧文化」一二号、一九八七年一月）。これは、スペインの植民地支配下にあった中南米における抵抗の歴史を概観したものである。

リマの拷問博物館について心残りがあるのは、拷問場面のかずかずを写真にとらなかったことである。ヨーロッパの拷問博物館では、内部の様子を撮影することを禁止しているのが、通例である。リマでも同様であろうと思って、私は、カメラを持参しなかった。だが、ペルーの拷問博物館（内部は、うす暗い）では、フラッシュをたいて写真をとることを禁止していない。どなたか、ペルーを訪れる方があの拷問場面を写真にとって来てわれわれに披露していただければ、幸いである。

拷問博物館の見学を終えて、加藤神父に案内されて、市内にあるサン・フランシスコ修道院を訪れた。この修道院は、リマ市で最も古い古典的ローマ風の堂々たる建築であって、植民地時代風の調和の取れたものである。そこには、内部の構造、壁画、模様などにイスラム文化の影響をしのばせるものが、多々見受けられる。とりわけ、修道院内部の壁のセビジャタイルが美しい。保存されている宗教画の数は、他の追従を許さない。

サン・フランシスコ修道院が隆盛を極めた一七、八世紀には、四〇〇人以上もの修道司祭や修道士が、ここにいたそうである。今は、わずか二十数人の修道士が修道生活を送っているにとどまる。この修道院には、広場や内庭の下に本格的なカタクンバス（catacumbas）（地下墓地）がある。

イタリアのローマにも地下に延々と続く古いカタコンベ（catacomba）があり、そこは、キリスト教迫害時代にはキリスト教徒の隠れ場所でもあった。リマのカタクンバスは、ローマのそれと大いに様子が違っている。この教会の地下墓地は、「死者の街」と名づけられた地下通路に、おびただしい数の骸骨がるいるいと積み重ねてある所なのである。加藤神父から伺ったところによれば、これらの骸骨は、かつてこの修道院で修道生活を送った司祭や修道士らの遺骨だそうである。

修道院の訪問を終えて、修道院前の広場の端に駐車した所に戻ると、若者がやってきた。加藤神父は、彼に二〇インチ（約一八円）を与えた。彼は、最初、神父が車を置いた時にやって来て、「車を見張っていてやろうか」と言った若者である。こういう連中に見張賃をやらないと、あの若者が腹いせに車に傷をつけるおそれがあるそうだ。彼は、見張賃をかせいで生活の資にしているらしい。しかし、リマでは、日本の例に見られるような縄張りというものはない由である。

（判例時報一二三三号、一九八七年）

14　メキシコ刑法典

❁ マヤ文明の国

「幻のマヤ文字解読　歴史への挑戦続く」

こういう見出しの記事が、一九八九年一一月五日の日経新聞に載った。

紀元四世紀ごろから一〇世紀ごろまで、メキシコ南部、グァテマラ、ペリーズなどで花開いたマヤ（Maya）文明。それは、世界史の中で最も謎《なぞ》に満ちた古代文化だといわれる。

そのマヤ文明とともに生まれ、文明の崩壊とともに消滅したマヤ文字の解読は、久しく世界の言語学者、考古学者らの課題とされてきた。

「マヤ文字のなぞを解くのは、おそらく表意文字と表音文字とを併用している日本人であろう」と、久しい間、言われてきた。それが、まさに実現したのである。マヤ文字の解読に成功したのは、住友デュレズ研究部部長の斎藤憲二さん（当時五三歳）。斎藤氏が文字解読の世界に初めて足を踏み入れたのは、一九八二年のこと。氏は、「推理小説と似たようななぞ解きの気分」を味わいながら、壮大な歴史へのロマンを求めて解読の世界を探検してきた。

斎藤氏は、マヤでは七の倍数と言葉が関係していることを証明し、この「七日サイクル文字」を一九八七年に発見した。これは、「世界的に通用する大発見」といわれる。

マヤ文字の解読は、フランスのシャンポリオン（Jean-François Champollion, 1790–1832）が一八二二年に、かのロゼッタ石（ナポレオンがエジプト遠征から持ち帰った石）に刻まれた古代エジプトの象形文字を解読したのと同等以上の、偉大な業績というべきであろう。

一九九〇年一〇月、東京池袋の百貨店で、「マヤ文明展」が開催された。ここでの圧巻は、ヤシュチラン遺跡から発掘されたリンテル「建物入口の上に渡された梁石」（展示は復製品）である。そこには、マヤ文字が刻まれている。これを眼のあたりにすると、なぞのマヤ文字を解読した人への畏敬の念を禁じえなかった。

メキシコ（スペイン語では「メヒコ」と発音する）への私の関心は、実は、マヤ文明への関心にほかならない。とはいえ、私は、首都メキシコ・シティに足を踏み入れただけであって、マヤ文明の遺跡を訪れる機会に恵まれていない。

昨年、メキシコの『注釈刑法典』第九版（一九八九年刊）（ゴンザレス教授著）（Francisco Gonzalez de la Vega, El Código Penal Comentado, 9a ed., 1989, Porrúa, Mexico）を入手した。この書は、一九三九年に初版が刊行されて以来、版を重ねてきて、五〇年後に第九版（A 5版で五二〇頁）となったものである。

メキシコは、一五一九〜二一年にわたるフェルナンド・コルテス（Fernand Cortez）のメキシコ征服によってスペイン領になった。一八一〇年九月から始まった独立戦争は、一八二一年独立憲法（イグアラ宣言）によって結実した。

独立後、メキシコでは、植民地時代に適用されていたスペインの法律が施行された。一八七一年、古典学派の支配的影響下にあるメキシコ独自の刑法典が制定された。その後、イタリア実証学派の影響の強い一九二九年の刑法典が、これに代わった。

この一九二九年刑法典に改正をほどこして制定されたのが、一九三一年八月一四日公布、同年九月一七日施行の現行刑法典である。この法典は、公布後、たびたび一部改正をほどこされて今日に至っている。この刑法典は、特定の学派、学説、刑事制裁体系を基礎とするものではなく、むしろ、折衷的・実務的性格のものである。

著者ゴンザレス教授は、「犯罪者なければ、犯罪なし」（no hay delitos, sino delinquentes）の命題は、「人間なければ、犯罪者なし」（no hay delinquentes, sino hombres）の命題によって完成されなければならない、と言っている（二五頁）。

これが何を意味するのか、明らかでない。しかし、犯罪は大部分の場合、偶発的行為であってその原因はさまざまである、と上記の叙述に続いて教授が言っているところからすれば、犯罪は、生来犯人といわれる、特別の類型の者によって犯されるものではなく、大部分の場合、普通の人間によって犯されるものだ、ということを強調したいのであろう。

この立場から、刑罰は、必要悪と解される。すなわち、刑罰は、威嚇、みせしめ、償い、私人による復讐の回避などのためにあるが、基本的には社会秩序を維持するためにある、と解されている。

❁ **刑法典の構成と特色**

現行刑法典は、第一編総則（一条～一二二条）及び第二編各則（一二三条～四〇〇条の二）とから成る。

第一編は、序章（一～六条）、第一章「刑事責任」（七～一二三条）、第二章「刑及び保安処分」（二四～五〇条の二）、第三章「制裁の適用」（五一～七六条）、第四章「制裁の執行」（七七～九〇条）、第五章「刑事責任の消滅」（九一～一一八条の二）、第六章「少年」（一一九～一二二条）から成る。

第二編は、国家的法益、社会的法益及び個人的法益に対する各罪を、一三の章にわたって規定している。その中で注目されるのは、第二章「国際法に対する罪」（一四六～一四八条）と第三章「人道に対する罪」（一四九～一四九条の二）である。

さて、**現行刑法典における若干の特色**を紹介しよう。

基本的には、犯罪の類型や構成要件を細分化することをやめて、それらをなるべく整理統合し、裁判官にかなり広い裁量の余地を委ねている。

スペイン刑法典の影響を強く受けた国の刑法典の中には、同一の刑の中でも段階を設け、刑の加重・減軽の適用表を細かく規定したものがある。メキシコ刑法典は、そのような形式的で煩瑣な刑の適用方式を採らなかった。法定刑の上限と下限は、合理的に拡大されている。それによって、具体的事情に応じて弾力的運用を図り、刑事制裁の個別化を図ることを目ざした。

犯罪論の領域では、犯罪の三分類方式も二分類方式も採られていない。「犯罪」(delito)とは、刑罰法規が制裁を科している作為及び不作為をいう(七条)。「犯罪」は、故意犯、過失犯及び超意思犯罪 (delito preterintencionale) に分かれる(八条)。超意思犯罪とは、「意欲し又は認容したものより重い結果を過失で生じさせた」場合(九条三項)、つまり、結果的加重犯のことである。

注目されるのは、個人責任の原則が基本とされながらも(一〇条)、一定の要件の下に組織体の刑事責任が問われていることである。すなわち、法人、会社、協会、企業が自己の活動の一環として、又は自己の名義でもしくは自己の利益のために罪を犯した場合には、裁判所は、公共の安全に必要があると認めるとき、その団体の活動停止又は解散を命ずることができる(一一条)。

実行正犯、共同正犯、教唆犯及び従犯は、すべて同様に犯罪の責任を負う(一三条)。その意味では、統一正犯概念が採用されているのである。これらの行為者は、その果たした役割の程度に従い、法の定める範囲内で刑を加重・減軽されることがある。

「累犯」(reincidencia) は、内国又は外国の裁判所で刑の言渡しを受けた者が刑の執行を終わってから刑の時効期間を超えない期間に新たな罪を犯したときに認められる(二〇条)。ここでは、外国刑事判決が累犯要件として内国判決と同視されている点が、注目される。なお、一〇年以内に同じ種類の犯罪を三回犯した累犯者は、常習犯人とみなされる(二一条)。

「刑及び保安処分」(penas y medidas de seguridad) として、次の一八種類がある(二四条)。(1)自由刑、(2)自由における処遇、半自由、社会奉仕作業、(3)責任無能力者、麻薬又は向精神薬の使用習癖もしくは必要性を有する者の施設収容又は自由における処遇、(4)居住指定、(5)特定の場所への立入禁止、(6)金銭的制裁、(7)廃業、(8)没収、(9)訓戒、(10)警告、(11)善行保証、(12)権利の停止・剥奪、(13)職務又は営業の資格喪失、免職、停止、(14)判決の特別公示、(15)当局による監視、(16)団体の停止・解散、(17)少年に対する保護措置、(18)不法収益に相応する財産の没収、その他法律の定める制裁

このように並べ立てられると、刑と保安処分との区別はどうなっているのか、また、こんなに多くのものを列挙する必要があるのか、という疑念さえ湧いてくる。

ともあれ、死刑は存在しない。自由刑は、拘禁刑 (prisión) という名称のものに単一化されている。その刑の期間は、三日以上四〇年以下、ただし、例外的に五〇年以下となっている(二五条)。例外的場合とは、強盗殺人(三一五条の二)、加重殺人(三二〇条)、尊属殺(三二四条)と身代金誘

拐等（三六六条）である。たとえば、強盗殺人と加重殺人は、ともに二〇年以上五〇年以下の拘禁刑に処せられる。

仮釈放は、故意犯の場合には刑期の五分の三、過失犯の場合には刑期の二分の一経過後に許可されうる（八四条一項）。

未決拘禁者と政治犯人は、特別施設又は特別区画に収容される（二六条）。

「自由における処遇」（tratamiento en libertad）は、刑期の間、労働、勉学、治療のため自由社会に置かれるもので（二七条）、執行猶予に近いように見える。

「半自由」（semilibertad）は、外部通勤等のための週末拘禁、外出、外泊、夜間拘禁を含む（二七条二項）。半自由は、短期自由刑の代替刑である。

「社会奉仕作業」（trabajo en favor de la communidad）は、罰金未完納の場合または一年以下の拘禁刑につき、代替刑として行われる。

罰金は、日数罰金（dia multa）の形で、五〇〇日以下とされる（二九条）。罰金の日額は、行為者の全収入を考慮して、犯行時における行為者の一日の収入の半分に相応した額とされる（同条）。

各則の規定をのぞいて見よう。

まず、普通殺人は、八年以上二〇年以下の拘禁刑（三〇七条）。けんかの際に行われた殺人は、四年以上一二年以下の拘禁刑（三〇八条）。

尊属殺（parricidio）は、一三年以上五〇年以下の拘禁刑（三二四条）。尊属殺が違憲かという議論はないためか、注釈書にはそのようなことは全く論ぜられていない。法定刑の幅が広いのは、尊属殺の犯行事情に多様性が考慮されたからである。

生後七二時間以内における新生児殺（infanticidio）は、六年以上一〇年以下の拘禁刑（三二五条、三二六条）。

盗罪（robo）に関する規定は、構成要件が余りにも細分化されすぎていて、面倒である。たとえば、盗品の価額が給料の一〇〇倍以下のときは、二年以下の拘禁刑及び給料の一〇〇倍以下の罰金（三七〇条一項）。盗品の価額が給料の一〇〇倍を超え、五〇〇倍以下のときは、二年以上四年以下の拘禁刑及び給料の一八〇倍までの罰金（同条二項）となっている。

（判例時報一三七二号、一九九一年）

第四部　イスラムの国

1　アイヒマン裁判とテルアヴィヴ空港事件

❀ アイヒマン裁判

「一生のうちに一度、キリストの聖地を訪れてみたい」

このような望みをかねてから抱いていた私は、一九七一年一一月、パリで開かれた第八回国際社会防衛会議に出席した後、イスラエルを訪れた。当時、イスラエルのことは、日本の観光業者に尋ねても、全然、情報が得られず、現地に着くまでは多少の不安感がつきまとった。

テルアヴィヴ空港に着き、首都イェルサレム（Jerusalem）へ。数日滞在して、観光バスを利用して、キリストの聖地をあちこち巡礼した。多年の念願がかなって、私の心は、喜びにあふれた。当時、イスラエルは、平和な国であった。国の威信をかけて着々と建設を進めるヘブライ大学の偉容は、眼を見張らせるものがあった。

イスラエル共和国は、一九四八年、全世界に散在しているユダヤ人の故郷、聖書の国、新生の土地として建国された。建国の直接的契機は、イギリスの第一次世界大戦における対アラブ政策と、その後におけるヨーロッパ各地のユダヤ人迫害とである。

ユダヤ人迫害の最たるものは、第二次大戦中、ナチス・ドイツによるユダヤ人の大量虐殺――その被害者の数は、七百万人を超えるといわれる――である。ナチスは、ユダヤ人撲滅を企図し、アウシュヴィッツの強制収容所等で、ユダヤ人をガス室に送って大量虐殺した。その責任者が、ゲシュタポ（Gestapo ナチス秘密警察）のユダヤ人問題担当課長のアイヒマン（Adolf Eichmann, 1906-1962）であった。

一九四五年五月、ドイツが降伏するや、アイヒマンは、名前も姿も変えて南米に逃亡した。イスラエルは、この不倶戴天の敵を、地球上のすべての草の根を掘り起こしてでも探し出せとばかり、特捜班を編成した。ついに、一九六〇年五月、アルゼンチンの首都ブエノス・アイレスで彼を逮捕し、秘密裡に連れ戻った。

アイヒマン裁判は、翌六一年四月から、イェルサレム地裁で開始された。この裁判については、外国で何冊もの本が刊行されている(1)。

イスラエルは、一九五〇年、「ナチス及びナチス協力者処罰法」という特別法を制定した。この法律により、ユダヤ人でもナチスに協力した者は処罰され、その大部分は懲役二年ないし一〇年の刑を言い渡された。それゆえ、アイヒマン裁判以前に、この法律を適用した裁判が行われた。

前記の処罰法が規定する最も重い罪は、ユダヤ民族に対する罪、人道に対する罪および戦争犯罪であり、それには死刑が科せられた。このうち、「ユダヤ民族に対する罪」は、ユダヤ人虐殺を含むユダヤ人迫害であった。

アイヒマンの罪状は、一五項目に及んだ。(2) 裁判では、(1)この一五項目にわたる罪が、事実行われたか、(2)アイヒマンがその犯人（または犯人の一人）であるかという点が、審理の中心課題であった。法廷では、恐るべき残虐行為の数々があばかれた。

アイヒマンは無罪を主張し、弁護人は、イスラエルに裁判権があるかどうかという点、処罰法が事後法である点、上官の違法拘束命令に従った個人に責任があるかという点などを、問題とした。

一九六一年一二月一五日、イェルサレム地裁は、一五項目の罪状のうち、ごく一部について無罪と認定したが、それ以外では、一五項目の全部にわたって被告人を有罪と認定し、死刑（絞首刑）を宣告した。(3) 弁護側は、直ちに最高裁判所に上告した。最高裁は、翌年五月二九日、上告を棄却。アイヒマンに対する死刑は、その月末までに執行された。

アイヒマン裁判は、多くの法律問題を今なお、われわれに投げかけている。

第一に、アイヒマンをアルゼンチンから秘密裡に拉致し、イスラエルに連れて来たのは、アルゼンチンに対する主権侵害ではないのか。この点について、国連の安全保障理事会では、アイヒマンの犯行の事実認定がなされたにもかかわらず、イスラエルがアルゼンチンの主権を侵害したという趣旨の非難決議が採択されている。

第二に、イスラエルに裁判権があるか。一九四八年に創建された国が、一九四五年以前に行われた国外犯を裁くことができるか。これは、難問であるが、恐らくイスラエルとしては、人類共同の敵、しかも人類最大の敵を天に代わって討つ、という気持ち、つまり絶対的世界主義の考えがあったのではなかろうか。言い換えると、イスラエルは、慣習国際法に基づきアイヒマンに対して裁判権を有すると主張したようである。

ちなみに、第二次大戦のドイツ主要戦争犯罪人を裁くニュールンベルク裁判（国際軍事法廷）は、一九四六年一〇月に判決を下し、一二名に対する絞首刑は、同じ月に執行された。ニュールンベルク裁判でアイヒマンも裁かれたとすれば、彼もまた絞首刑を免れなかったであろう。

第三は、事後法を遡及させて処罰するのは、罪刑法定主義違反ではないか、という問題である。戦争犯罪については、事後法の禁止は国際法上の原則とはされていない。軍事法廷は、事後法または自然法（慣習国際刑法）に則って犯人を処罰している。イスラエルの裁判所は、同様の立場を採ったのではなかろうか。

第四に、上官（ヒットラー）の違法拘束命令に従ったアイヒマンに責任阻却が認められるか。アイヒマンの地位と犯行の重大性・継続性からすれば、これを肯定することは困難であろう。彼自身、違法拘束命令を部下に発しており、彼は、信念をもってユダヤ人を虐殺したのである。

アイヒマン裁判の手続で注目されるのは、イスラエルから西ドイツに証人尋問の嘱託がなされ、これに基づいて、西ドイツの一一の都市の区裁判所で一二人の証人について嘱託尋問がなされたことである。西ドイツでは、証人らは、出頭と証言の義務を負った。彼らの証言は、ナチス時代の歴史的事実を明らかにするものとして、ドイツ国内で大きな反響を呼んだ。

西ドイツ以外では、オーストリアで二件、イタリアで一件の嘱託証人尋問が行われた。

アイヒマン裁判については、国際法と刑法の二つの角度から研究されるべき多くの興味ある問題点があるが、わが国では、本格的な研究はまだなされていないように見える。

（1）それらの文献については、小谷鶴次「アイヒマン裁判と国際刑法」修道法学三巻一号（一九七九年一〇月）を見よ。本稿は、次の文献を参考にした。Cohen, Rechtliche Gesichtspunkte zum Eichmann-Prozess, 1963, Europäische Verlagsanstalt.

（2）この一五項目は、桜木澄和「アイヒマン裁判と国際刑法」法学セミナー一九六一年六月号五九頁を見よ。

（3）Vgl. Cohen, supra note 1, S. 86 ff.

❖ テルアヴィヴ空港事件

数日間にわたる聖地巡礼を終えて、テルアヴィヴの日本大使館に立ち寄った。運良く都倉大使にお眼にかかることができた。聖地を訪れた旨のあいさつをし、話のついでに、持参していた東京銀座のバー（外交官がよく行くところ）の広告マッチを差し上げると、大使は、「なつかしいなァ」と言って、その代りにジョニーウォーカーのウイスキー一本をくださった。

マッチの小箱一箇とジョニーウォーカー一本との交換とは、前代未聞だ。ありがたく頂戴し、大使の健康を祈って、私は空港に行った。空港で搭乗手続をしようとしたが、航空券がない。すは、一大事！　顔色を変えて案内所に飛び込んで、これこれ……と話しているところに、空港係員が、「これは、あなたの航空券でしょう」と持って来てくれた。ありがたや。

一二月初めとはいえ、イスラエルでは、子供が川で泳いでいる。暑くてオーバーなど着ておれるものではない。脱いだオーバーのポケットから航空券が落ちたらしい。思えば、イスラエルに着いて以来、日本大使館を訪れた時以外、日本人に一人も会わなかった。空港の係員は、日本航空発行の航空券を落したのはあの日本人に違いない、とすぐ分かったのであろう。

いろいろの思い出を残してイスラエルを発ち、一路、帰国の途に就いた。

それから半年後、全世界を驚倒させる大事件が、このテルアヴィヴのロッド空港で起こった。正確にいうと、一九七二年五月三〇日、現地時間の二二時三〇分、日本赤軍を名乗る三人の日本青年が、飛行機から降りた三〇〇人近い聖地巡礼団の一行に向かって自動小銃を乱射し、さらに手投げ弾を六発投げ、無差別の大量虐殺を敢えてしたのだ。

空港は、逃げまどう人々の悲鳴と流血で、一瞬にして地獄絵と化した。死者は二六人、重軽傷者は七二人に達した（その後、死者の数が増えたかもしれない）。

犯人の一人は、逮捕された。これが、鹿児島大学農学部学生の岡本公三（当時二四歳）である。

他の一人は、自分の投げた手投げ弾が壁にはね返って、すぐそばで爆発して死亡し、もう一人は、仲間の乱射した銃弾に当たって死んだ。

岡本は、退職小学校長の三男。長兄は、東大在学中、佐藤訪米阻止羽田闘争に加わり、次兄は、「よど」号事件の犯人で、平壌に渡っている。公三の自供によれば、テルアヴィヴ空港の襲撃は、PFLP（アラブ・ゲリラ組織パレスチナ解放人民戦線）の報復行為の作戦として行われた。報復行為というのは、五月初め、ベルギーのサベナ航空機をテルアヴィヴ空港で乗っ取ったアラブ・ゲリラのうち二人が射殺されたことの報復だ、というのである。

岡本らは、PFLPに雇われ、「性別、年齢、国籍に関係なく、最大限に人を殺し、できる限り多くの物的損害を与える」ように命令された。岡本は、「ベイルートで自動小銃の射撃訓練などを受けた。しかし、イスラエルのことはほとんど知らず、また、PFLPの指導者の名前や組織の所在地も知らない。ただ、世界革命にお前が必要だと命令されたので、それに従った」と語ったという。その後、岡本は、裁判により、無期懲役に処せられた。

雇われ日本人ゲリラによるこの無差別テロ行為は、全世界に衝撃を与えた。イスラエル国民に与えたショックは大きく、その後、日本人は、空港で厳重な特別検査を受けることになった。

一瞬にして地獄絵と化した空港待合室のあたりは、私が航空券を落として顔色を変えていた場所である。この事件で一番気の毒なのは、被害者およびその家族である。被害者の多くは、中南米から一生の願望として聖地巡礼に来た敬虔なカトリック教徒であった。彼らは、一生の願望を果たすために営々として働いて貯金し、やっと念願かなってイスラエルの土を踏んだばかりの人たちであった。

都倉大使は、入院中の負傷者を見舞い、深く謝罪しておられた。その痛々しい大使の様子が、日本のテレビでも映し出された。あの温厚で、温かい心の大使が衷心謝罪の意を表している有様は、イスラエル国民の心を打った。

アラブ人は、岡本らの「英雄的行為」に称賛を贈った。しかし、世界的には、テロの輸出国日本の評判が行きわたった。歳月は流れるが、われわれとしては、被害者とその家族の深い悲しみを忘れてはならない。

（判例時報一一二五号、一九八四年）

2　イスラエルの刑事司法

❖五種類の暦

イスラエルで発行されている日めくりの暦には、五種類の暦による年月日が載っている。まず、グレゴリウス暦（Gregorian calendar）があり、次にユリウス暦、コプト暦、ヒジュラ暦と続き、最後がユダヤ暦である。

一般社会ではグレゴリウス暦に従っている。グレゴリウス暦（グレゴリオ暦とも呼ばれている）というのは、一五八二年にローマ教皇グレゴリウス一三世が主として復活祭の計算方法を改良する目的で天文学者らの協力を得て制定したカトリック教会暦である。しかし、今日では、世界のほとんどすべての国が用いている太陽暦を意味する。

イスラエルでは、宗教生活において、東方正教会はユリウス暦を、コプト教会はコプト暦（エジプト暦）を、イスラム教はヒジュラ暦（イスラム暦）を、ユダヤ教はユダヤ暦を用いている。そのため、計五種類の暦が、一つの日めくりの中に載っているのである。

ちなみに、西暦一九八六年は、コプト暦では一七〇二年、ヒジュラ暦では一四〇六年、ユダヤ暦では創世紀元に基づいて五七四六年である。イスラエルの新聞には、ユダヤ暦とグレゴリウス暦との双方が記載されている。これらの暦は、紀元〇〇〇〇年が異なるのみならず、月日も異なっている。われわれ異邦人にとっては、全くお手挙げ万歳、というところである。

ところで、法律についても、ユダヤ暦とグレゴリウス暦との両方の年号が付けられている。たとえば、一九七七年八月四日に制定された刑法は、英語では、《Penal Law 5737–1977》と表現され、一九六五年に制定された刑事訴訟法は、英語では、《Criminal Procedure Law 5725–1965》と表現されている。ここで「英語では」と書いたのは、イスラエルの公用語は、ヘブライ語とされているからである。

ヘブライ語といえば、旧約聖書が書かれた言語であって、カナン（現在のシリアやパレスチナの一帯）に王国を築いたユダヤ人の言語であった。ところが、王国がバビロニアに滅ぼされたため、しだいに衰え、紀元前一、二世紀のころには国語として使用されなくなった。

しかし、歴史はよみがえる。ユダヤ人のシオニズム運動（ユダヤ人の国家を復活させる運動）によって、一九四八年にイスラエル共和国が建設されるや、ヘブライ語は同国の公用語とされた。二〇〇〇年後に国語としてみごとに復活したことは、言葉の歴史における驚異というほかはない。

そのヘブライ語は、右から左に横書きする。その中に5737とか1977とかの数字が出てくる。「それでは、ややこしくて、間違いが起こるのではないか」――私は、イスラエル訪問中にホテルの受付係に尋ねてみたことがある。答えは、「別にややこしくない。数字は、左から右に読めばよい」というのであった。

ついでながら、イスラエルではイスラム教が金曜日を、ユダヤ教が土曜日を、キリスト教が日曜日を、それぞれ安息日としている。安息日は、仕事を休んで神を賛えるべき聖日である。そのため、イスラム教徒の学校では金曜日、ユダヤ教徒の学校では土曜日、キリスト教徒の学校では日曜日が、それぞれ休日とされている。学校だけでなく、官庁も会社も、この調子で休日を取るとなると、要するに、金、土、日曜の三日間は、仕事にならない。

イスラエルでは、ユダヤ教の占める比重は大きい。首都イェルサレムは、ユダヤ教、キリスト教およびイスラム教という三大一神教の聖地として、人種のるつぼと化している。

イスラエルが西暦一九八六年のことを、ユダヤ暦を用いて紀元五七四六年などと書くのは、イスラエルの地こそ、かつて神が彼らの先祖に与えた土地であることを内外に示すためであろうか。イスラエルに行くと、「四八年以来」という言葉を、しばしば耳にする。「四八年」は、いうまでもなく、一九四八年の建国を意味する。

「土地なき民」として永年さ迷い続けたユダヤ人は、永年の夢がかなってユダヤ人の祖国を得た。しかし、「先住の民」となっていたパレスチナ人は、郷土を失い、近隣諸国へ流れ込み、パレスチナ難民となった。

一九六四年、エジプトの影響下にパレスチナ解放機構（PLO）が結成され、以来、イスラエル対PLOの戦闘が激化した。

イスラエル側にはシオニズムの大義があり、パレスチナ側にはアラブの大義があり、この二つの大義は、何千年の歴史に照らして、イスラエル領土の正当な後継者であることを主張している。われわれ日本人には、理解することのできない、気の遠くなるような長い歴史の戦いが展開されているのだ。

そのイスラエルは、昨年まで、年率三けたに達するすさまじいインフレに見舞われていた。国家予算の約三分の一を占める高額の防衛費や、税収を上回る移民などに対する補助金で、財政支出が大きくふくらんだためである。

それだけではなく、イスラエルの悩みは深い。一九八五年には、イスラエルへの移民が四八年の建国以来、最低の水準にとどまった。建国以来、米国から六万人のユダヤ人がイスラエルに帰ったが、その五倍の人が米国へ出て行った。他方、アラブ人の人口が増え続けている。アラブ人の出生率は、ユダヤ人のそれの二倍といわれる。この傾向が続くと、イスラエルは、国家としての存立基盤を揺るがされかねない。

❁ 岡本公三の釈放

前篇「アイヒマン裁判とテルアヴィヴ空港事件」（三六七頁以下）において、空港事件の生き残り犯人岡本公三のことを書いた。この空港事件は、一九七二年五月三〇日、日本赤軍の岡本公三（鹿児島大生）、奥平剛士（京大生）、安田安之（同）の三人が、テルアヴィヴ空港の待合室にいた乗客らを自動小銃と手投げ弾で襲い、二六人を死亡させ、七六人に重軽傷を負わせたテロ事件である。奥平と安田は、自分の投げた手榴弾の爆発により、または仲間の乱射した銃弾により死亡。岡本は捕えられ、同年七月、軍事法廷で無期刑の判決を受けた。

その岡本は、一三年間の独房生活の後、一九八五年五月二〇日、釈放された（その時、三七歳）。彼の釈放は、イスラエルとパレスチナ解放人民戦線総司令部派（ＰＦＬＰ・ＧＣ）との間の捕虜交換という形で行われた。ジュネーブ空港などで、岡本を含むレバノン、パレスチナ人ら一、五〇〇人とイスラエル兵三人との交換が行われたのである。

わずか三人と一、五〇〇人との交換は、われわれには不可解というほかはない。しかし、人口減に悩むイスラエルにとっては、一人の兵士は捕虜五〇〇人に匹敵する戦力であるかもしれない。同時に、「一人の兵士は、敵の五〇〇人に匹敵する」ことを全軍に如実に示して士気を鼓舞するねらいがあったのであろうか。

とはいえ、捕虜交換の中に岡本を含める理由は、必ずしも筋の通ったものではないように見える。しかし、イスラエルにとっては、もともと、「オカモト」は、「厄介な荷物」であった。オカモト奪還が、国際テロの重要目的の一つとされていたからである。イスラエルは、国際テロ組織によるハイジャック、在外公館の不法占拠、外交官等の略取・誘拐等によって、オカモトを奪還される危惧に常につきまとわれていた。

岡本は、釈放後、リビアのトリポリに着いた。一三年間の独房生活の結果、岡本は、精神面に障害を来たしており、入院して治療を受けていると伝えられた。が、約三週間後、レバノンにあるパレスチナ解放人民戦線（PFLP）の事務所で、日本赤軍の最高幹部らは記者会見して、岡本が再び日本赤軍に合流したことを明らかにした。

ここで、イスラエルの刑事司法を一瞥しよう。

イスラエル刑法典は、前記のように一九七七年に制定されたものである。一九二二年から四八年まで、イスラエルは、イギリスの委任統治領となっていたので、一九三六年の Criminal Code Ordinance ――それは、イギリスのコモン・ローにもとづく包括的法典であった――が、若干の例外を除いて、四八年の建国後も施行されていた。

新刑法は、これに代わるものとして制定された。その中から、殺人関係の規定を紹介しよう。

故殺は、二〇年以下の懲役（二九八条）、謀殺は、絶対的法定刑としての無期懲役に処せられる（三〇〇条一項）。ただし、一九五〇年のナチス及びナチス協力者処罰法二条f号にあたる謀殺の犯人は、死刑（同条二項）。

このように死刑は、例外的に規定されている。しかし、現実に死刑が科せられたのは、第二次大戦中にユダヤ人を大量虐殺したナチスのアイヒマン（Adolf Eichmann）の事例（一九六一年）のみである。

無期刑は、文字どおりの終身刑ではない。その拘禁の期間は、二〇年を超えることができない。六月を超える有期刑については、刑期の三分の二経過後に仮釈放資格が生じる。これから推測すると、無期刑は、三〇年の有期刑にほぼ相当するものとして扱われているのであろうか。無期刑については、仮釈放は認められないようである。そうだとすれば、二〇年を経過しないうちに恩赦で釈放されることになろう。恩赦の権限は、大統領に専属する。

イスラエルの刑務所制度は、一九二六年、イギリスの委任統治下に設けられたものに始まる。現在、一五の刑務所が存在する。そのうち、九施設は、イスラエル固有の領土内にあり、六施設は、ユダヤ、サマリア、ガザの占領地区内にある。これらの占領地区内にある施設は、一九六七年の六日戦争（Six-Day War）以前にヨルダン当局またはエジプト当局の管理下に置かれていたのと同様に管理されている。一五の施設には、合計して一日平均約六、五〇〇人が収容されている。そのうち約半数は、テロ活動または治安破壊のゆえに収容されているパレスチナ人である。

イスラエルには、四つの重警備刑務所がある。岡本は、その中の一つのラムレ刑務所（Ramle

Prison）に収容されていた。

ラムレ刑務所[1]は、一九三四年に、イギリスによって建設された重警備刑務所であって、テルアヴィヴから約二四キロの地点、すなわち、イスラエルの中央部にある。刑務所は、二重の有刺鉄線で包囲され、堅固なコンクリートの外塀を持ち、そこには武装した監視者のいる監視塔がある。

ラムレ刑務所は、刑期五年以上の長期受刑者のための施設である。一日平均六五〇人が収容されている。それらの被収容者は、普通、(1)重大犯罪を犯した初犯者、(2)謀殺、強姦、強盗等の常習犯人、および(3)パレスチナ人の要重警備受刑者、の三つに分けられる。パレスチナ人の受刑者のみが隔離されている。岡本は、要重警備受刑者として、一三年間、厳重隔離された独房生活を送ったようである。

（1）　Bensinger, *A survey of criminal justice in Israel.* 1983, Chicago, p. 78.

（判例時報一二〇〇号、一九八六年）

3　イスラム法の刑罰

❖ 女子の割礼

驚いた。驚いた。テレビを見ていた時のことである。

一九八六年の正月、日本のテレビは、フランスの有名な女流作家ボーヴォワール（Simone de Beauvoir, 1908–1986）女史の著書『第二の性』（Le deuxième sexe, 1949）を映画化したものを三回ないし四回にわたって放映した。その最終回であったろうか、私に大きなショックを与える場面が登場した。

その場面というのは、アフリカなどで今日もなお行われている、幼い女児のクリトリス（clitoris）を切除する行事（百科大事典には、「女子の割礼」として載っている）である。多くの女たちの立会いのもとで、この行事は、一種の儀式めいて行われる。クリトリスを切除された女児は、痛さのために泣き叫ぶ。

一体全体、なぜ、このようなことが行われるのか。映画のナレーションによれば、イスラム教と関係があるという。周知のように、イスラム教の教えによれば、男は四人まで正妻をもつことができる。ただし、それらの妻に平等な性的喜びを与えなければならない。これは、実にきびしい条件である。四人の妻が通常またはそれ以上の性欲をもっていては、夫は、異常性欲者でない限り、妻たちの性欲を満たすことはできない。そこで、幼い女児の時にクリトリスを切除する。そうすれば、その女児が長じて人の妻となったとき性欲が低下するので、夫は、四人までの妻に平等に性的喜びを与えることができる、というのである。

映画によれば、今でも、切除を受ける女児の数は、合計何千万人に達するという。

一人の男が四人の妻を持つとすれば、反面、妻を持つことのできない男が多数出現することになる。その点は別としても、このような非人道的と思われる行為（いわゆる女子の割礼）は、イスラム教と結び付いているものかどうか。

コーランには、「同時に二人、三人又は四人の妻をめとってもよい」（女――メディナ啓示三節）と書かれている。マホメット（紀元五七〇年ごろ、メッカに生まれた。六三二年死去）は、それまでは無制限であった多妻制を四人の妻に制限し、しかも平等に扱うことを条件にしたのだ。それは、当時、異教徒との戦争のために多くの男が戦死し、戦争未亡人がたくさん出たので、それらの未亡人を救済するためであった。

マホメット自身は、最初の妻の死後、一一人の妻（その大半は、戦争未亡人）を持ち、同時に六人の妻をはべらしていたこともある。当時、未亡人には再婚する以外に生活を維持する方法がなかったので、マホメットの結婚は、単なる肉欲の満足のためではなかった。しかし、彼自身、多数の妻に平等な愛を与えることはできなかったようである。

ボーヴォワールの『第二の性』に女子の割礼のことが載っているかと思って翻訳（生島遼一訳）をひもといてみたが、どうも見当らない。あの映画は、別のシナリオによって作られたものであろうか。

ともあれ、なぜ今、イスラムか。

イスラム・パワーが強大化している。中近東のみならず、アジアでもその勢力が注目されている。イスラムの価値観や商慣習は、資本主義と相容れない面をもっている。イスラム法もまた、キリスト教文化に基礎を置くシヴィル・ロー（civil law）（大陸法）やコモン・ロー（英米法）と相容れない面をもっている。しかし、世界が狭くなって国際交流が進み、それに伴って犯罪の国際化が進んでいる現在、われわれとしては、イスラム法を知らなければならない。

今日、世界には、七億人（一説によれば、一〇億人[1]）のイスラム教徒がいるが、そのうち、五億人は、アジアに住んでいる。その中で最もイスラム化を進めているのは、パキスタンである。

パキスタンでは、九千万人の国民のうち九七％がイスラム教徒である。同国は、一八五八年以来、英国の植民地であったが、一九四七年に独立。五つまたは六つの主要な言語が用いられている。パキスタンは、国の統一を図るための基盤を宗教に求めた。一九七七年七月のクーデターで政権を獲得したハク政権は、国内統一の手段として「イスラムへの回帰」を掲げて、直ちに国のイスラム化に着手した。

パキスタンは、手首切断の刑やむち打ちの刑を導入したのを皮切りに、一九七九年二月、イスラム刑法を施行した。一九八〇年六月、イスラム税制を導入し、八一年一月に無利子銀行制度をスタートさせ、八五年一月に貸付利子を廃止し、同年七月に預金利子を撤廃した。まさに、全面的なイスラム金融のスタートである。

ここで注目されるのは、イスラム法が身体刑を採用していることである。指や手首の切断という非人道的な刑罰は、古代や中世には存在したが、現在、文明国には姿を消している。それにもかかわらず、なぜ、イスラム法は身体刑を否定しないのか。イスラム法の身体刑は、男子や女子の割礼とは関係ないかもしれないが、私には首肯することのできないものである。

（1）二〇一三年現在、イスラム教徒の数は、約一一億人と推定されている。

❖ 神の作った法律

イスラム法（アラビア語で「シャリーア」）(Shari'a) は、神の啓示である「コーラン」(Coran, Qur'an)（第一法源）と、神の使徒モハンマド（マホメット）の言行から成る「スンナ」(Sunna, Sunnah)（第二法源）とを基本的法源とする法体系であって、九世紀から一〇世紀ごろに集大成された。

イスラム諸国の多くでは、シャリーアが国の基本法である旨を憲法で定めている。これらの諸国にも多くの制定法があるが、制定法はシャリーアを補充するにすぎず、シャリーアに代わったり、シャリーアを変更したりするものではない。

シャリーアは神が作った法であり、人の作った法がこれを改変することはあり得ない、というのが、イスラムの教えである。

イスラムの刑事法については、近年、有益な著書・論文が刊行されている。さし当たり、カイロ大学のモスターファ（Mahmoud M. Mostafa）教授の『アラブ諸国の刑法の諸原理』（Principes de droit pénal des pays arabes, 1972, Paris）、米国のバッシオーニ教授編の『イスラムの刑事司法制度』（M. Cherif Bassiouni, The Islamic Criminal Justice System, 1982, London, Rome, New York）、ローマ大学のヴァッサリ（G. Vassalli）教授の「イスラム刑法について」（En marge du droit pénal islamique）（ブーザ教授古稀祝賀論文集、一九八〇年）などを挙げることができる。日本語の論文では、夏目文雄「イスラム法における犯罪と刑罰」（Ⅰ）～（Ⅳ・完）（愛知大学国際問題研究所紀要七九号、八〇号、八二号、八三号）が、豊富な文献にもとづいて体系的な叙述をしている。

イスラム法の刑罰は、㈠神が定めた刑罰、すなわち、固定刑（fixed punishment, peine fixe, al-Hudud）、㈡生命、身体に対する罪について科せられるタリオ刑（報復刑）（retaliation, al-Qisas）、および㈢裁判官の裁量にゆだねられる刑罰、すなわち、裁量刑（discretionary punishment, al-Ta'zir）の三種類に分けられるようである。

この中で、私が興味をいだくのは、第一の、神が定めた刑罰（固定刑）である。これについては罪刑法定主義の適用はないが、なによりも注目すべきは、身体刑と生命刑が絶対刑として科せられていることである。

神が定めた刑罰を科せられる犯罪は、「**ハッド犯罪**」(hadd crime, hudud crimes, infractions Houdoud) と呼ばれている。これには、次の七種類がある（文献によって、順序は同じでない）。

⑴　姦通（zena, zina）

姦通した男女は、公衆の面前で一〇〇回のむち打ち刑に処せられる。コーランには、石殺しの刑（石を投げて殺す刑）に処せられると書いてあるが、これは廃止されたというのが、多数説である。姦通を立証するためには、四人の成人の証人または本人の自白が必要である。四人の証人の存在は、実際には不可能に近いといわれている。

⑵　姦通の誣告（badhf, qadhf）

姦通の罪を犯したとして男または女を訴えた者が、それにつき四人の証人を立てることができなかったときは、姦通の誣告罪が成立する。刑は、八〇回のむち打ちである。この罪を定めることにより、コーランは、罪なき婦人が姦婦の汚名を浴せられることを避けようとしたのである。

(3)　窃盗（sariqa）
他人の財物を盗んだ者は、右手首を切断される。盗みを働いた手を応報として切断するのである。累犯の場合には、左足切断の刑に処せられる。

窃盗の構成要件は、最小限以上の価値ある財物を被害者の同意なしに明白な領得の意思をもって盗むことである。「最小限の価値」の意味については、法学者の間で見解が分かれている。一説によれば、デナリオ金貨一枚の四分の一が基準とされる。この最小限の価値にまで達しない財物の盗みをした者は、裁量刑に処せられる。

(4)　飲酒（shorh al-Khamr, shurb al-khamr）
イスラム教にあっては、飲酒と賭博は、悪魔に誘われた邪悪であるとされる。飲酒した者は、八〇回（時には四〇回）のむち打ちに処せられる。

イスラムの法学者の間では、いかなる種類の酒を飲むことが禁ぜられているかが議論されているが、「人を酩酊させるすべての飲物」が「酒」（khamr）の概念に含まれるとされている。

(5)　背教（ridda, irtidad）
イスラム教徒が信仰を棄て、または他の宗教へ信仰を変更すると背教の罪に問われる。背教の罪は、意思表明、作為（たとえば、教えに反する行為）または不作為（コーランにより義務づけられている行為をしないこと）によって成立する。背教者には、三日間、思い直すための猶予が与えられる。

それでも、背教を撤回しなければ、その者は、死刑に処せられる。

(6)　武装強盗（hiraba）

凶器を持った犯人が路上強盗を働いた場合、犯行の四つの態様により次の刑が科せられる。

(a)　強盗が人を殺したが、財物を盗らなかったときは、死刑

(b)　強盗が人を殺し、被害者から財物を盗ったときは、十字架にかけて死刑

(c)　単に財物を強取しただけのときは、右手の切断

(d)　生命も財産も侵害することなく、被害者に暴行・脅迫を加えただけのときは、追放

(7)　叛逆（baghi）

叛逆の罪は、コーランに定められているものの、その定義については議論がある。通説によれば、暴力をもって正当な権力者に対する攻撃をすること（大逆、武装反抗）が、これに当たる。その刑は、コーランの定めるところにより死刑である。ただし、降伏した者、逮捕された者については、裁判官の裁量による刑が科せられる。

これらの罪の犯されたことが裁判で認定されたときは、裁判官は、神が定めた刑を言い渡さなければならない。

（判例時報一二四九号、一九八七年）

4　イスラム法における死刑

❁ 死刑の正当根拠は？

「なんじ、殺すなかれ」

天主の十戒（Ten Commandments）の第五戒は、このように命じている。

それでは、いかなる場合にも、人を殺すことは禁ぜられるのか。

エホヴァの証人（Témoins de Jéhovah）派の信者は、聖書の言葉を厳格に解して、徹底して兵役を拒否している。彼らは、自衛のための戦争にせよ人を殺すことはすべて禁じられている、と解するのである。

わが国にも、エホヴァの証人派の信者はいる（約一〇万人といわれる）。彼らは、警察官にも刑務官にもならない。武器の使用とか、死刑の執行によって人を殺すことのありうる職業には、信仰を守るために、就かないのである。

それでは、正当防衛によって人を殺すことも、許されないのか。

ローマ・カトリック教会は、正当防衛、死刑の執行および正しい戦争（正戦）の場合の殺人は正当化される、と解している。

イスラム教とイスラム法にあっては、どうなのだろうか。私の関心は、そこにある。

旧約聖書には、「人を打って死なせた者は、すべて絶対に死刑を免れない」（出エジプト記二一の12）、「生命には生命、目には目、歯には歯……をもって償わなければならない」（同二一の24）と書かれている。これは、まさにタリオ（同害報復）の思想である。

だが、今日、キリスト教国で死刑を廃止している国は、数多く存在する。

ところで、イスラム法は、殺人以外の罪についても死刑を科している。

イスラム法の刑罰は、(1)神が定めた刑罰、すなわち、固定刑、(2)生命、身体に対する罪について科せられるタリオ刑（報復刑）、および(3)裁判官の裁量にゆだねられる刑罰、すなわち、裁量刑の三種類に分けられる（本書三八七頁以下参照）。

固定刑（hadd）を科せられる犯罪は、ハッド犯罪（hadd crime, hudud crimes）と呼ばれる。その中で死刑を科せられるのは、背教と強盗殺人である。このほか、既婚の男女間の姦通に対して石殺しの刑が科せられると解する説もあるが、むち刑に代えられたというのが、多数説である。

報復刑では、殺人に対する報復（キサース qisas, al-kisas）として死刑が認められる。執行方法については、学説の対立がある。同害報復を厳格に主張する者は、被害者が殺された方法で殺害すべし、と説く。しかし、マホメット自身は、できるだけ苦痛が少なく有効な方法を採るように命じた、と言われる。

裁量刑（al-Taazir, al-Ta'zir）として、死刑は例外的ではあるが、常習同性愛、謀殺、常習窃盗、スパイ罪、叛逆、異端宣伝等に対して科せられる(1)（叛逆をハッド犯罪に含める説もある）。

このように、殺人以外の罪についても死刑が科せられるとすれば、「人を殺した者は、殺されるべし」のテーゼでは、死刑の存在理由は説明されない。

イスラム刑法は、アラブ諸国とその他のイスラム諸国で採用されている。それには、三つの発展段階がある。

第一は、一五世紀中ごろまでであって、完全にイスラムのシャリーア（Sharia'a）――コーラン（第一法源）とスンナ（Sunna, Sunnah）（第二法源）とから成る――によって影響されたものであった。

第二は、一五世紀中ごろから一九世紀の終わりまでであって、死刑は、イスラムのシャリーアとその他の実定刑法の諸原理とを含んでいた。一五世紀ごろ、オスマン・トルコは、ハッド刑（固定刑）の適用を廃止し、その他の犯罪については、特にフランス刑法の制度を採用した。これは、一八四〇年のトルコ刑法を特色づけるものであり、その後、レバノン、シリア、イラクなどの刑法典によって受け継がれた。

第三は、一九世紀の終わりから現在までである。この時期には、諸国の固有の刑法典が制定されている。

今日、アラブの刑法典は、罪刑法定主義により、死刑の合法性をほとんど一致して認めている。死刑は、一般予防に役立つ限りで正義にかなうので人権侵害にもならない、と解されているようである。

（1）夏目文雄・アラブ諸国の刑事立法の研究（一九九〇年、法律文化社）二四五頁。

❖ 死刑の合法性と手続

アラブ諸国では、死刑の合法性は、次のようにして確保されている。

㈠　イラク

一九六九年のイラク刑法典は、国家の内的・外的安全に対する罪、謀殺、毒殺等、多くの罪につき死刑（斬首）を規定している。

㈡　レバノンとシリア

一九四三年まで、トルコ法がこの両国に適用されていた。一九四三年、フランス刑法に範をとったレバノン刑法が公布された（翌年施行）。同法典は、一九四九年以降、シリアでも適用された。

レバノン刑法では、死刑は、国家の外的安全に対する罪、加重殺人、人の死を伴う放火の罪について科せられる。

(三) モロッコ

モロッコでは、一七世紀以降、イスラム法が適用されてきたが、一九五三年、フランス刑法をモデルにした刑法が制定された。死刑は、国家の内的・外的安全に対する罪、加重殺人などに科せられている。

(四) エジプト

一八八三年から一九三七年までのすべてのエジプト刑法典において、死刑が規定されている。エジプトは、アラブ諸国の中で、一八一〇年のフランス刑法を継受した最初の国である。

死刑は、国家の外的・内的安全に対する罪、謀殺、毒殺、重罪に伴う謀殺または軽罪に関係のある謀殺、人の死を伴う放火の罪などについて規定されている。その他、薬物犯罪についても、死刑が科せられている。

(五) スーダン

一八九九年まで、スーダンではイスラム刑法が適用されていた。一八九九年に英国の支配下に置かれて以来、一八六〇年のインド刑法典の影響を受けた刑法典が施行された。その刑法典は、一九二五年に改正されて今日に至っている。

現行刑法典は、若干の犯罪について死刑を科している。死刑は、斬首によって執行される。

㈥　クエート

第二次大戦後に独立したクエートは、一九六〇年、刑法典を制定・公布した。そこには、死刑が規定されている。一九七〇年の一部改正により、死刑は、国家の外的・内的安全に対する罪、重罪に伴う謀殺、毒殺、予謀または待伏せによる謀殺、尊属・教師・家事使用人による強姦、姦通の罪について科せられる。

ここで概観したように、アラブ諸国では、国家の法的秩序を維持するため、凶悪犯罪についてのみ死刑が科せられている。

サウジ・アラビアの治安研究所（Centre des Etudes de Sécurité）の文献によれば、アラブ世界では死刑は犯罪防止のために非常に有効な役割を果たしているのであり、したがって「国家は人を殺す権利をもたないゆえに、死刑は非合法である」などと言うべきでない(2)。

しかし、同じ文献は、死刑に殺人犯罪を抑止する力があるかどうかについての研究はいまだ結論に達してはいない、と述べている。

それなら、姦通についてまで死刑を科さなくてもよいではないか。なにしろ、コーランによれば、妻を四人もめとってよいのである。また、家事使用人による強姦は死刑犯罪だが、家事使用人を強姦しても死刑にならないというのは、不平等ではないか。

このような疑念を、私は抱いている。このように言うと、「信仰うすき者よ！」と、お叱りを受けるかもしれない。でも、コーランには、神さまが「慈悲ふかく慈愛あまねき」方であることが、何度もくり返されているのである。

さて、手続面および死刑の執行については、注目すべき点がいくつもある。

㈠　刑の適用に関する裁判官の裁量刑は、犯罪の性質によって異なる。

ハッド刑（固定刑）――死刑もこれに含まれる――については、裁判官はいかなる裁量権も有しない。有罪と認定されれば、刑の減軽も執行猶予もすることができず、定められた刑を言い渡さなければならない。

報復刑についても、同様である。殺人については、加重事情が存在しないときでも死刑を言い渡さなければならない。

これに対し、裁量刑の場合には、裁判官は裁量権を完全に行使することができ、したがって執行猶予を言い渡すことができる。

㈡　**証拠方法**

イスラム法は、証拠方法として被告人の自白、証人の証言、推定および物的証拠を定めている。最も重要なのは、被告人の自白である。自白のみによって有罪とすることができる。

否認事件にあっては、証人の証言が、最も重要な証拠とされる。必要な証人の数は、犯罪の性質によって異なる。姦通に対する刑（死刑もそれに含まれる）については、四人の目撃証人が必要とされる。その他の固定犯罪と報復犯罪については二人の証人で十分であり、裁量犯罪については一人の証人で十分である。

(三) 判決裁判所

原則として単独制である。しかし、シャリーアによれば合議制を採用することを妨げない。死刑を言い渡すには、合議体の裁判官の全員一致であることを要する。

(四) 上訴

イスラム法は、制定法の定めるところに従って上訴することを禁じていない。エジプト刑訴法三八一条によれば、死刑判決は、すべて必要的に破毀院に上訴される。この手続の目的は、原判決の審査を許すところにある。

レバノン法では、死刑判決は、軍事犯罪の場合には大統領に、その他の犯罪の場合には高等司法職審議会にそれぞれ送致されることを要する（刑訴四六二条）。

シリアでは国防審議会が恩赦権を有する。

(五) 死刑の執行

イスラム法によれば、死刑は、剣によって執行される。しかし、それ以外のより早くて容易な執行方法によることを妨げない。モロッコでは、刑事施設内で銃殺の方法による。姦通者に対する死刑だけは、例外的に石殺しの刑によると定められている。

死刑の執行は、原則として公開されなければならない。これは、一般予防を達成し、かつ正義の感情を満足させるためである。

（2）　Le Centre des Etudes de Sécurité, —— Légalité et commodité de la peine de mort en droit muslman, R. I. D. P., vol. 58, 1987, p. 434.

（判例時報一三六六号、一九九一年）

5　イスラム法及びアラビア法における性倫理学（上）

❁　イスラム刑法における不法な性関係

フランスの「刑事科学及び比較刑法雑誌」（Rev. sc. crim.）一九九九年第一号に、「イスラム法及びアラビア法における性倫理学。エジプトの場合。過去、現在、将来」と題する論文(1)が掲載されている。この論文の執筆者は、アルデブ（Sami A. Aldeeb Abu-Sahlieh）博士である。スイスのローザンヌにあるスイス比較法研究所の客員研究員とのことである。

エジプトを含むアラブ＝イスラム教国では、イスラム教条主義者たちは、現行の刑法を、コーランとモハメッド（五七九年ごろ生まれ、六三二年没）の説話に基礎を置くイスラム刑法をもって置き換えることを望んでいる。

そのような教条主義者による運動は、社会の変革や道徳観の変化と相容れないように見える。その矛盾は、以下の叙述で明らかにされるであろう。

本稿では、上記アルデブ博士の論文のうち、主要な部分を紹介したいと思う。その論文は、老らくの身にとっては、まことに興味津々。さりながら、コーラン（Coran, Qur'an）とマホメッド（Mahomet）の訓えがしばしば引用されている上、アラビア語も多く登場するので、内容を理解するには、一苦労する。

イスラム刑法は、犯罪の種類を次の二つに分類している。(2)

(一)　コーランで定める固定刑（fixed punishment, peine fixe, al-Hudud）で罰せられる犯罪、すなわち、窃盗、強盗、武装した叛乱、姦通、姦通の誣告、飲酒、背教（棄教）、生命・身体に対する加害

(二)　裁判官の裁量に委ねられる刑罰、すなわち、裁量刑（discretionary punishment, peine discrétionnaire, a al-Ta'zir）で罰せられる犯罪

これには、固定刑犯罪の要件の一を欠く犯罪のほか、固定刑犯罪に該当しない犯罪が含まれる。

この分類に照らせば、姦通および姦通の誣告の二つだけが、固定刑で罰せられる性犯罪であり、その他の性犯罪（強姦、強制わいせつ等）は、裁量刑で罰せられる性犯罪ということになる。

姦通は、旧約聖書の時代から重罰（石殺しの刑）に処せられることになっている。しかし、今日では、イスラム教国でも姦通はしばしば行われているようである。では、なぜ、姦通は、強姦よりも重い罪として格付けされるのか。このような問題意識から出発しながら、以下、興味深い話題を提供しよう。

A　姦通、姦通の誣告

姦通は、コーランでは定義されていないが、法学者は、配偶者の一方が配偶者以外の者と性的関係を結ぶことと定義しているようである。それゆえ、妻の姦通と夫の姦通とがある。

両罰主義が採られている限りでは平等であるように見えるが、科刑の重さという点からすると、夫の姦通は、妻の姦通の場合よりも軽く罰せられている。聖書では、「姦通するな」と戒められているのは、たいてい女性であるように見える。聖書にもコーランにも、男性優位の当時の思想が反映しているようである。

B　姦通の立証方法

これについては、見解が分かれている。

①　分別力のある一人の自由人の証言によって立証することができる、という説。この見解は、ほとんど問題にされていないようである。

②　証言が四回行われることを要する、という説。文意からすれば、一人が四回、証言をくり返えせば、証明十分ということのようである。ただし、姦通の一方の当事者が犯行を否認した場合において他の証拠がないときは、姦夫も姦婦も罰せられない。

③　四人の公平な男子の証言によって姦通の立証をすることができる、という説。一説によれば、一人の男の証言に代えて二人の女の証言をもってすることができる。これによれば、女性の証

言の価値は男性のそれの半分しかないことを意味する。

四人の証人の存在が必要というのが、コーランの教えである（二四章四節）。しかし、四人の証人の存在は、実際には不可能に近いと言われている。それは、事実上、姦通は不可罰という帰結に導かれることを意味する。

証人が三人しかいないときは、三人の証人は、姦通の誣告罪により八〇回のむち打ちに処せられる（コーラン前掲箇所）。八〇回もむちで打たれた者は、皮膚が破れ、血が流れ出し、苦痛にうめき、時には死に至ることもある。

姦通誣告の罪を定めることにより、コーランは、特に罪なき婦人が姦通の汚名を浴びせられることを避けようとしたのである。

いずれにせよ、証人は、分別力を有する公正なイスラム教徒の成人であることを要する。イスラム教徒に対する非イスラム教徒の証言は、排除される（証拠能力なし）。これに対し、イスラム教徒が非イスラム教徒の姦通につき証人となることは許される。

C　姦通の刑

旧約聖書（レビ記二〇章一〇節、申命記二二章二二～二四節）は、姦通につき石殺しの刑（石の刑）を定めた。この刑は、広場で犯人を取り囲んだ者たちが犯人目がけて石を投げる処刑方法であって、長時間にわたり犯人を苦しめながら殺す残虐極まりないものであった。

これに対し、コーランは、姦通の刑としてむち打ちを規定する。犯人の性別いかんを問わず、ともに一〇〇回のむち打ちである（二四章二節）。

より軽いとはいえ、一〇〇回のむち打ちとは、残虐ではないか。たしかにそうだが、むち打ち役人に予め袖の下をつかませておけば、むちが皮膚の紙一重の手前で止まる処刑方法もあったとか。

ところで、イスラムの大部分の法学者は、結婚している姦通者には石殺しの刑を科し、結婚していない姦通者にはむち打ちの刑を科すべし、と説いている。リビアの法律では、既婚者であると否とを問わず、むち打ち刑が規定されている。

コーランで定められた性犯罪は、姦通と姦通の誣告のみである。女子と一緒にベッドにいて抱擁したり、ペニス（陰茎）をその女の両脚の間に入れたりしても姦通には当たらず、裁判官の判断に委ねられる裁量刑で罰せられるにすぎない。――これらの場合、一体、何罪になるのか、述べられていない。

（1）　Sami A. Aldeeb Abu-Sahlieh, L'éthique sexuelle en droit musulman et arabe. Cas de l'Eqypte, passé, présent et avenir. Rev. sc. crim., 1999, n°1, p. 49 et s.

（2）　固定刑と裁量刑の中間に生命・身体に対するタリオ刑（同害報復刑）があるという学説も存在する。

❖ 同性愛、死者との関係、獣姦

(一) 異常な性関係

異常な性関係とは、同性愛、すなわち、二人の男の間における鶏姦（肛門へのペニスの挿入）と二人の女性の間における性関係をいう。

イスラム法学者の中には、同性愛をもって姦通と同視する者、自由刑（累犯の場合には死刑）をもって処すべき特別な犯罪とみなす者がある。

妻に鶏姦行為をする夫は、妻が同意しないときでも罰せられない。夫には、妻と性関係をもつ権利があるからである。しかし、裁量刑に処すべしという、一派の見解もある。

コーランには、妻への鶏姦について特に規定されていないが、「女というものは汝らの耕作地。だから、どうでも好きなように自分の畑に手をつけるがよい」との叙述がある（二章二二三節）。一部の学者は、これを根拠にして、妻への鶏姦は許されると論ずる。

イスラム社会では、同性愛は、男とまだひげを生やしていない若者（一〇歳ないし二一歳）との間で、広く行われてきた。例えば、

——トルコ兵は、占領地で少年を拐取して鶏姦を行った。

——学校では、教師が生徒と容易に同性愛行為をした。

——バーでは、若い少年を雇って、客との同性愛行為をさせた。

――女奴隷との性行為は自由であったが、主人は男奴隷との同性愛行為をするに至った。

(二)　死者との関係

死者との性行為については、一部の者は、姦通ではないが裁量刑にあたる犯罪だと言い、他の法学者は、固定刑に処せられる姦通だと主張している。

異説もある。それによれば、男がペニスを死んだ女の膣（ヴァギナ）に挿入するときは、性の悦びを感じるので姦通になる。これに対し、女が死んだ男のペニスを自分のヴァギナに入れても、性の悦びを感じることはないので、姦通を犯したことにはならず、裁量刑に処せられるにすぎない、というのである。

イスラム法では、姦通行為とは男がペニスを女のヴァギナに挿入するときに成立すると定義されている。死者との関係にまでこの定義を拡大する見解は、宗教色を法律の世界にまで浸透させようとするものであろうか。

(三)　動物との関係

これには、二つの場合がある。その一は、男がそのペニスを動物のヴァギナに挿入することであり、他は、女が猿または犬のような動物をして、そのペニスを自分のヴァギナに挿入させることである。これは、姦通ではなくて、裁量刑で罰すべき犯罪とされる。

ところで、イスラム教の少数派であるシーア派は、コーランの文言に従い、動物との性関係をもって姦通罪を構成する、と論ずる。その場合、犯人が結婚している者であるときは死刑に処し、結婚していない者であるときは、むち打ちにした上、追放刑に処すべし、というのである。

コーラン（二三章五～七節）には、「自分の性器はこれを抑え、自分の妻や、右手の所有にかかるもの（奴隷女を意味する）を相手にするときだけに使う。この方は、何も悪いことはない。ただ、むやみにそれ以上のことをしたがると、（神の掟に）背くことになる」という叙述がある。

これによると、動物との性行為は、「それ以上のこと」に該たるとされるのであろう。さりながら、動物との性行為も厳罰に処すべき姦通罪を構成するというのは、驚きである。

しかし、イスラム教徒の九割を占める正統派（スンニ派）は、シーア派の主張に同調していないようである。

コーランは、神の啓示としてイスラム法の第一法源とされるのであるが、その法的解釈および具体的適用については、このように見解が分かれている。


（判例時報一六九九号、二〇〇〇年）

6　イスラム法及びアラビア法における性倫理学（下）

❀エジプト法における不法な性関係

㈠　姦　通

姦通は、エジプト刑法では、妻の姦通と夫の姦通とに分けて規定されている（二七三条〜二七七条）。

(1)　妻の姦通

姦通があるというためには、妻と男との間で、不法かつ同意のある通常の性関係（ペニスのヴァギナへの挿入）があったことを要する。部分的挿入で足りるが、射精のあったことを要しない。

妻が男から強制されたときは、姦通ではなくて、男につき強姦罪が成立する。

姦通が罰せられるためには、妻が有効な婚姻をしており、かつ夫の告訴があったことを要する。告訴は、犯行を知った日から三か月以内に、かつ婚姻期間中になされることを要する。離婚後に告訴がなされたときは、取り消すことができない。

姦婦および相姦者は、二年以下の自由刑に処せられる。判決後、夫が以前どおり妻と同衾することを受け容れたときは、刑の執行は行われない（刑二七四条）。

⑵　夫の姦通

夫の姦通が罰せられるためには、夫婦の主たる住居または妻も行く権利をもつ別宅で、夫が妻以外の女と性関係をもったこと、および妻の告訴があることを要する。

これによれば、夫婦の主たる住居または別宅以外の場所で夫が妻以外の女と性的関係を結んでも、姦通罪は成立しないことになる。

刑は、六月以下の自由刑である。夫の姦通の相手方である女性は、罰せられない。しかし、一部の学説は、相姦者である女も姦夫と同様に罰せられるべきだ、と論ずる。

夫の姦通が妻の姦通よりも軽く罰せられていることについては、イスラム教徒の間で批判がある。

㈡　**強　姦**

強姦は、生存している女性のヴァギナに部分的にせよ、強制的にペニスを挿入するときに成立する（刑二六六条、二九〇条、二九一条）。被害者の女性が処女のままにとどまったときも、同様である。その他の行為は、強姦ではなく、強制わいせつである。

強姦が成立するためには、性的関係が適法でないことを要する。夫が強制的に妻と性交したとしても、強姦は成立しない。妻は婚姻契約により夫に服従すべき広汎な義務を負うので、夫が求めるときは、生理の時および病気で生命の危険がある時を除いて、つねに夫の要求に応じなければならない。

七歳未満の少女の同意は、有効なものとはされないようである。

㈢ 売春

売春は、英国の占領下のエジプトでは、一八九六年と一九〇五年の政令で適法とされていたが、一九四九年の軍命令により禁止され、現在では、一九六一年法一〇号により売春宿の経営と常習売春とが罰せられている。

一八歳以上の未婚の女の同意を得て性的関係を結ぶのは、犯罪ではない。

ある学者は、売春をもって社会を脅かす最大の犯罪であるとして、無期刑を科すべしと主張している。

ところで、エジプトから毎年五、〇〇〇人の売春婦が、湾岸諸国へ、そこの組織集団の助けを得て送り出されている。警察の資料によれば、それらの女性の五〇％は二二歳から二五歳までであり、七％が一七歳未満である。ある調査によれば、外国に出掛ける売春婦の七八％は、貧しい地方出身の一五歳から二六歳までの者である。

最大の問題は、これらの売春婦がしばしばエイズに感染していることである。エジプトにおける売春婦の六〇％は、麻薬を自己使用している。
売春は、外国のスパイによっても利用されている。

❖ イスラム法およびエジプト法における適法な性関係

上述したところから理解されるように、不法な性関係についてのイスラムの考えと国内法の立場との間には、大きな違いがある。イスラム法における適法な性関係は、もっぱら夫婦間のものに限られるからである。そこでは、男性優位の姿勢が貫かれている。

この姿勢は、次の叙述から一層明らかとなるであろう。

(一)　四人の妻と無制限の奴隷女

コーランによれば、四人の妻をめとってもよい。ただし、彼女らに平等に性の喜びを与えることが条件とされる（四章三節）。

マホメット自身は、最初の妻の死後、一一人の妻（その大半は、戦争未亡人）を持ち、同時に六人の妻をはべらせていたこともある。

四人という制限は、奴隷女については適用されない。

これに対し、女は、一人の夫しか持つことができない。二人の夫を持つ妻は、二人目の夫と姦通を犯すものとみなされる。

一夫多妻制は、チュニジアとトルコを除いて（法律上のことであるが）、イスラム国では実際に存続している。

(二)　定期結婚

定期結婚（mariage à terme, *Zawag al mut'ah*）というのは、一時間、一晩、一日または数日間という一定期間だけの結婚を意味する。内容的には、享楽結婚（mariage de jouissance）のことである。これは、一時的な男女の性的結合であるが、結婚と同一条件に服する。すなわち、女は既婚者であってはならず、イスラム女性は非イスラム男性と定期結婚することはできない。ところが、男は、すでに四人の妻があっても、無制限の数の定期（結婚）妻と関係を結ぶことができる。

この定期結婚は、シーア派のイスラム教徒にあっては現にしばしば行われている。テヘラン（イランの首都）では、写真アルバムで男が女を選ぶことのできる界隈がある。要するに、これは合法化された売春である。

これに対し、スンニ派のイスラム法では、定期結婚は禁ぜられている。

(三)　女の割礼

割礼とは、男女の生殖器の一部を切開または切除することである。

女の割礼（excision des femmes）は、少女に対して行われ、膣口拡張、陰核切除、小陰唇切除などの種類がある。

エジプトでは、女性の九七％が割礼を受けている。田舎では九九・五％、都会では九四％と報ぜられている。

〝伝統〟〝文化〟〝女性の体を清める〟という名の下に、女の割礼は、アフリカや中東など約四〇か国で日常的に行われている。その数は、年間二〇〇万人に及ぶ（国連「世界人口白書」九五年版）。それゆえ、割礼を受けた女性の数は、現在、地球上に数千万人に達する。

女の割礼（female genital mutilation＝FGM）の廃止を求めるドキュメンタリー映画「戦士の刻印　女子割礼の真実」が作成され、一九九六年、日本でも公開された。

〝儀式〟を順番で待つ少女たちは、恐怖におののき、割礼を受けると痛みに泣き叫ぶ。消毒も麻酔もしないで、剃刀（かみそり）で何人もの少女のクリトリス（陰核）を切除するので、感染症、合併症に罹る者があり、出血多量で死に至る者もある。

なぜ、女の割礼が今日もなお行われるのか。イスラム教の高位聖職者は、女性の貞操を守るために必要だと言っている。アルデブ論文によれば、女の割礼は一夫多妻制と結び付いている。四人の妻に性の悦びを平等に与えることはできないので、男は、妻の性欲を抑えるために女の割礼を要求する、というのである。

ここから、割礼を受けた女でなければ結婚できない、という悪習が生まれたようである。

(四) 慣習結婚と人工的処女性

エジプトでは、経済的困難のゆえに住居の入手がむつかしく、そのため結婚できない者が、多数いる。性欲を満たすため、多くの若い男女は、慣習結婚（mariages coutumiers）をするようになっている。

慣習結婚とは、男女が二人の証人の前で行う秘密結婚のことである。彼らは、同棲しないが、内緒で性生活をする。これは、イスラム法では認められている。慣習結婚を解消するためには、紙（誓約書）を破ればよい。

エジプトでは、女子大学生の四〇％が、親の知らぬ間に慣習結婚をしている。

ところで、イスラム教国では、新婚初夜の翌日、夫は妻が処女であったことの証明として、妻の性器から出血した痕跡のあるベッド・シーツを招待客に示さねばならない。

そこで、処女でない娘は、家族の体面と自分の命を救うため、結婚式の前日、外科医の許におもむいて、処女膜の再生手術を受ける。その手術代は、娘の社会的地位と外科医によって異なるが、一〇〇（エジプト）フラン（ポンド？）（邦貨約三〇〇〇円）から三〇万フラン（約九〇〇万円）までの開きがある。

仮に一万フラン（約三〇万円）としても、エジプトの物価からすれば、娘にとっては大金であろう。彼女は、しばしば売春で得たカネでこの手術代を支払う。この手術を受けたことは、医師の業務上の秘密によって守られるので、新婦の家族にも夫にも気付かれないですむ。

処女膜再生手術は、毎年、エジプトでは五〇万人の女性（その中には、アラブ諸国から来る者も含まれる）について行われている。その手術代の総額は、年間、一〇億フラン（約三〇〇億円）から三〇億フラン（約九〇〇億円）に達する、と報ぜられている。

このような現実を前にして、一部の者は、「これではエジプトの家族生活を崩壊させる危険がある」との憂慮から、貞操帯を復活せよ、と主張している。

貞操帯と言っても、十字軍（一一世紀末から一三世紀末）のころのそれではなく、「貞操具」（engin de la chasteté）という新しい器具のことである。それは、コイン程度の大きさであって、するどくとがった薄い刃をもっている。

この貞操具は、少女時代から、医師によって処女膜の上に取り付け可能なものであり、新婚初夜に初めて取り去られる。もし、男が結婚以前の娘と性交しようとすれば、彼のペニスは、貞操具のするどい刃によって切られるであろう。エジプトでは、現にこの貞操具が製造されている由である。

イスラム教国では、おびただしい数の非嫡出子や捨て子が出現し、性犯罪、独身の母、性病やエイズが、大幅に増加している。

こうした現実に対処するため、宗教家や一部の識者は、奴隷制度の復活、イスラム刑法への回帰を提唱し、それに併せていくつもの予防策を掲げている。その予防策の第一に登場するのが、「貞操帯への復帰」である。

いやはや、何をか言わんや。

（判例時報一七〇二号、二〇〇〇年）

7　イスラム国際刑法の概念

❖ 非常に弾力的なイスラム国際刑法？

『イスラム国際刑法の概念』(The concept of Islamic international criminal law, 1994, Graham & Trotman) という本を読んだ。著者 Farhad Malekian の職業は、不明。この書の巻頭の、目次の前には「いとも慈悲深く、慈愛あまねき主の御名において」と書かれた一葉が挿入されている。

「イスラム国際刑法」(Islamic international criminal law) という用語は、この書の著者が初めて用いた造語であって、これまでイスラムの国際法システム (体系、制度) では用いられたことのないものである。

本書では、西欧 (すなわち、大陸法や英米法) の国際刑法とイスラム国際刑法との間の差異を浮かび上がらせる目的で、両者の比較法的研究がなされている。著書によれば、両者間の差異は「原則として非常に少ない。」

著者によれば、両者間の差異は、原理的なものではなくて政治的、イデオロギー的、手続的なものであり、特に法解釈の結果から生まれたものである。そこに着目しながら、著者は、イスラム国際刑法の基本的立場を紹介することに努めている。それゆえ、例えば、犯罪人引渡しについてどういう問題があるかなどの個別的・具体的問題は、ほとんど扱われていない。

グローバリゼーションが急速に進んでいる今、国際刑法の分野で生起する具体的課題、例えば、アラブの国から日本に対して窃盗・強盗犯人の引渡請求があったとき、日本は「犯罪人の手足を切断しないこと」という条件を付けて引渡しを応諾するかそれとも引渡しを拒絶するか、というような問題についても検討する必要がある。

ジェノサイド（genocide）（集団殺害）罪の逃亡犯罪人について、引渡請求があったとき、日本は「ジェノサイド条約の当事国でないので……」という理由で、請求の応諾を拒絶するのか、それとも、――本来、ジェノサイドの罪の時効は完成しないのに――場合によっては、時効の完成を理由にして拒絶するのかも、深刻な問題である。

このような問題は、日本とイスラム法国との間でも、現にまた今後、生起する可能性は、十分にある。そういう観点から、上記の著書を読んでみた。

もともと、「国際刑法」という言葉は多義的である。狭義では、刑罰法規の場所的適用範囲に関する法規範（刑法適用法）を指す。それは、国内法である。しかし、今日では、この言葉は、国際犯罪の防止と処罰に関する刑事国際法および国際刑事司法共助に関する刑事国際法並びにそれらの刑事国際法を現実化するための内国刑事法をも含むものとして、最広義に用いられている。

ところで、刑事国際法（droit international pénal）は、本来、慣習国際法であり、それゆえ罪刑法定主義とは相容れないものであるが、上記の著書では、イスラム国際刑法にあっては罪刑法定主義が基本原則となることが強調されている。この叙述からすれば、著者は、イスラム国際刑法をもって国際犯罪の防止と処罰に関する国内法規範と捉えているようである。

それでは、イスラム国際刑法の法源は、なにか。著者は、次の一一種類を列挙している（二九頁）。(a)コーラン（Qur'an）、(b)スンナ（Sunnah）、すなわち、マホメットの言行、(c)初期のCaliphs（マホメットの後継者）の正統実践、(d)他のイスラム統治者の実践であって、法学者によって否認されないもの、(e)著名なイスラム法学者の見解、(f)仲裁裁定、(g)条約、(h)支配者等に対する公的指示、(i)外国人および外国機関の行動に関する内国立法、(j)慣習と慣行、(k)公共の利益またはIstislahが、それである。

このように多様な法源から罪刑法定主義が定立されるとは、理解しがたいが、著者が「イスラム国際刑法は非常に弾力的な法（very flexible law）である」（三頁）と言うことだけは、十分理解することができる。著者によれば、そもそも第一法源であるコーランが「非常に弾力的な根本原則」（very flexible constitution）であって、時代の変化に応じて適用できるものである（三〇頁）。

イスラム法の刑罰は、(1)神が定めた刑罰（固定刑）、(2)タリオ刑（報復刑）および(3)裁判官の裁量に委ねられる裁量刑、の三つに分類される。固定刑については、罪刑法定主義の適用はなく、報復刑は絶対刑として科せられる。

それであるのに、イスラム国際刑法にあっては罪刑法定主義が基本原則だというのは、合点が行かない。イスラム国際刑法は、西欧の国際刑法よりもきびしい。それゆえ、著者は、イスラム刑法システムが効果的であるとみなされるためには、イスラム刑法は修正されるべきである、と説いている（四四頁）。

このような見解が表明されるのはよいが、それが学説としてとどまっている限り、非イスラム法国とイスラム法国との間の国際刑事司法協力が円滑に推進されることは、期待薄ではなかろうか。

❖ 果たして罪刑法定主義が基本原理とされているか

著者によれば、現今の国際刑法システムの最大の問題点の一つは、諸国が属地主義、積極的属人主義、nationality principle（属人主義）、保護主義、消極的属人主義、代理主義（representation principle）にもとづいて刑罰権を行使していることである。

これに対し、イスラム法によれば、人間の行為は一つの世界的社会におけるものとみなされ、一つの裁判権に服すべきものである。つまり、イスラム国際刑法の伝統的観念は、世界主義（universality principle）に基づいている。

ここで論ぜられている「世界主義」は、大陸法や英米法の刑法適用法における世界主義とは、やや意味を異にする。それゆえ、イスラム法国が世界主義を根拠にして犯罪人引渡しを請求してきても、被請求国は属地主義、属人主義等に該らないとして引渡しを拒絶してきた。

上記の書では、文句なしに世界主義の対象とされるであろう犯罪として、次のものが挙げられている。侵略、戦争犯罪、有毒武器、奴隷、ジェノサイド（集団殺害）、差別・アパルトヘイト、拷問、国際的に保護された者に対する罪、人質罪、薬物犯罪、わいせつ行為およびわいせつ刊行物、自然環境に対する罪、食料品に対する罪、海賊、捕虜の非人道的取扱い。

罪名からして、これらの犯罪については、すでに国際条約が存在する。とは言うものの、イスラム国際刑法では、規制の仕方、理解の内容に特別なものがあるようである。そのうち、若干のものについて紹介する。

㈠　侵略（aggression）の罪

なにが「侵略」かは、多年にわたる人類の論争点の一つである。二〇〇二年一二月に締結された国連のＩＣＣ（国際刑事裁判所）規程（ローマ規程）にあっても、当初、ＩＣＣの管轄に属する犯罪に侵略の罪を盛り込むことがお預けとなったのも、侵略の定義の困難さ故である。

イスラム法には、ジハド（jihad）といわれる言葉がある。これは、「聖戦」と一般に訳されているが、戦いに限らない。しかし、典型的なのは、侵略者を倒すための継続的な、正当防衛的戦いである。

(二)　戦争犯罪（war crimes）

戦争犯罪は、慣習国際刑法と条約国際刑法とにその淵源をもつものであるが、地上戦の法と慣習に関する一九〇七年条約以降、五つの発達段階を経ている。第一次大戦後のパリ平和会議では、三三の類型的行為（大量殺害、民間の拷問、強姦、略奪等）が、代表的なものとして挙げられている。

イスラム国際刑法は、それよりも多い四六の類型的行為（あらゆる類型の性的濫用等を含む）を戦争犯罪として挙げている。しかし、それは、内容的には西欧の国際刑法における戦争犯罪と同様なものである。

(三)　人道に対する罪（crimes against humanity）

人道に対する罪は、ニュールンベルグの国際軍事裁判所規程（ＩＭＴ規程）に初めて登場したものであるが、その後、それに該当するとされる類型行為は、拡大の一途をたどっている。

ニュールンベルグ裁判（一九四五〜四六年）では、戦前または戦中における民間人の殺害は人道に対する罪として認められた。そうだとすれば、それは、同時に戦争犯罪でもある。イスラム国際刑法は、はるか以前から民間人の殺害や迫害を神法の基本原則に対する罪、換言すれば、人道に対する罪として禁じて来た。

この見地から、著者は、イスラム国際刑法にあっては、久しい以前から罪刑法定主義が基本原則とされていた、と論ずる。

しかし、人道に対する罪は、その概念の漠然性の故に広範囲な広がりをもっている。民間人の殺害や迫害というような典型的な類型的行為を掲げるだけでは、罪刑法定主義の意義内容を充足したものとは言えないであろう。

(四)　ジェノサイド（集団殺害 genocide）

一九四八年の国連ジェノサイド条約では、「国民的、人種的、民族的又は宗教的集団を全部又は一部破壊する意図をもって行われた」集団構成員の殺害等が、「集団殺害」と定義されている。

しかし、イスラム国際刑法では、いかなる意図であれ、集団の構成員を（一人でも）殺害することは、集団殺害罪を構成する（いわゆる政治的大量虐殺も、これに該当することになる）。それは、コーランの教えに由来する。それゆえ、著者によれば、ジェノサイドの処罰は刑罰法規不遡及の原則に反するものではない。

(五)　わいせつな行為と出版物

わいせつ出版物の取締りについては、一九一〇年協定、一九二三年条約等が存在するが、それらの条約等は手ぬるいものであって、成果を挙げていない。すべからく、これらの行為を厳しく処罰するイスラム国際刑法に従って規制されるべきである。著者は、このように論じている。

(六) 麻薬犯罪と飲酒

イスラム教にあっては、飲酒と賭博は、神法に反する罪とされ、固定刑（神の定めた刑罰）に処せられる。ここでは、「人を酩酊させるすべての飲物」が「酒」とされるようであるので、麻薬も「酒」に含まれるのであろう。

このほか、本書では、海賊（piracy）概念が拡大されて「陸上の略奪犯」（land piracy）をも含むこと、「人道に対する罪」の概念が非イスラム法のそれに比べて広いこと、イスラム国際刑法は神法の世界性（universality of divine law）に基づいていることなどが強調されている。

イスラム教国は、必ずしもイスラム法の国を意味しない。だが、われわれとしては、全世界のイスラム教徒の数（現在、約一〇億人）が増加の一途をたどっている事実にかんがみ、イスラム国際刑法の所論に眼を向ける必要があろう。

（判例時報一七六〇号、二〇〇一年）

第五部　法律随想

1 宗教と法律

❖ 誤解を招く「旧」「新」の語法

ヨーロッパを旅してみると、各地でキリスト教芸術の華ともいうべき建物、彫刻、絵画、そして音楽に出会うことがしばしばである。

ローマのサン・ピエトロ（San Pietro）大聖堂、ヴァチカン美術館は、まさに〝人類の宝〟というべきものである。そのほかに、ミラノのドゥオーモ（大聖堂）、パリのノートル・ダム大聖堂など、世界文化遺産として挙げられるものは数多い。私は、諸国を訪ねるとき、その地のカテドラル（cathedral）（司教座大聖堂）を必ず訪れることにしている。カテドラルは、その地方における信仰の中心地として芸術的結晶ともいうべきものだからである。

カテドラルだけではなく、各地にはそれぞれすばらしい教会がある。一つの例を挙げれば、ミラノの Santa Maria delle Grazie 教会である。ここには、有名なレオナルド・ダ・ヴィンチの『最後の晩餐』（Ultima Cena）の名画がある。

ゴシック建築などの品格のある聖堂で、パイプオルガンの妙なる響きに合わせて聖歌隊が歌うグレゴリアン聖歌を聴いている時、まるで天国にいるような心の安らぎと幸せを感じる。このようにヨーロッパの文化は、キリスト教文化を除いては考えられない。

ところで、キリスト教は、初代教会の時代には、ローマ帝国の下で約二五〇年間にわたって迫害され、多数の殉教者を出した。ローマのコロッセオ（Colosseo）（円形競技場）で、多数のキリスト教徒が、飢えたライオンの餌食とされて殉教した。しかし、殉教者の死は、新しい信者の種を播《ま》くこととなり、四世紀には隠然たる社会的勢力を形成するに至った。

三一三年、コンスタンティヌス大帝は、ミラノの寛容令を出して信教の自由を認めた。その後、キリスト教は、テオドシウス帝の時、国教とされた。

さて、今日、キリスト教がカトリック（catholic 普遍的という意味）とプロテスタント（protestant 抗議する者という意味）とに大きく分かれていることは周知のところである。しかし、わが国では、両者の違いは余り知られていない。

わが国では、カトリックのことを「旧教」といい、プロテスタントのことを「新教」という者がいる。この表現は、誤解を招くものであって、適切でない。「旧」は古い（old）を指し、「新」は新しい（new）を指す、と勘違いされるからである。なぜなら、「旧教」といえば、古くて好ましくない宗教という響きをもち、「新教」といえば、新しくて好ましい宗教というふうに受け取られがちだからである。

「カトリック」は、真理は普遍であるという観点で「普遍的」を意味する。それゆえ、「プロテスタント」については、だれに対してどのような抗議をするのかを知る必要がある。

わが国では、かつて刑法学について「旧派」「新派」という表現が用いられたことがある。首唱者の牧野英一博士（東大名誉教授）は、「旧派刑法学」をこき下ろし、「新派刑法学」を盛んに鼓吹した。だが、外国語では、「古典学派」（classic school）（古典刑法学派）、「近代学派」（modern school）（近代刑法学派）と呼ばれている。仮に、「旧派」を "old school" と訳し、「新派」を "new school" と訳したとすれば、外国人に理解されないことは必定である。

ついでながら、今日では、かつての伝統的な前期古典学派の主張をそのまま維持する学派は、外国にもわが国にも見受けられない。国際化が進む現今、諸国の刑法学は、犯罪学や刑事政策学における国際化を反映して国際化を進めつつある。

❖ 旧約聖書と新約聖書

「聖書」とは、キリスト教の聖典のことである。英語やフランス語では、bible（バイブル、ビーブル）という。これは、ギリシャ語で「書物」を意味するビブロス（biblos）に由来し、キリスト教徒のもつ「唯一の書物」を意味するものとして固有名詞化したものと考えられる。

聖書は、旧約聖書と新約聖書との二つに大別される。旧約聖書は、キリスト生誕以前にその生誕を預言するものとされ、新約聖書は、キリスト生誕以後においてキリストについて証言・想記するものと考えられている。

旧約・新約の「約」という語は、人間に対する神の「約束」を意味する。これは、キリストにおいて成就する救いの約束である。

旧約聖書はヘブライ語で書かれたものであり、新約聖書はギリシャ語（当時の世界語）で書かれたものである。

ところで、旧約・新約の「約」という文字は「契約」のことだ、という説がある。元最高裁長官の藤林益三氏の著作『聖書と契約』（一九八五年、東京布井出版）九頁に、そのように書かれている。これによれば、旧約は旧い契約ということになり、新約は、新しい契約ということになる。旧約聖書には、契約（ヘブライ語でベリース）という言葉が二八五回出てくるそうである（藤林・前掲書九頁）。その意味は、一定の約束のもとに両当事者が束縛される（しばられる）関係に入ることをいう（同頁）。

日本語訳の聖書では、「契約」という言葉が用いられている。言葉それ自体にこだわるのではないが、民法上の「契約」とは異なる意味のものである。

新約聖書における「約」は、全く性質の違った新しい契約（約束）であって、キリストがもたらした新しい救いの約束、すなわち、義務を伴わない神の一方的な愛の契約（約束）である（藤林・前掲書一四頁、一二三五頁）。

新約聖書には、最後の晩餐において、イエズスが盃を取って神に感謝の祈りを唱えて弟子たちにぶどう酒を飲ませ、「これは、私の血である。多くの人のために流される私の契約の血である」と言われたとの記述がある（マルコ福音書一四章二三節）。

ここにいわゆる「私の契約の血」は、sanguis meus novi testamenti（ラ）、my blood of the covenant（英）、le sang de l'Alliance（仏）となっている。ラテン語の testamenti（testamentum の複数形）は、もともと遺言書の意味であるし、英語の covenant とフランス語の alliance は、ともに「盟約」というような意味である。要するに、法律用語としての「契約」（contract, contrat）とは、区別されている。ここでは、神と人との聖約（聖なる約束）を意味する。

教会法

教会法は、カノン法（jus canonicum, canon law, droit canon, droit canonique）と呼ばれる。カトリック教会の制定法全体をカノン法と呼ぶようになったのは、一二世紀中葉からである。

カノン（canon）という言葉は、ギリシャ語のカノーン（測る道具として用いられた葦を表すセム語カーネから来たもの）に由来する用語であって、規準を表す。これが聖書に適用され、その規準や権威を表すために用いられるようになった。

カトリック教会では、ミサ典礼中、カノンとは、sanctus（聖なるかな）の祈りから聖変化（パンがキリストの聖なる身体に変化し、ぶどう酒が聖なる血に変化する）までの不変の部分をいう。ミサ（missa, mass）とは、キリストの身体と血が司祭の手を通して神に捧げられるカトリック教会の礼拝である。ミサでは、そこで朗読される聖書の部分（福音書と詩篇）は日ごとに変わるのであるが、ミサの中心部分であるカノン（の部分）は、つねに不変である。

この不変性のゆえに、カノンは規準（基準）、規範を意味する言葉として用いられるようになった。教会法がカノン法と呼ばれるようになったのは、この故であろうか。

カノン法の最初の公的編纂は一二世紀に Grandianus によってなされ（Decretum とも呼ばれる）、その後、補充されて "Corpus Juris Canonici" と称せられた。一九一七年に "Codex Juris Canonici"（旧教会法典）が新たに編纂された（一九一八年発行）。

現行のカトリック教会法典（Codex Iuris Canonici）は、一九八三年に公布された。この法典は、『カトリック新教会法典』として羅和対訳で、有斐閣から一九九二年に出版された。

❀ 宗教と法律との結び付きの緩和

古代には、洋の東西を問わず、宗教と法律との結び付きが強かった。しかし、ルネサンス時代には、自然科学の発達、啓蒙思想の高まりにつれて宗教と法律との結び付きはしだいに緩和された。このことは、刑事法については実体法と手続法の両面にわたって認められる。手続法の分野では、かつては神判（火審、水審など）による証拠認定がなされた。しかし、神判の不合理性は、何人にも明らかである。ルネサンスの到来を待つまでもなく、神判の権威は、一般に否認されるところとなった。

宗教が法律の世界に強い影響を及ぼしていた時代には、宣誓（sacramentum, oath, serment）は、「神に誓って」なされたようである。かつて欧米では、証人は十字架の前でまたは聖書に手を置いて「真実を述べる」旨の宣誓をした。しかし、最近では、この方式は、一般に採用されていないようである。このような宣誓方式は、非キリスト教信者や無神論者にとっては意味をもたない。

他面、キリスト教徒については、「神の名において」とか、「神に誓って」何かを証言したり、約束することは禁じられている。天主の十戒（decalogus, Ten commandments）の第二戒として、「なんじ、神の名をみだりに呼ぶなかれ」と定められており、その解釈として「神に誓って」証言したり、約束することが禁ぜられているからである。

❖ 宗教者の証言拒絶権

日本刑訴一四九条にも規定されているとおり、医師等と並んで、宗教の職にある者またはその職にあった者が知り得た他人の秘密に関しては証言拒絶権が、古くから世界的に認められている。

カトリック教会には、「告白」（告解ともいう）（confessio, confession）という制度がある。一般の人には「罪のざんげ」といえば分かりやすいであろう。これは、信徒が宗教上の罪（peccatum）を司祭に告白（告解）して赦しをもらう秘跡（sacramentum）である。この秘跡は、「ゆるしの秘跡」、「回心の秘跡」とも呼ばれる。

告白（告解）を聴いた司祭は、その秘密を守るべき義務を負う。この義務は、絶対的である。「絶対的」というのは、一命を賭しても、という意味である。それは、告白を聴く司祭（聴罪司祭）は、神の代理者として罪を赦すからであり、他方、告白者が安心してすべての罪を告白することができるからである。

カトリック教会法典第九八三条は、次のとおり規定する。

第九八三条〔告白の秘密保持の義務〕

① 秘跡上の秘密は、不可侵である。したがって、聴罪司祭は、言葉により、また、その他いかなる理由に基づいても、回心者〔告白者を指す〕を裏切ってはならない。

② 秘密を守るべき義務は、通訳が立てられた場合には通訳者及び告白による罪の内容をなんらかの方法をもって知ったすべての者にも及ぶ。

カトリック教会の長い歴史には、この秘密を守ったために殺され、殉教した司祭など、いくつもの事例が見られる。――横浜のカトリック山手教会の美しいステンドグラスの一つに入れられている「ネポムクの聖ヨハネ」は、最も有名である。ヨハネ神父（一三三〇年ごろ生まれ）は、首都プラハの教会の主任司祭となったが、告白の秘密を守って殉教した。[1]

さて、ここで注目すべきは、前記第九八三条第二項における「通訳者」および「なんらかの方法をもって知ったすべての者」にも、守秘義務が課せられていることである。ここにいう通訳者は、法廷通訳人のみならず、捜査の段階で通訳をした者を含む。「すべての者」の中には、例えば、教会の告白場で告白の順番待ちをしていてたまたま告白の内容を洩れ聞いた者も含まれる。

ところで、わが国の刑事訴訟法によれば、この場合の通訳者および告白を洩れ聞いた者には、証言拒絶権は認められない。そうなると、これらの者が証言を拒んだとき、証言拒絶の罪（刑訴一六一条）に問われるか。ここでは、教会法上の秘密保持義務と国法上の証言義務との義務衝突が存在する。一般論として義務衝突にあっては、より優越する義務を履行したときは、行為は適法とされる。では、教会法上の義務は、国法上の義務に優位するか。

証言拒絶権を有する者がその権利を行使しないで証言したとすれば、その証言には証拠能力が認められる。これは、通説的見解である。しかるに、一九七五年のオーストリア刑訴法一五一条は、この場合の証言は無効とされる旨、規定する。

（1）　森下「告白の秘密」判例時報一一七九号（一九八六年）二七頁

✤ 陪審員・参審員となることの良心的拒否

聖書には、「人を裁くな」（Nolite iudicare〔ラ〕、pass no judgement〔英〕、Ne jugez pas.〔仏〕）というイエズスの訓えが書かれている（マテオ福音書七章一節、ルカ福音書六章三七節）。

これを言葉どおりに受け取る者は、陪審員、参審員（裁判員）に選ばれても、「私は、聖書の訓えに従って陪審員・参審員になることをお断わりします」と言うかもしれない。その言い分が通るなら、国民の大部分がキリスト教徒である国では、陪審制・参審制の遂行は不可能になるであろう。このことを考慮してか、フランス刑訴二五八の一条は、「宗教的理由による拒否は、参審員名簿からの除外を正当化するに足る重大な理由にはならない。」と規定している。

日本国憲法は、基本的人権として思想及び良心の自由を保障し（一九条）、また、信教の自由を保障している（二〇条）。そこで、裁判員の良心的拒否者が出る可能性を否定することはできない。

ここで考えるべきは、聖書における「人を裁くな」とは、証拠もなしに他人の行いを非難する判断を言うことである。[2] では、良心的拒否は、認められるか。とりわけ、死刑にあたる罪の裁判にあっては、良心的裁判員拒否の問題が生じることがありうる。これにつき、スペインの憲法裁判所の一九九九年一一月二九日判決は、参考になるであろう。同判決は、陪審についての良心的拒否権を基本的人権として認めるのは時期尚早、との判断を示している。[3]

（2）　バルバロ訳・新約聖書（一九七五年、講談社）一七頁の注解。バルバロ著・聖マテオ福音書註解（一九五一年、ドン・ボスコ社）一五五頁。

（3）　森下「スペインの陪審制度（下）」判例時報二二〇一号（二〇一一年）三一頁。なお、スペインは、憲法一五条で死刑を廃止している。

2　キリスト教と法思想（上）

❀ 感動的な信徒発見

キリスト教（religio christiana）とは、イエズス・キリストを創造主・救い主として信じる宗教のことである。キリスト教は、一〇五四年に東西に分裂した。以来、西方教会は、ローマ・カトリック（Roman Catholic）として、ローマ教皇（法王）を頭にいただき同一の信仰で結ばれている。現在、全世界の信徒数は、約一二億人。

東方教会（東方正教会 Eastern Orthodox Church）は、東ローマ帝国、ギリシャ、東欧で発展。現在、ギリシャ正教、ルーマニア正教などに分かれており、世界中に約二・二億人の信徒がいる。

一六世紀、ルーテル（Martin Luther）の宗教改革により、カトリック（「普遍的」を意味する）に対抗してプロテスタント（protestant）（「抗議する人」という意味）が分派した。プロテスタントは、多くの宗派に分かれていて、総計の信徒数は、約三・五億人といわれる。

わが国では、カトリックとプロテスタントとの違いが、一般に知られていない。ここでは、固いお話は抜きにして、一つのエピソードを紹介する。

一八六五年三月一七日、長崎の大浦天主堂（日本二六聖人殉教者天主堂）において、潜伏キリシタンの発見という、感動的な歴史的出来事があった。大浦天主堂の司祭プチジャン神父（パリ外国宣教会）（のち、司教）が聖母マリア像の前で祈っていた時、数人の日本人が近づいて来て次のことを尋ねた。

「あなたは、父と子と聖霊の三位一体の神さまを信じますか」、「聖母マリアさまを拝みますか」、「独身ですか」

プチジャン神父がこの三つの問いについて、それぞれ「ハイ」の答えをするや、彼らは、「わたしたちの心（信仰）は、あなたの心と同じです」と、信仰告白をした。これが、歴史的な〝信徒発見〟であった。

潜伏キリシタン（切支丹）は、約二七〇年にわたり、きびしい弾圧から逃れて、ひそかに信仰を守り継いでいたのである。彼らは、親から子へ、子から孫へと、次のことを語り継いでいた。

「キリスト教には、二つの大きな宗派（カトリックとプロテスタント）がある。いつの日にか、切支丹禁制が解かれて、宣教師がやってくる。その際、二つの宗派を見分けるためには、この三つの問い（前記）をしなさい。三つの問いにつき〝ハイ〟の答えをする方が、天主公教会（カトリック）の司祭（神父）さまだ」

潜伏キリシタンの信仰告白を聞いたプチジャン神父は、身が打ち震えるほどの大きな感動を覚えた。日本のカトリック信徒は永年にわたるきびしい弾圧の結果、もはや生存していないと思われていたからである。プチジャン神父は、直ちにローマ教皇に信徒発見の報告をした。この報告を受けた時のローマ教皇は熱い涙を流した、と伝えられる。そして、この歴史的な信徒発見は、全世界に報道された。全世界の信徒は、「日本人は、なんと信仰深い、偉大な民族であろう」と、感動し賛嘆した。

さて、世界の歴史、文化、芸術などは、キリスト教を抜きにしては考えられない。法律の分野では、どうであろうか。思いつくまま、いくつかの事柄を取り上げてみよう。

❁ 聖書の言葉

㈠ 手を洗う

二〇〇五年にドイツで出版された『国際犯罪の国内訴追』(National Prosecution of International Crimes) という本には、次の一文が見られる(1)。

「ICC(国際刑事裁判所)の発足は、ICCが管轄犯罪を処罰する可能性があるという理由により、(ICC規程の)締約国はその責任から手を洗う (wash their hands of responsibility) ことを意味しない。」

ここで「手を洗う」とは、「手を切る」「関係を断つ」「責任を免れる」という意味である。

聖マテオ福音書二七章二四節には、次の一文がある。

「ピラトは、水を取って民の前で手を洗い、『この男（イエズス）の血について私には責任がない』と言った。」(Pilate ... took water and washed his hands ..., saying, 'My hands are clean of this man's blood.)

ユダヤ総督で法律家であるローマ人ピラトは、イエズスが無実であることを知っていた。しかし、「(イエズスを) 十字架に付けよ！」と叫ぶ群衆を見て、彼は、執行官としてイエズスを処刑せざるをえなかった。当時、ユダヤ人の間には、手を洗うことは自分に責任がないことを示す習慣があったようである。ピラトはその習慣に従ったと、考えられる。(2)

わが国で「手を洗う」とは、神社参拝の折、手を洗って身を清める、という風習を指している。これに対し、キリスト教国で「手を洗う」とは、上記のように別の意味で用いられることがある。これは、心に留めていただきたい事柄である。

(二) 足を洗う

わが国では、「足を洗う」とは、「良くない仕事をきっぱりやめる」「現在の職業をやめて、出直しをする」ことを意味する（国語辞典による）。巷間、「やくざが足を洗って、かたぎ（まともな職業）になる」という言い方がなされる。

ところで、聖ヨハネ福音書一三章四節以下には、最後の晩餐（ultima cena）の時、イエズスが弟子たち（一二使徒）の足を洗ったことにつき、かなりくわしい記述がなされている。「イエズスは、食卓から立ち上がって上衣を脱ぎ、手拭いをまとって腰にまとい、それからたらいに水を入れ、弟子たちの足を洗い、まとった手拭いでこれを拭き始められた」

当時、人の足を洗うことは、奴隷の仕事であった。しかるに、師であるイエズスが弟子たちの足を洗ったのは、弟子たちに謙遜な奉仕をしなければならないことを示したのである。イエズスは、言われた。「私は、主または師であるのに、あなたたちの足を洗ったのであるから、あなたたちも互いに足を洗い合わねばならない。私がしたとおりにするようにと、私は模範を示した」

神奈川県川崎市の中心部に「洗足《せんぞく》学園（幼稚園から音楽大学まで）という学校法人がある。この学園の「洗足」という名称は、聖書の箇所に由来するもので、真澄の心、心の真玉を磨くことを教訓にしたものといわれる。

ミラノの Santa Maria delle Grazie 教会にあるレオナルド・ダ・ヴィンチの不朽の名画「最後の晩餐」（Ultima Cena）には、このような洗足の後で、イエズスが「この中に私を裏切る者がいる」と言い、使徒たちが衝撃を受けた場面を描いたものである。

㈢　殺してはならない（出エジプト記二〇章一三節）

ここで「殺す」とは、人を殺すということである。「人」の中には、自分も他人も含まれる。ゆえに、自殺も禁ぜられる。人の生命は、神からいただいたもので、この上なく尊いものだからである。自殺は、神から授かった生命を自ら絶つことであるので、大罪である。大罪を犯した者は、死後、地獄に堕ちる。

それでは、他人（自己以外の者）を殺すことは、いつ、いかなる場合でも禁止されているか。例えば、警察官がテロリストから銃撃を受けた時、これに反撃して身を衛ることができるか。外国から侵略を受けた国の軍隊は、祖国防衛のため侵略者に対する反撃の戦闘をすることができるか。

世の中は広いもので、「私はいかなる場合にも、〝殺してはならない〟との天主の十戒（Ten Commandments）を守ります」と言う者がいる。「エホヴァの証人」（Jehova's Witnesses）派[3]の信徒たちである。エホヴァの証人派の信徒たちは、「人を殺すことのある警察官にはなりません。また、兵役は、拒否します」とて、信仰を貫くと伝えられる。私は、かつてベルギーの刑務所を参観した折、兵役を拒否したゆえに服役中のエホヴァの証人派の信者らが（所長のいわくでは）殉教者のごとく服役している様子を見た。

近時、良心的兵役拒否者（objecteurs de conscience）の問題が世界的に高まり、憲法で兵役拒否者の特別扱いを規定するものが出現している（例えば、スペイン憲法三〇条二項）。

カトリック教会は、つとに正当防衛と正しい戦争の場合は、〝殺してはならない〟の戒律に反しない、との立場を維持している。そこでは、「なにが〝正しい戦争（just war）〟か」という論争（正戦論）が、核心的地位を占めてきた。

さて、正当防衛権の根源は、自然法（lex naturalis）に由来すると考えられる。自然法は、創造主である神が一切を統一する秩序である永遠法（lex aeterna）が理性によって表示されたものであるので、天主の十戒と矛盾することはありえない。人の生命が神から与えられたものである以上、その生命に対する不正の侵害から身を守る正当防衛が認められるのは、当然である。

それでは、「天皇が自分に対して切りつけてきたとき、正当防衛ができるか」。この奇抜な問いを出したのは、京都大学の滝川幸辰《ゆきとき》教授であった。

滝川教授は、一九三二年（昭和七年）一〇月二八日、中央大学において法学会主催の校内学術講演会において、「『復活』を通して見たるトルストイの刑法観」と題する講演を行ったのであるが、その際、「天皇に対する正当防衛ができるか」という問題を出したそうである。(4)

滝川がこの問題を公然と講演したことは、右翼を大いに刺激した。滝川は、とっぴょうしもないことを挙げるのが好きだった。(5)

その翌年、〝滝川事件〟とも呼ばれる京大事件が起こった。この事件の発端は、滝川の著書『刑法講義（改訂）』（昭和五年、弘文堂）と『刑法読本』（昭和七年、大畑書店）において、尊属殺と姦通罪の廃止などを論じた箇所が赤化思想であるなどとして、文部省（大臣は、鳩山一郎）から発売禁止処分を受けた（一九三三年四月一〇日）ことにあるようである。だが、天皇に対する正当防衛ができるか、の問いは、その後、右翼の理論闘争家らによって「滝川を許すまじ」の材料にされた可能性がある。一九三三年といえば、ドイツでヒットラー率いるナチス党が政権を樹立した年であって、日本でも軍国主義の高揚が顕著になった時期であった。

さて、私は、大学で「刑法」を講じていたころ、刑法演習（ゼミナール）で、次の例題を出し、学生たちに考えてもらったことがある。

徳川五代将軍、徳川綱吉（一六四六―一七〇九年）――犬公方《いぬくぼう》と呼ばれた――は、子運に恵まれないのは前世に生類を多く殺した報いであると聞き、「生類憐み《しょうるいあわれ》の令《れい》」を発し（一六八七年）、特に犬の殺生を厳禁した。その結果、小児に襲いかかった犬を殺害した者も、死罪・遠島などの極刑に処せられた。このため、多くの人民が、二〇年以上にわたり悲運にさらされることとなった（生類憐みの令は、六代将軍によって廃止された）。

では、襲いかかった犬を殺すのは、正当防衛に当たらないか。正当防衛だとすれば、その理論的根拠は、どこに見い出されるか。これが、私の設問であった。学生の中には、刑法典（一九〇七年制定）は五代将軍の時代、存在しなかったのであるが、正当防衛は認められるはずだ、という者がいた。正解！

その根拠づけは、私の見解によれば、次のとおり。正当防衛権は、自然法に由来する。自然法は、普遍の道理を理性によって表示されたものである。聖トマス・アクィナス（Thomas Aquinas,

1225ごろ—1274）は、「自然法に反する実定法は、法としての権威をもちえない」と言っている（『神学大全』第二部の一）。それゆえ、生類憐みの令は、正当防衛を認めない点で自然法に反するので、法としての効力を認められない。

この説明は、学生には難しかったかもしれない。でも、学生たちは、「犬の命が人間の命よりも上だ」というのは、バカげていることを理解してくれた。

（1）Esser/Sieber/Kreichder (eds.), National Prosecution of International Crimes, 2005, Duncker & Humbolt, p. 3.
（2）バルバロ著・聖マテオ福音書註解（一九五一年、ドン・ボスコ社）五〇三頁。
（3）一八八四年にラッセルにより創始された国際キリスト教の団体の成員の名称。世界には約七四〇万人、そのうち日本には約二一万人の成員がいるといわれる。日本では、一九八五年の輸血拒否事件（本書四五三頁参照）で知られている。
（4）『一法律家の生涯——佐伯千仭先生に聞く——』（二〇一一年、成文堂）七〇頁。
（5）注（4）前掲書七〇頁。

3　キリスト教と法思想（下）

❖ 罪、罪人、罪の赦し

(一) 罪と犯罪

欧米語では、宗教上の「罪《つみ》」と法律上の犯罪とは、異なる言葉で表現される。

宗教上の「つみ」…… peccatum（ラ）、peccato（伊）、sin（英）、péché（仏）、Sünde（独）

法律上の犯罪…… delictum（ラ）、delitto（伊）、crime（英）、délit（仏）、Verbrechen（独）

では、両者はどう違うのか。

カトリックの公教要理（catechism 教理問答書）によれば、「罪とは、悪いことと知りながら自由意思をもって神の掟《おきて》に背《そむ》くことです」

これによれば、「罪」の構成要素は、(1)「悪いことと知っていた」（認識があったこと）、および(2)「神の掟にそむくこと」である。認識がなかったときは、（宗教上の）罪にはならない。「背くこと」は、思い、望み、怠りも罪になる。怒り、憎しみ、あざけり、辱《はずかし》め、ねたみも罪になる。聖マテオ

福音書には、次の言葉が綴られている。「色情をいだいて女を見る人は、すでに心の中で姦淫しているのである」（五章二七節）

これを読むと、「おれなんか、毎日のように罪を犯していることになる」と言う人もいるかもしれない。これに対し、心の中で思っただけでは、法律上、犯罪にはならない。「思想は、罰せられず」は、法律学の鉄則である。そこが、宗教上の「つみ」と法律上の「犯罪」との違いの主要な点である。[1]

(二)「つみびと」と「ザイニン」

「つみ」を犯した人は、「つみびと」（罪人）〔peccator（ラ）、sinner（英）、pécheur（仏）、Sünder（独）〕である。これと、犯罪を行った人（犯罪人、罪人《ざいにん》）〔criminal（英）、criminel（仏）、Verbrecher（独）〕とは、意味が異なる。

「そこは、理解できる。しかし、それでは、人間は、みな、つみびとということになるのか」と言う人が出てくるであろう。答えは、「然り」である。神ならぬ身の人間は、過ちを犯しやすい存在である。それゆえ、キリスト教では、「私たちの罪をお赦しください」（dimitte nobis peccata nostra）と祈ることを教えられている（聖ルカ福音書一一章二節）。

この世は、パラダイス（楽園）ではない。世知辛い世の中に生きる凡俗の身にとっては、怒り、ねたみ、うらみなどの感情にかられることは、やむをえない。人間は、つみを犯しやすい存在、つまり、罪人（つみびと）である。つみびとである人間にとっては、是非善悪の判断をし、それに従った行動をするにつき、神のごとき「完全」ということは、およそありえないし、それを要求・期待することは、無理である。

言いかえると、完全な責任能力をもった人間なぞ、存在するはずがない。しかるに、わが国の司法実務では、「被告人につき、行為当時、心神喪失でも心神耗弱でもなかったと認められるから、完全責任能力があったと認定する」という判決が言い渡されることが少くない。「完全責任能力」という概念は、刑法学においても精神医学においても認められていないのに、わが国では先例に従う傾向のある裁判官が、今日なお、この表現を用いているのである。そこで、私は、「完全責任能力」という表現に代えて、「通常責任能力」という表現をするべきだ、という主張をしている。(2)

(三)　罪の赦し

罪には、大罪と小罪がある。大罪は、地獄の終わりのない罪を招く。小罪は、この世または煉獄(purgatorium, purgatorio)の罰を招く。

大罪の赦しを受けるには、罪を痛悔し、司祭に告解(confession)して罪の赦しを受けなければならない。告解を聴く司祭は、告解の秘密を絶対に守る。「絶対に」とは、生命に代えても、ということである。

小罪を犯した者も、罪の赦しを得るためには痛悔することが必要。そして、告解することが望まれる。

告解を聴いた司祭は、「罪を赦します。贖《つぐな》いとして○○○○（例えば、損害賠償、福祉施設への寄付）のことをしてください」と言うであろう。

ここで大切なことは、「罪を赦す」というのは、宗教上の罪を赦す（forgive, pardonner）ということであって、犯罪につき刑事責任を免除するという意味ではないことである。もともと、「赦し」（amnesia）は、ギリシャ語では、「忘れること」「忘却」を意味する。

わが国では、一六世紀にカトリック教会で行われた贖罪符《しょくざいふ》〔または贖宥状《しょくゆう》〕のことを〝免罪符〟と呼んで、これを買えば刑事責任が免除されたという誤解が、かねてから存在する。このような誤解は、上述したことを理解していないことに由来する。しかし、贖罪符が、一時期、ローマのサン・ピエトロ大聖堂の建築資金集めのため、濫発されたことも事実である。

一九八一年五月、ローマ教皇ヨハネ・パウロ二世がサン・ピエトロ広場で狂信的なトルコ人（メフメト・アリ・アジャ）によって銃撃されるという、世界を揺がす事件があった。二発の弾丸は、教皇の心臓部に命中した。しかし、奇跡的にも、急所を外れていたので、教皇は、一命を取り止めた（この弾丸は、現在、ポルトガルのファティマ（Fatima）の聖マリア大聖堂に奉献されている。）。意識を回復した教皇は、「犯人を赦します」と言った。[3] だが、犯人は、無期懲役に処せられた（二五年間服役した後、仮釈放された)。

(1) 認識なき過失の場合は、「つみ」には該当しないが、法律上、犯罪となることがある。

(2) 森下「通常責任能力の提唱」判例時報二〇〇四号、同「裁判員裁判と責任能力」判例時報二〇六八号。

(3) 後日、教皇は、犯人が服役中の刑務所を訪れ、アジャ受刑者に会い、彼と握手した。この感動すべき光景は、全世界に報道された。

❖ 良心的拒否

(一) 天主の十戒の第一

天主の十戒(Ten Commandments)(4)の第一は、次のとおりである(出エジプト記二〇章)。

われは、なんじの主なる神なり。われを唯一の神として礼拝すべし。

わが国では、戦時中、戦勝祈願のため、国民に神社参拝が強制された。キリスト教徒は、天主の十戒を守って神社参拝を拒否したため、〝非国民〟として迫害された。取締りにあたる官憲は、言った。「現人神《あらひとがみ》である天皇陛下とキリストとでは、どちらが偉いか」と。

こうした迫害は、日本国憲法の下では、もはや存在しない。信教の自由は、基本的人権として保障されている(憲法二〇条)。

一九四六年元日、昭和天皇は、「年頭の証書」においてみずから自己の神性を否定した。これは、マスコミや歴史家によって「人間宣言」と名づけられた。もともと、キリスト信者が信仰の対象とするのは、天地万物の創造主である「神」「天主」(deus, god) である。

㈡　思想・良心の自由（憲法一九条）

わが国では、一九九九年、「国旗は、日章旗とする」「国歌は、君が代とする」とする国旗国歌法（平成一一年法律一二七号）が制定された。この法律は、学校の入学式および卒業式での国旗掲揚・国歌斉唱を実施し、そのために教職員に対して職務命令を発することを法的に根拠づけることになった。

ところが、この職務命令に従うことを拒否する教員が出た。その理由は、「君が代斉唱のために起立し、またはピアノ伴奏をすることは、「思想・良心の自由」に反する、ということのようである。なぜ、国旗掲揚・国歌斉唱は、思想・良心の自由の侵害になるのか。――その理由は、「日の丸・君が代は、日本の軍国主義とアジア諸国への侵略を支援したことを踏まえた、日本の歴史を反省するとともに戦争と国家忠誠に反対する思想、平和を志向する思想を侵害することになる」というようである。(5)

この理由は、「日の丸・君が代」拒否を正当化するにつき、合理的な根拠をもつであろうか。思い出すことがある。戦後、京大に復帰した滝川幸辰《ゆきとき》教授（のち、京大総長）は、京大の刑法研究室で私たち数人の若い研究者に、「君が代は、憲法違反だ」と語ったことがある。憲法違反の理由は、――「君が代」ということは、〝天皇が統治する御代《みよ》〟を意味する。それは、「主権が国民に存する」ことを宣言した憲法（前文および第一条）に反する。主権在民なのだから、「民が代」と改めるか、新しい国家を制定するのがよい、――ということのようである。

わが国では、「日の丸・君が代」訴訟といわれる訴訟が、いくつも存在する。それらの訴訟では、原告・上訴人側から「君が代」は憲法違反であるとの主張はなされていないようである。原告側は、主張の根拠を憲法一九条（思想・良心の自由）に見い出している。思想・良心の自由という精神的自由は、人間の根源的自由として尊重されるべきであるが、それの外部的発現行為については、制約がある。

外国では、「エホバの証人」派（プロテスタント系の新宗派）が、「軍旗に敬礼することは、偶像崇拝を禁ずる教義に反する」などの理由で、兵役を拒否している。また、「エホバの証人」派は、〝輸血は聖書の教えに反する〟との理由（これは、聖書の誤解である）で、輸血を拒否している。現にわが国では、一九八五年、交通事故でけがをした子どもに輸血することを親が拒否したため、その子が死亡した事件が起きている。

すでに述べたように、カトリック教会は、正当防衛も正しい戦争も肯定している。それは、自然法に由来する権利の行使だからである。まして、国旗を掲揚するとか、国旗に礼をすることは、国旗を偶像のごとく崇拝することを意味するのではない。

世の中には、さまざまな思想・良心・信條の持ち主がいる。価値観が多様化する時代には、そのような持ち主は増加するであろう。今後、国際化が進むにつれて、外国人の思想・良心・信條の自由に係る法律問題が生起することも予想される。こうした点にも眼を向けて行きたいものである。

(4) 天主の十戒とは、神が旧約時代にモーゼを通して授けられた十の掟であり（出エジプト記二〇章一～一七節）、イエズスは、福音の教えをもってこれを完成された。

(5) 戸波江二「『君が代』ピアノ伴奏拒否に対する戒告処分をめぐる憲法上の問題点」早稲田法学八〇巻三号（二〇〇五年）一二五頁。

著者紹介

森下　忠（もりした・ただし）

1924 年　鳥取県に生まれる
1950 年　京都大学法学部卒業
1962 年　法学博士
現　在　広島大学名誉教授・岡山大学名誉教授

主　著

緊急避難の研究（1960 年、有斐閣）
国際刑法の新動向（1979 年、成文堂）
国際刑事司法共助の研究（1981 年、成文堂）
国際刑事司法共助の理論（1983 年、成文堂）
イタリア刑法研究序説（1985 年、法律文化社）
犯罪人引渡法の理論（1993 年、成文堂）
国際刑法の基本問題（1996 年、成文堂）
犯罪人引渡法の研究（2004 年、成文堂）
刑法適用法の理論（2005 年、成文堂）
国際刑法学の課題（2007 年、成文堂）
ある刑法学者の旅路（2014 年、成文堂）

海外刑法の旅

2017年10月10日　初版第 1 刷発行

著　者　森　下　　忠
発行者　阿　部　成　一

〒162-0041　東京都新宿区早稲田鶴巻町514
発 行 所　株式会社　成　文　堂
電話 03(3203)9201(代)　FAX 03(3203)9206
http://www.seibundoh.co.jp

製版・印刷・製本　シナノ印刷
☆乱丁・落丁本はお取りかえいたします☆

ISBN978-4-7923-7107-4　C1095　検印省略

定価（本体4500円＋税）